国防科技评估理论与方法

Theories and Methods of National Defense Science and Technology Assessment

杨俊岭 吕彬 等 著

中国宇航出版社
·北京·

图书在版编目（CIP）数据

国防科技评估理论与方法 / 杨俊岭等著. -- 北京 : 中国宇航出版社, 2025. 4. -- ISBN 978-7-5159-2533-2

Ⅰ. E115

中国国家版本馆 CIP 数据核字第 2025JX3858 号

责任编辑 刘　凯　　**封面设计** 廖果同

出版发行 中国宇航出版社

社　址 北京市阜成路 8 号　**邮　编** 100830

(010)68768548

网　址 www.caphbook.com

经　销 新华书店

发行部 (010)68767386　(010)68371900

(010)68767382　(010)88100613（传真）

零售店 读者服务部　(010)68371105

承　印 天津画中画印刷有限公司

版　次 2025 年 4 月第 1 版

2025 年 4 月第 1 次印刷

规　格 787 × 1092

开　本 1/16

印　张 19　**彩　插** 4 面

字　数 365 千字

书　号 ISBN 978-7-5159-2533-2

定　价 80.00 元

本书如有印装质量问题，可与发行部联系调换

编 写 人 员

杨俊岭　吕　彬　郝继英　李晓松　李增华

王鑫运　李杏军　王三勇　雷　帅　薛晓芳

杨仕颖　李金钊　王楠楠　王博超　邹　达

前言 PREFACE

当今，在全球化和技术加速发展的双重推动下，各国对科技的依赖日益加深，军事竞争格局也随之发生深刻变化。从信息化战争到智能化军事革命，技术的更新迭代直接影响着国家的军事能力建设。在此背景下，国防科技评估不仅成为各国提升科技管理效能的重要工具，更是保障军事竞争优势的必要手段。国防科技评估既能够提供国防技术创新的科学依据，降低研发风险，又可以通过定量分析与实践验证相结合，深入揭示科技发展的潜力与不足。进而，国防科技评估还可以指导国防科技资源的合理配置，提高国防投入产出比。最重要的是，国防科技评估可以有效地推动国防战略决策的科学化进程，为军事战略发展提供技术支撑。本书《国防科技评估理论与方法》旨在系统性地探讨国防科技评估的理论框架与实践路径，对于提升我国国防科技管理水平具有深远的意义。

因此，本书旨在构建一个系统化的评估理论框架，并提供丰富的实践案例与应用方法，以助力国防科技管理的科学化、规范化发展。本书具有如下特点：理论前沿性，紧扣当前科技发展与国防建设热点问题，从高屋建瓴的视角分析评估工作的必要性与复杂性；方法科学性，系统整合多领域、多学科的先进方法学，兼顾方法创新与实际可操作性；案例实践性，通过详尽的国际案例分析，使理论研究具备更强的实践指导性。

本书共分为九章，涵盖了从理论概述到方法应用、从指标体系到辅助工具、从案例分析到可视化展示等全面内容，致力于为读者提供系统性与实用性兼具的参考资料。第一章国防科技评估概述，阐述了国防科技评估的基本概念、主要内涵与要素，并提出了该领域的基本原则与重要意义，从理论高度总结了评估活动的多维度属性，明确了其在科技管理中的战略地位。第二章国防科技评估发展分析，通过分析美欧等主要国家的国防科技评估实践，揭示了全球评估体系发展的现状与趋势，梳理了机构发展模式、政策导向与技术方法的创新，并分析了未来可能的发展方向。第三章国防科技评估方法，系统地归纳了国防科技评估的方法种类，包括定性与定量结合的方法应用案例，阐明了多样化的手段如何支持精准分析与科学决策。第四章国防科技评估指标体系，围绕指标设计原则、设置方式及应用案例进行了详细阐述，为如何构建和应用指标体系提供了实践指导。第五章国防科技评估设计与实施，着重介绍了评估从方案设计到实施完成的全流程，并附以具体指导案例，说明如何高效组织评估活动及规范报告撰写。第六章国防科技评估数据建设，通过探讨数据采集、处理与使用的多种技术方法，阐明了如何确保评估数据的科学性、准确性与可用性。第七章国防科技评估软件系统设计研究，围绕软件系统的功能及实现展开论述，详细描述了软件系统设计的原则、模块功能及业务流程等，展示了如何通过工具化提升工作效率与分析深度。第八章国防科技评估可视化展示设计研究，从可视化展示的概念、原则、功能设计与实现方法四个层面提供了解决方案。第九章国外国防科技评估典型案例分析，以多国经典案例为基础，分析了综合性评估、领域性评估和关键技术评估的具体实践，为国内评估工作提供了重要借鉴。

本书既可为从事国防科技管理与评估的专业人士提供研究参考，也可为高校相关专业研究生、技术分析人员，以及军工企事业单位的科技管理人员开展实践工作提供实用工具与方法指导。

目录 CONTENTS

05

06

07

08

第一章　国防科技评估概述

国防科技评估是国防科技工作的一项重要内容。在开展相关研究之前，有必要将相关理论进行综合性、概括性阐述，以明晰概念与内涵，厘清作用与意义，达到正本清源之目的。因此，本章主要对国防科技评估的基本概念、主要内涵、要素、基本原则和作用意义进行介绍和阐述。

第一节 国防科技评估基本概念

国防科技评估的概念与方法源自评估学，是科技评估的进一步拓展与应用。在世界科技竞争日益激烈的背景下，无论是科技评估还是国防科技评估，其作用与意义都越来越突出。

一、评估

评估是依据某种目标、标准、技术或手段，对搜集到的相关信息，按照一定的程序进行分析研究，判断其效果和价值的一种活动。目前，评估还没有统一规范的定义，但国内外许多机构、学者都对其概念内涵进行了阐述。

Bloom 将评估视为人类思考和认知过程等级结构模型中最基本的因素，在他关于人类认知处理过程的模型中，评估和思考被认定为两项最为复杂的认知活动。他认为："评估是对一定的想法、方法和材料等做出的价值判断的过程。它是一个运用标准对事物的准确性、实效性、经济性以及满意度等方面进行评估的过程。"联合国评价小组在其 2016 年版《评价规范与标准》中，将"评估"定义为"对一项活动、项目、方案、战略、政策、主题、专题、行业部门、业务领域、机构绩效等开展的尽可能系统、公正的评价"，"评估使用适当准则，如相关性、效果、效率、影响以及可持续性等，通过对结果链、程序、各影响因素以及因果关系的检验，分析预期的和非预期的已经取得的结果的实现程度"。这一定义被诸多国际组织、国家政府部门和相关机构广泛采用，并应用于教育、卫生、科技等领域。

二、国防科技评估

国防科技是直接用于国防领域的自然科学与应用技术的统称，是构成国防实力的重要因素。国防科学技术水平是衡量国防现代化的重要标志。国防科技评估是科技评估的进一步拓展与应用，其概念内涵与理论方法与科技评估基本一致，不同之处在于评估对象具有军事应用背景或潜力。

关于科技评估的概念内涵，国内外许多机构、学者都对其进行过不同的界定。丹尼尔·贝尔认为，技术评估就是充分评估和估计技术的性能、水平和经济效益及技术对环境、生态乃至整个社会、经济、政治、文化和心理等可能产生的各种影响。对技术进行应用前的评估，是全面系统分析技术、权衡其利弊并做出合理选择的基础。达达里奥认为，技术评估是预测技术发展潜力、促进技术转化应用的方法和手段。日本科学技术厅和产业审议会认为，技术评估是事先对技术的开发、试验、应用等一系列过程可能产生的影响进行预测，从总体上评估把握利害得失，将它的负面影响降至最低，使它的正面效果达到最大，目的是引导技术研发朝着有利于人类、自然、社会和技术发展的方向前进。国家市场监督管理总局国家标准化管理委员会发布的《科技评估术语》规定，科技评估是指遵循一定的准则，运用规范的程序和科学的方法对科技活动及其有关行为和要素所开展的专业化评价与咨询活动。广义的科技评估包括评估机构或专家组开展的与科技活动有关的各类评价、评议和评审活动。狭义的科技评估特指评估机构开展的与科技活动有关的各类评价活动。

科技评估是指政府管理部门及相关方面委托评估机构或组织专家评估组，运用合理、规范的程序和方法，对科技活动及其相关责任主体所进行的专业化评价与咨询活动。科技评估通过比较完善的评估程序、评估指标、评估方法、评估规范对科技系统内部及其相关环境中的各种活动的实际作用、影响和效果，进行客观、公正、科学的评价。科技评估包括对宏观层面的战略、政策、规划计划的评估和对微观层面的科技项目的评估；对大学、科研机构的整体绩效评估和对科研人员的个人绩效评估。总体来说，科技评估是科技战略管理的基础和前提，一般具有四种基本功能。一是判断功能，用于判断客体所具有的价值及其对主体的满足程度；二是选择功能，根据主体要求对多个客体所具有的价值进行排序选择；三是预测功能，通过评价活动预测经过某种努力可能获得的价值；四是导向功能，引导评估对象向着符合价值主体目标的方向发展。

科技领域是一个多维度、多层次的复杂领域，涉及技术、产品、能力、管理、人才、投资、政策等许多方面。科技领域评估属于科技评估范畴中科技投资战略评估类型，研究国防科技重点领域（比如航空航天）的发展情况及其竞争力，充分发挥科技评估的判断功能、选择功能、预测功能以及导向功能，通过科技领域评估，把握科技领域发展整体水平，预测科技领域未来发展方向，分析科技发展布局特点与需求，评价反映科技领域综合竞争实力，进而开展与领域强国的比较评估，为掌握发展相对位势、厘清发展思路、找准发展方向提供重要输入，对国防科技发展规划和投资战略制定具有十分重要的利用价值。

一是科技领域评估强调客观地反映主要国家关键科技领域整体水平的相对位置。竞争性是科技领域关键性质之一，各国均将资金、人才、设施等投入到关键技术领域，并极力创造各种有利的创新环境推动该领域加快技术突破，以保持竞争优势。目前，针对特定科技领域开展比较评估以识别具体领域优劣势、存在问题和差距已经成为各国科技评估的重要一环。如美国针对影响长期军事竞争的关键科技领域，进行了比较评估，试图分析美国相对于潜在对手的地位，并以主要趋势和不对称性为基础，确定新出现的问题和机遇；日本、韩国等国也相继开展了科技领域评估，瞄准世界主要科技强国进行科技水平比较，为制定科技投资战略提供可靠依据。

二是科技领域评估强调科学地呈现技术发展趋势。牢牢把握技术发展趋势是制定科技战略的重要依据。科技战略实质上是以科技领域为主体，规划如何在发展竞争中争取到科学技术发展的战略主动地位。科技战略的首要任务是确立发展的预期目标、优先重点发展领域及发展路径，通过对国内外科技发展现状、趋势与存在问题的分析和论证，确定在未来一段时间内本国科技发展的重点及关键技术支撑。尤其是随着新技术革命向纵深推进，不同技术领域间交叉融合的速度加快，新旧技术领域更新和替代的周期变短。因此，面向科技领域把握世界主要国家关键技术发展动向、实现途径和各阶段工作安排是科技领域评估的重要任务，能够为制定科技发展战略和实现路径提供重要参考，以便科学合理地布局关键技术领域发展模式，为国家技术发展路径选择提供支持。

三是科技领域评估强调深入分析影响科技发展的重要因素。科技的发展是内外部因素共同决定的，科技领域评估旨在以整个领域为评估单位，以领域自身优劣势和外部机遇与挑战两个重要维度对影响领域科技发展的各种信息进行筛选、分析和应用，主要回答以下问题：1）影响科技实力相对位置的主要因素有哪些？2）对象国家在科技领域发展战略和发展路径上存在哪些差异以及这些差异如何影响科技领域的发展？3）科技领域发展面临的主要外部环境以及这些环境因素如何对科技领域规划产生影响？

美国是最早开展科技评估的国家之一，自 20 世纪初美国开展科技评估以来，经过一个世纪的发展，科技评估已受到许多国家的重视。特别是近 20 年来，随着科学技术的迅猛发展，为了提高科技决策的科学性，各国的科技评估活动十分活跃，科技评估已成为许多国家科技管理过程中不可缺少的重要环节和手段。

三、国防科技评估重要意义

开展国防科技评估，可全面掌握国防科技重点领域发展与他国间的全面竞争态势，找准所具备的优劣势，揭示差距形成的深层次原因，提出国防科技重点领域发展的措施建议，为制定国防科技重点领域的战略政策、发展规划、研发计划等提供认知判断基础，支撑国防科技管理部门实施战略管理，推动国防科技发展的创新超越。

（一）辨识国防科技重点领域实力相对于他国的优劣势

找准国防科技发展自身定位对于开展国防科技战略管理至关重要。国防科技重点领域的发展现状是谋划该领域未来发展的起步点。在与他国的博弈竞争中，辨识相对优劣势，查找国防科技重点的短板和优势，是研究国防科技发展的措施、手段的重要参考。国防科技领域涉及技术体系、成果体系、资源体系、政策体系、效益体系等要素。基于上述要素，国防科技评估需要对科技领域的技术成果水平、基础研究实力、创新能力、应用转化能力、资源保障能力等多个属性进行分析评估，找准自身发展独有的、固有的实力和长处，以及薄弱环节等内部实力。其中，技术成果水平是最核心的部分，其强弱高低是科技战略管理部门最关注的信息，需要了解优势在什么地方，领先多少，未来是应该加强还是维持。需要了解短板技术有哪些，落后多少，综合评估本领域各技术方向的“跟跑、并跑、领跑”状况，未来是针对薄弱环节进行加强还是可以通过其他手段加以克服。通过对上述问题的评估分析，可以有效地发现国防科技重点领域的优势和弱点，从而为国防科技创新超越发展找准突破方向，最大限度地克服自身不足并保持自身优势。

（二）辨识国防科技重点领域发展路径与他国存在的异同点

国防科技重点领域发展路径是国家安全和军事战略意图、既定战略目标、当前发展实力的集中体现。各国根据自身条件、发展目标的不同，选择的发展路径也各不相同，而不同国家国防科技重点领域发展路径的异同点，蕴含着形成当前国防科技发展竞争态势的深层次原因，也映射出未来发展的趋势。在国家竞争博弈中，国防科技重点领域发展面临多种多样的选择，需回顾在该领域的发展历程，把好对方的脉，选好自己的路，深入辨识异同处，分析深层次原因。一方面，从强弱对比的过程中，揭示科技水平存在差距的深层次原因，直接为科技战略的制定提供最直接的支撑。路径差距的表象之下存在深层次的原因，如技术领域长期不是国防科技发展重点、基础研究未能攻克等，只有找出原因，方能有效改进，提高科技决策的针对性。另一方面，国防科技重点领域发展也存在着在既有发展路线下的发展惯性，通过比较分析发现不同国家发展路径的不同点，分析把握其发展特点与内在规律，预测分析未来发展重点的异同、可能对军事影响的差异等，而在此基础上，分析预测未来一定场景下，不同国家发展道路的变化，分析可能存在的影响，将为决策者提供重要的参考意见。

（三）辨识国防科技重点领域在与他国竞争发展中面临的机遇与风险

国防科技是国家竞争的核心要素，国防科技发展事关国家安全和发展利益，直接推动武器装备发展和服务战斗力生成。因此，国防科技的竞争发展将异常激烈，也必定面临着异常复杂的外部形势，而准确把握其中蕴含的机遇与风险，是国防科技发展相关战略、政策、计划调整和制定的重要输入信息，是推动国防科技重点领域加速发展、争取发展主动的重要条件。辨识国防科技重点领域在与他国竞争发展中面临的机遇与风险，需要全面评估国防科技重点领域发展面临的外部形势，分析辨识与领域发展密切相关的各类因素，分析这些因素与领域发展的相互关系、现状以及未来对于领域发展的影响趋势，辨识其中有利因素和不利因素。更重要的是，从中辨识发现国防科技重点领域可以利用的发展机遇以及应该规避的风险挑战，从而在与他国竞争中，充分利用外部环境的有利条件，尽量规避可能产生的风险挑战。

第二节 国防科技评估要素

国防科技评估是一项复杂的系统性工作，要充分发挥其作用，需要考虑诸多要素，明确相关原则，准确把握各要素的定义与范畴，才能正确地开展评估。国防科技评估要素主要包括评估的对象、目的、指标、方法、数据、结论等。

一、评估对象

评估对象是指在评估活动中被评估的科技政策、规划、计划、项目、成果、产业、区域、机构、基地、人才、经费、资源条件等科技活动及其有关行为和要素。评估活动应明确评估对象的范围，评估对象的责任主体涉及政府部门、科研院所、高校、社会团体、企业、科技人员等，评估对象的责任主体应根据评估需要，提供必要的条件与信息，配合评估工作。

国防科技重点领域比较评估的对象主要是若干国防科技重点技术领域。根据需要按照不同的维度将国防科技领域分类成不同的技术，如从作战域划分科技领域，包括网络空间领域、水下攻防领域、空间对抗领域等；从作战功能划分科技领域，包括情报侦察领域、指挥控制领域、火力打击领域、后勤保障领域等；从国防科技工作类型划分科技领域，包括研发、试验鉴定、训练领域等；从装备类型划分科技领域，包括高超声速飞行器、无人潜航器、卫星领域等；从技术类型划分科技领域，包括军事智能科技领域、国防先进材料领域、国防先进制造领域等，总之，重点领域的划分维度有很多。而对于价值客体来说，对于每个技术领域，评估涉及技术领域的规划计划、基础设施、研发人才、投入经费等与本技术领域相关的方方面面，经过进一步的归纳总结，可以反映技术领域的实力、潜力、科学发现能力等各方面能力。国防科技重点领域比较评估的价值客体需要根据评估目的进行细化、分析、确定。

二、评估目的

评估目的是指评估活动预期达到的作用和实现的意图。评估目的一般包括优化科技管理和决策、合理配置资源、加强监督问责、促进科技创新和应用发展等，可以为军方、政府和社会各方提供参考和依据，部分评估活动可能兼有多种目的。不同的评估目的需要不同的评估方法，决定了委托方的需要和价值所在，决定了需要选择什么样的评估方。评估活动总体设计和组织实施应与评估目的相匹配。

在国防科技重点领域比较评估体系设计构建过程中，首先需要确定整个比较评估工作的主要目标是什么，而分析国防科技重点领域比较评估的目标，更多地是要面向国防科技管理的需求，在剖析国防科技重点领域发展态势的同时，更多地是要找出各国在该领域的异同点、优劣势，通过比较分析，为科技管理部门寻找快速提升领域发展水平的实施路径提供支撑，最终为满足国家战略需求服务。

三、评估指标

评估指标是指反映评估对象特征的因素或变量。其主要作用在于：一是评估是否达到了预期的结果。如立项目标完成情况、目标是否变更、目标完成的及时性等。二是分析发展趋势。评估指标在一定程度上具有“指挥棒”的作用，怎样评估就会怎样发展，所以，评估指标的构建一定要科学合理。关键评估指标的设计要符合“SMART”原则，即具体的（指标定义清晰、不产生歧义）、可衡量的（有确定的评价基准对其进行衡量和分析）、可获得的（指标所测量的结果是可以实现的）、相关的（指标与被评对象的产出和成效要相关）、在限时条件下可实现的（能够以合理的成本和人力收集相关证据）。

国防科技重点领域比较评估指标体系是根据评估整体目标，瞄准国防科技重点领域评估对象完整而系统的描述需要，侧重反映国防科技重点领域整体实力水平，以研发产出-研发支撑-研发绩效三个主要维度展开设计，确定国防科技领域整体实力构成及影响因素和聚焦资源，选择最能够表征领域各项实力水平的相关指标进行评估，以期全面地衡量国防科技重点领域整体发展实力。该指标体系由科学发现力、技术创新力、成果转化力、政策保障力、资源支撑力、科技影响力六个基础测度构成，参见表1-1。从各指标之间的相互关系来看，科学发现力、技术创新力、成果转化力体现研发产出的实力，是构成国防科技重点领域的核心能力；而政策保障力、资源支撑力体现研发支撑的实力，是推动领域科技发展的保证；科技影响力体现研发绩效，是国防科技重点领域发展效能的体现。

表 1-1　国防科技重点领域比较评估指标体系

一级测度	二级测度
科学发现力	学术成果水平
	科研实验能力
技术创新力	技术成熟度
	技术体系完备性
	技术先进性
	技术自主可控水平
成果转化力	成果转化程度
	工业生产能力
政策保障力	机构设置合理性
	体制机制有效性
资源支撑力	人力资源投入水平
	经费投入
	信息资源规模及治理
科技影响力	国防科技效益
	军事效益
	社会效益

四、评估方法

评估方法是指为完成评估任务而采取的行为方式、手段、模型与工具等。评估方法一般包括德尔菲法、案例研究、利益相关者座谈、实地调研、文献计量、成本效益分析、技术成熟度评价、多指标综合评估、层次分析、逻辑框架、熵权法、模糊综合评估法等。评估方法应科学合理、高效可行，根据评估需求、对象特点和评估活动条件等因素，合理选用评估方法及其实现形式，合理选用定性或定量方法，或将两者相结合。评估过程应充分运用互联网、大数据等先进技术和方法。

德尔菲法属于专家集体评估法，应用范围广泛，可以用于指标体系构建和对指标进行赋权，属于主观赋权法。该方法由组织者就拟定的问题设计调查问卷，通过函件分别向选定的专家组成员征询调查，按照规定程序，专家组成员之间通过组织者的反馈材料匿名地交流意见，通过几轮征询和反馈，专家的意见逐渐集中，最后获得具有统计意义的专家集体判断结果。案例研究是选择一个或若干个典型案例、系统地收集其相关信息、并对其进行深入研究的方法。利益相关者座谈是选取一定数量的利益相关者，以座谈会的方式，了解有关事实和（或）观点的方法。实地调研是前往现场进行观察、访谈、实验等活动，以获取调研对象第一手资料的方法。文献计量是采用统计学、文献学等方法，对论文、专利等文献资料进行定量计算的方法。成本效益分析是将评估对象所消耗的所有资源的成本和由该对象的实施带来的效益进行关联分析的方法。技术成熟度评价是按一定的原则制定分级标准，对技术的成熟程度进行分级评价的方法。多指标综合评估是应用多个指标对评估对象进行测度和评价，通过线性加权求和法、乘法合成法或其他数学方法对这些指标值进行合成计算，形成综合评估结果的方法。层次分析是将评估对象的各个因素分解为有序的层次结构，通过两两比较，确定各层次元素的相对重要性，运用定性判断和定量计算相结合的方式筛选关键因素、计算各因素权重的方法。该方法常用于评估指标体系及各指标权重的设置。逻辑框架是运用框图来简明反映一项活动的实施过程及其内在逻辑关系的方法，一般由目标、投入、活动、产出、成效、影响等要素构成。该方法常用于描述评估对象，设置评估议题和指标。熵权法是一种客观的赋权方法，它是利用各指标的熵值所提供的信息量的大小来决定指标权重的方法。熵权法可以克服现阶段的评价方法存在指标的赋权过程受人为因素影响较大的问题，使评价结果更符合实际。模糊综合评估法属于定量分析的一种，应用模糊关系合成的原理，可以将一些难以区分边界、不易定量的因素定量化，并且利用多个因素，对被评估事物的隶属等级状况进行综合评估。

五、评估数据

评估数据是指为完成评估任务，围绕评估内容采集的有关数据、事实和观点等有关信息及其分析处理结果，可分为定量和定性两类。在评估过程中，应围绕评估内容，针对评估对象特点，结合评估活动的条件，收集相关评估数据，并对数据进行整理和分析。评估数据应可靠、来源明确，并尽可能采用多渠道多角度的数据。评估应充分利用科技活动组织实施、管理与监督过程中已积累的各类数据，运用互联网、大数据等技术手段，以多种方式广泛、高效地收集有关数据。

六、评估结论

评估结论是评估活动最终形成的结论和建议，以反映这些内容的评估报告等成果产出。评估报告是评估结论的主要形式，主要包括评估活动说明、评估结论和建议等内容，评估结论可以是正面结论或负面问题，建议一般应与评估目的和结论相关。评估报告应遵循保密、安全、知识产权等法律法规和相关管理要求，妥当处置内部和敏感信息，维护委托者、被评者、评估者、评估活动参与者的正当权益，维护公共利益。评估报告应格式规范、专业，内容可信、适用，表达清晰、易懂。评估结论应作为科技活动有关管理、决策、监督、投资、合作等方面的参考和依据。

七、其他要素

实施国防科技评估还涉及委托方、评估方、评估机构、评估专家组等主体。其中，委托方是提出评估需求和目的、委托评估任务、提供相关经费和条件保障的组织机构或个人，主要是各级科学技术行政管理部门或其他负有管理科学技术活动职责的机构等。评估方是承担评估任务、形成评估结果、出具评估报告，并承担相应责任的评估机构或评估专家组等。评估机构是承担评估任务、形成评估结果、出具评估报告，并承担相应责任的组织机构。考虑到评估中涉及中外比较研究，评估方可能需要包括战略研究机构和科技信息研究机构等。这些主体系统构成了国防科技重点领域比较评估活动的工作体系。评估机构主要是专业性科技评估机构，也可以是兼营科技评估业务的组织机构。评估专家组是由委托方聘请和组建，承担评估任务、形成评估结果、出具评估报告，并承担相应责任的专家组。

第三节 国防科技评估基本原则

国防科技评估基本原则能够指导各领域评估工作正确高效的推进，用科学的方法得出客观公正、专业权威的结果。基本原则是国防科技评估的“指挥棒”，决定着评估结果的准确性和评估效率，所以，国防科技评估要遵循相对独立、客观公正、科学严谨、专业权威、目标导向、规范统一、易于展示、全面系统、战略决策、现实可比十项基本原则。

一、相对独立原则

相对独立原则的基本要求是国防科技评估应做到确保第三方主体独立性、程序独立性、标准独立性（见图 1-1）。

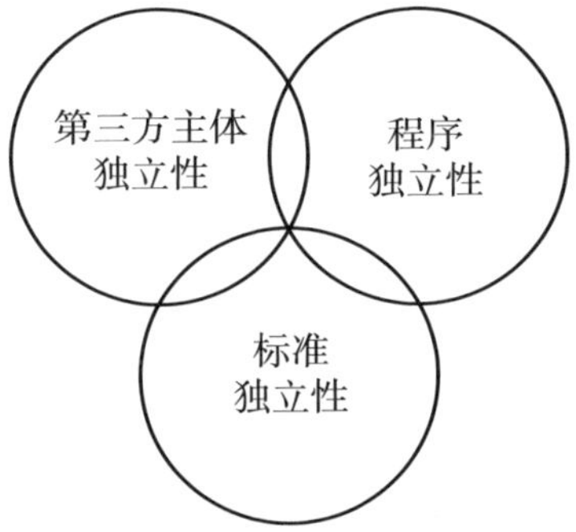

图 1-1 保障独立性的三大核心要素

（一）第三方主体独立性

第三方主体独立性的基本要求是国防科技评估应由第三方评估机构独立开展评估工作。国防科技评估需要保持第三方评估主体的相对独立性。国防科技评估的行为主体包括评估委托方、受托方及被评估方。委托方是指提出评估需求的一方，主要是各级科技行政管理部门或其他负有管理科技活动职责的机构等；受托方是指受委托方委托，组织实施或实施评估活动的一方，主要包括专业的评估机构、评估专家委员会或评估专家组等；被评估方是指申请、承担或参与委托方所组织实施的科技活动的机构、组织或个人。受托方接受委托后应根据评估对象、内容及评估目标，遴选符合要求的评估专家进行独立的评估活动。根据工作需要，委托方也可以直接遴选、组建评估专家委员会或专家组作为受托方，由受托方独立进行评估活动。因此，无论是受托方组建的专业的评估机构、评估专家委员会或评估专家组，还是委托方直接遴选、组建的评估专家委员会或专家组，它们作为第三方评估的主体，都接受委托方的指导，独立地开展评估工作，非委托方的任何组织和个人不得干涉。

更为重要的是，“第三方主体”的内涵不仅仅包括机构独立，还包含立场独立或精神独立。这意味着，作为评估执行方而言，从最初的评估指标设计到评估过程中各类定量数据和定性资料的搜集，以及最后评估结论的形成，都不应该带有任何偏见、预设或者倾向，而应当不受委托方、资助方或其他任何利益相关方的干扰，以独立的立场或独立的精神来开展各个环节的工作。

综上，“第三方主体”的操作性定义可界定为：评估执行方与被评估方之间相互独立，没有任何行政隶属关系或经济利益关系，且评估执行方具有独立的评估立场及原则，不受任何利益相关方的影响。第三方评估主体的相对独立性是科技评估“公平、公正、公开、科学”实施的重要保证。

（二）程序独立性

国防科技评估程序独立性是保障第三方科技评估结果公正的重要前提。可以通过人员多样化、内部审查、外部监督和信息公开等多种机制设计来规避可能的利益冲突，从而从程序上保障第三方科技评估的独立性。首先，内外部的监督和审查机制要求第三方科技评估的组织方和执行方建立一套完善的内外部监督方法。其次，信息公开机制要求所有可能影响评估结果的数据和信息都是公开的，且所有评估专家都能够了解这些数据和信息，避免评估专家之间的信息不对称。最后，人员多样化包含评估专家在学派、信仰、学科等方面的多样化，虽然无法避免各种潜在的利益关系，但是可以引入代表不同利益群体的人员，通过相互制衡来实现公平公正。

综上，程序独立性定义可界定为：在评估程序上，通过人员多样化机制实现不同方面的相互制衡，来避免评估结果偏向于特定利益群体；通过建立内部审查机制并畅通外部监督渠道，防止权力异化；通过信息公开机制保障评估数据和评估结果的客观和透明。

（三）标准独立性

国防科技评估活动要得到结论，通常需要将被评估方与判断标准进行比照。不同的评估方法所依据的判断标准可能不同。定性评估法如同行评议、案例研究等，通常的判断标准是专家内化于心的“原型”或“榜样”。通过定量数据进行统计或展示的评估方法，如计量经济学、文献计量学、成本收益分析、社会网络分析、科学地图绘制等方法，具有相对更强的客观性，但本身也面临着选择哪些数据作为定量标杆的主观性。评估标准的独立性主要是通过以下两种做法实现。其一，确立恰当的评估标杆（评估标杆可以是与被评估方类似的一个完整机构或个体，或者是某一方面与被评估方类似的多个机构或个体），将评估标准外化为客观数据或者事实，为每个评估对象制定符合其特点的评估标准；其二，基于多方面的评估证据将被评估方与评估标杆进行比照，以支持评估结论和相关决策（如基于访谈、调查、数据挖掘等多方获得的客观事实和数据，有利于在评估专家中对于该委员会的绩效形成全面认识，极大地提升了评估标准的统一性，减少了由于评估专家掌握信息过于片面而导致的偏差）。为克服科研活动的复杂性和不确定性带来的评估标准的模糊性，美国国家航空航天局（NASA）提出的“技术成熟度等级”（Technology Readiness Level，TRL）也是实现第三方科技评估标准客观化的典范。

综上，标准独立性定义可界定为：结合被评估方的战略定位、学科领域、发展阶段等，制定符合其特点的外化评估标准，并且采用基于证据的评估决策机制，结合评估关键问题搜集各类定性定量证据，提高评估执行方对于被评估方数据和信息的全面认识。

二、客观公正原则

客观公正原则的基本要求是国防科技评估应做到对评估专家的选择客观公正、克服评估专家偏好的影响，解决评估专家心理因素造成的评估结果偏差，以达到评估过程客观公正、评估方法客观公正。

（一）对评估专家的选择客观公正

在国防科技评估活动中，使用随机、回避、更换的原则来对评估专家进行遴选。

（二）克服评估专家偏好的影响

国防科技评估的主体是人，人的个体差异带来了偏好的不同，影响着评估结果的客观公正。偏好的产生原因是多方面的，地域、行业甚至个人经历都可以使个体偏好不同。国防科技评估应尽可能克服评估专家个人偏好的影响，如选择多样的评估专家群体，让评估专家的数量足够多等，这些都可以在一定程度上减少偏好对评估对象的影响。

（三）解决评估专家心理因素造成的评估结果偏差

由于评估专家的认识、心理特征以及所采取的尺度和测评方法的不同，其评估结果往往会产生各种评估偏差，有时这种偏差还十分明显。这不仅影响评估工作的质量，同时也为评估工作开展带来障碍。引起评估偏差的评估专家心理因素包括：1）首因效应，指评估对象最先获得的印象在评估中所起的作用。2）近因效应，指评估专家对评估对象最后获得的印象在评估中所起的作用。3）光环效应，也称晕轮效应，指评估专家对评估对象的某些特征一旦形成好的或坏的印象后，就不加分析地将对此评估对象的印象泛化，推延到其他特征上去的心理倾向。4）从众效应，指评估专家个人在评估专家群体的无形压力下，为了求得认识与判断上的安全感，主动放弃自己的观点，自觉地接受群体的评估观点。5）权威效应，指评估专家受到某种权威的影响或压力而放弃自己的评估观点，对评估对象做出某种符合权威意愿的评估。6）趋中效应，指评估专家对评估对象的评定使用极限的心理趋向。7）感情效应，指评估专家对评估对象特殊的感情关系在评估过程中涉及利益时的反映。8）应付效应，指评估专家不严肃认真、不负责任的态度在评估工作中所起的消极作用。国防科技评估应解决评估专家心理因素造成的评估结果偏差，如对评估专家的评估数据进行统计分析和处理。

（四）评估过程客观公正

国防科技评估应从承担法律责任的角度，对参与评估工作的有关各方和人员提出“严格遵守法律、法规和其他相关规定，保证国防科学技术评估的公正性和客观性”要求，确保评估活动依据客观事实做出客观公正的评估。

（五）评估方法客观公正

由于定性分析受主观因素影响较大，科技评估应采取定性与定量相结合的方式展开。如净评估通常采取定量和定性相结合的方法，在对双方实力进行静态定量分析的同时，还需统筹考虑双方可能采取的行动、战法、战略等诸多非量化因素。韩国的2018年度科技水平评价在进行国家间比较评估时，以德尔菲法为主要方法，辅之以论文专利进行了定量分析；美军报告《保持在人工智能与机器学习领域的竞争优势》主要采用文献分析法进行对比分析，此外，为评估美国空军应如何在人工智能领域保持竞争优势，报告研究人员开发了一个简易的定性框架，以帮助确定美国空军应在人工智能研究、开发和采购过程各环节中开展活动的比重。

三、科学严谨原则

科学严谨原则的基本要求是国防科技评估应做到评估方法要科学严谨，评估指标体系设计要科学严谨，权重的生成要科学严谨。

（一）评估方法要科学严谨

评估方法的科学严谨性是确保评估结果准确合理的关键，一项评估活动是否科学，在很大程度上依赖其评估方法是否科学。根据评估客体不同，科学的评估方法可分为直接评估法和间接评估法两类；根据技术和系统的相对位置，科学的评估方法可分为技术上标法和技术下标法；根据评估理论的不同，科学的评估方法可分为相对评估、绝对评估、个体内差异评估等。上述每种评估方法均有各自的适用范围和优缺点，评估主体应根据评估目标和被评估技术特点，结合每种评估方法有各自的适用范围和优缺点，选择适用的最优评估方法对被评估技术进行评估，严格遵循评估方法流程，态度严谨认真，计算精准，确保评估结果准确无误，明确而不含糊其词。

（二）评估指标体系设计要科学严谨

评估指标体系的科学严谨性是确保评估结果准确合理的基础，国防科技评估的科学性在很大程度上依赖其指标体系设计是否科学。指标体系的科学性主要包括：1）特征性。特征性是指指标应能反映评价对象的特征，这也是指标这一术语的基本含义。2）准确一致性。准确一致性是指指标的概念要正确，含义要清晰，尽可能避免或减少主观判断，对难以量化的评估因素应采用定性与定量相结合的方法来设置指标。指标体系内部各指标间应协调统一，指标体系的层次和结构应合理。3）完备性。完备性是指指标体系应围绕评估目的，全面反映评估对象。不能遗漏重要方面或有所偏颇。否则，评估结果就不能真实、全面地反映被评估对象。4）独立性。独立性是指指标体系中各指标间不应有强相关性，不应出现过多的信息包容、涵盖而使指标内涵重叠。

（三）权重的生成要科学严谨

按照评估指标的赋权方式，可分为主观赋权法、客观赋权法等。主观赋权法是首先选择一定数量的指标，然后根据各指标对评估目标重要性表征程度不同，采用专家调查法或层次分析法等对各指标赋予不同的权重。最后，用各指标标准化后的数值乘以各自的权重，得出综合评价值，进行评价和排序。客观赋权法是首先建立相关的指标体系，然后根据各评价指标的实际值所体现出来的变差信息来确定权数，如熵权法、模糊综合评估法、主成分分析法、因子分析法、灰色关联度法等，有利于突出反映各评价对象之间的差异对总评价值的影响，避免了人为因素带来的偏差。

四、专业权威原则

专业权威原则的基本要求是国防科技评估应做到根据评估技术特点组建专业的团队，采用专业的机制、方法、程序进行评估。

（一）根据评估技术特点组建专业的团队

选取被评估技术领域有权威性的专家，被选取专家在被评估技术领域要有精妙的技艺、知识和个人专长，并且被选取专家所具有的这些技艺知识和专长不是外来的，而是来自专家自身，来自培训和经验。在专家的选取上，如何评价专家的权威性是一个很重要的问题，可以对专家权威性进行量化建模，由专家信息表提供与专家权威性有关的资料，与专家权威性有关的资料包括以下六项：1）专家的主要科研成果和鉴定、获奖情况；2）专家发表的主要论文和译著情况；3）专家本人提供的对某一学科的熟悉程度；4）专家所在单位对专家发表意见的公正性的评价；5）学历；6）职称。这六方面数据从不同侧面、不同程度反映了专家的权威性，也为量化模型的建立和使用提供了充分的数据。采用对各指标评分的方法给出专家在某个学科中的权威性量化得分，合理、全面地反映专家在某学科领域的权威性。通过计算机量化建模专家权威性，既能提高工作效率，又能使科研项目的评审更加规范化和科学化。

（二）采用专业的机制、方法、程序进行评估

技术评估应根据被评估技术特点和技术评估方法的特点、优劣势等，选取最适合被评估对象的评估机制、方法，按照该机制、方法的程序进行评估，得出专业权威的评估结果。

五、目标导向原则

目标导向原则的基本要求是国防科技评估应首先明确评估目标，评估活动要以评估目标和要求为指导。

（一）国防科技评估应对国防科技发展具有导向功能

由于国防科技评估必须站在客观、公正的立场，评估程序客观、公正，评估结论专业、权威，所以其评估结论更容易被国防科技的投资者和决策者所接受，从而对国防科技发展产生重要影响。正确的评估结论可能会带来科学的投资决策，提高投资效益，而错误的或者偏差较大的评估结论则可能导致决策失误，带来严重后果，因此把

好国防科技评估这个目标导向十分重要。

（二）明确评估目标

国防科技评估首先应明确评估目标，国防科技评估的最终目标是：全面掌握国防科技重点领域发展与竞争对手间的全面竞争态势，找准优劣势，揭示差距形成的深层次原因，提出国防科技重点领域发展的措施建议，为制定国防科技重点领域的战略政策、发展规划、研发计划等提供认知判断基础，支撑国防科技管理部门实施战略管理，推动国防科技发展的创新超越。具体目标包括：

1. 辨识国防科技重点领域实力相对于发达国家的优劣势

找准国防科技发展自身定位对于开展国防科技战略管理至关重要。国防科技重点领域发展现状是谋划领域未来发展的起步点，而在与发达国家的博弈竞争中，辨识相对于发达国家的优劣势，查找国防科技重点领域的短板和优势，是研究国防科技发展的措施、手段，以及谋划非对称发展路径的重要参考。国防科技领域涉及技术体系、成果体系、资源体系、政策体系、效益体系等，基于上述要素，国防科技领域评估需要对科技领域的技术成果水平、基础研究实力、创新能力、应用转化能力、资源保障能力等多个属性进行分析评估，找准自身发展优于发达国家的方面或独有的、固有的实力和长处，以及弱于发达国家的薄弱环节等内部实力。其中，技术成果水平是其中最核心的部分，其相对于发达国家的强弱高低是科技战略管理部门最关注的信息。通过国防科技优劣势分析，可以了解与发达国家相比优势在什么地方，领先多少，确定未来是应该加强还是维持，还可以了解与发达国家相比短板技术有哪些，落后多少，综合评估本领域各技术方向的“跟跑、并跑、领跑”状况，确定未来是针对薄弱环节进行加强还是可以通过其他手段加以克服，通过对上述问题的评估分析，可以有效地发现国防科技重点领域的优势和弱点，从而为国防科技创新超越发展找准突破方向，最大限度地克服自身不足并保持自身优势。

2. 辨识国防科技重点领域发展路径与发达国家之间存在的异同点

国防科技重点领域发展路径是国家安全和军事战略意图、既定战略目标、当前发展实力的集中体现。各国根据自身条件、发展目标的不同，选择的发展路径也各不相同，而不同国家国防科技重点领域发展路径的异同点，蕴含着形成当前国防科技发展竞争态势的深层次原因，也映射出未来发展的趋势。在与发达国家的竞争博弈中，国防科技重点领域发展面临多种多样的选择，需回顾发展历程，把好发展脉络，选好自己的路，深入辨识异同处，分析深层次原因。一方面，科技强弱对比可以揭示与发达国家科技水平存在差距的深层次原因，直接为科技战略的制定提供最直接的支撑。通过对比评估找出路径差距的表象之下存在深层次的原因，如技术领域长期不是国防科技发展重点、基础研究未能攻克等，可以有效改进、提高科技决策的针对性。另一方面，国防科技重点领域发展也存在着在既有发展路线下的发展惯性，通过比较分析发展路径不同点，可以把握其发展特点与内在规律，预测分析我国与发达国家未来领域发展重点的异同、可能对军事影响的差异等，在这基础上，进一步分析预测未来一定场景下，发达国家发展道路的变化，分析可能存在的影响，可以为决策者提供重要的参考意见。

3. 辨识国防科技重点领域在与发达国家竞争发展中面临的机遇与风险

国防科技是未来国家竞争的核心要素，国防科技发展事关国家安全和发展利益，直接推动武器装备发展和服务战斗力生成。因此，国防科技的竞争发展将异常激烈，也必定面临着异常复杂的外部形势，而准确把握其中蕴含的机遇与风险，是国防科技发展相关战略、政策、计划调整和制定的重要输入信息，是推动国防科技重点领域加速发展、争取发展主动的重要条件。准确辨识国防科技重点领域与发达国家在竞争发展中面临的机遇与风险，需要全面评估国防科技重点领域发展面临的外部形势，分析辨识与领域发展密切相关的各类因素，分析这些因素与领域发展的相互关系、现状以及未来对于领域发展的影响趋势，辨识其中有利因素和不利因素。更重要的是，通过上述分析因素，找出国防科技重点领域可以利用的发展机遇以及应该规避的风险挑战，从而在与发达国家的竞争中，可以充分利用外部环境的有利条件，尽量规避可能产生的风险挑战。通过分析机遇与风险可以形成以下决策支持：一是国防科技重点领域科技发展的重点方向、重点技术；二是国防科技重点领域科技发展的主要策略，包括快速发展型策略，即利用自身优势和良好的外部发展环境取得某个技术方向的突破式进展；扭转型策略，即利用外部机遇，迅速扭转自身技术劣势；防御型策略，即认清自身技术短板，回避或利用外部风险；或采取多元发展策略，发挥自身优势，扬长避短，分散外部风险等。

（三）评估活动要以评估目标和要求为指导

指标体系应是对评价对象的本质特征、结构及其构成要素的客观描述，应为评估活动的目的服务，针对评估任务的需求，指标体系应能支撑更高层次的评估准则，为评估结果的判定提供依据。目的性原则是指标体系设计的出发点和根本，衡量指标体系是否合理有效的一个重要标准是看它是否满足了评估目的。国防科技评估开展的一切活动，都要以评估目标和要求为指导，如两国的国防科技评估应着眼双方发展现状、支撑条件、发展规划、发展模式、发展趋势、发展效益等基本要素，客观反映双方国防科技发展水平及实力。

六、规范统一原则

规范统一原则的基本要求是国防科技评估应有规范化的评估组织、评估程序、评估数据收集、评估结果。

（一）规范化的评估组织

国防科技评估需要规范化的评估主体。进行国防科技评估的第三方评估主体应当具有相应的资质，在相应领域具有足够多的专家人数。

（二）规范化的评估程序

国防科技评估需要规范化的评估程序。通过借鉴一般评估理论方法步骤框架，在保证操作性、指导性、通用性的基础上，结合国防科技重点领域比较评估的特点，可将国防科技比较评估程序大致分为筹备、评估、总结3个阶段，根据各阶段目标，进一步细化的评估流程包括10个步骤：1）编制评估总体实施方案；2）组建各领域评估项目组及评估专家组；3）评估任务下达及各领域评估方案编制；4）研究细化评估指标体系及方法；5）研究构建相关领域关键技术体系；6）评估数据收集、整理、分析；7）召开会议，形成评估意见；8）形成评估报告；9）交流反馈；10）总结汇报。

（三）规范化的评估数据收集

国防科技评估需要规范化的评估数据收集。数据的收集要确立统一的标准，确保研究数据科学准确、实用管用，必要时需建立各类数据模型，构建评估数据库。在开展具体评估工作前，国防科技各重点领域评估项目组内部要制定标准化的数据收集工具，在数据收集过程中，需要定义数据的名称、概念内容以及进行问题设置等。

（四）规范化的评估结果

国防科技评估需要规范化的评估结果。评估结果要意见明确，不能含糊其词。评估主体需要按照规范的框架格式，将评估结果梳理成评估报告。评估报告的内容一般包括：评估工作概述、主要评估结果、综合评估和研判、重要建议等。

七、易于展示原则

易于展示原则的基本要求是国防科技评估应科学设计评估成果的形式，使评估结果易于展示、使用、管理和维护。

（一）可视化国防科技评估对比结果

可视化的形式能直观展现对比方重点领域的比较结果，国防科技评估需要可视化评估结果，可以采用传统的折线图、柱状图、散点图等常规手段展示科研发展的宏观态势，也可以采用多维科研态势演化图谱模型掌握科技发展动向，挖掘技术前沿，把握技术机会。可视化的内容有重点领域论文一级指标曲线拟合图、重点领域二级指标对比图、重点领域对比雷达图、国防科技态势对比图、国防科技态势对比比例图、国防科技论文对比图、国防科技专利对比图、国防科技经费对比图、国防科技人员对比图、国防科技科研条件对比图、国防科技关键技术对比图、国防科技装备性能对比图、国防科技战略规划对比图、国防科技科研管理对比图等。

（二）形成国防科技评估报告

评估主体需要将评估结果梳理成评估报告，报告中的评估结果应当是经过确切沟通讨论并明确给出的评估意见，而不能含糊其词。报告应明确阐述领域基本情况、评估方法与指标体系，给出指标体系评估的结果，以及领域发展总体态势、领域与强国在竞争发展中面临的机遇与风险、领域发展实力比较分析、领域发展路径辨识，并提出发展建议。

八、全面系统原则

全面系统原则的基本要求是国防科技评估技术体系要全面、对国防科技重点领域发展的评估要全面、对国防科技重点领域发展的评估要系统。

（一）技术体系要全面

技术体系完备性评估本领域技术体系是否完备，是否存在缺项漏项情况。既可以重点评估本领域是否在最先进的技术方向布局，也可以评估在本领域布局的重点技术方向是否不同。

（二）对国防科技重点领域发展的评估要全面

国防科技重点领域比较评估不仅仅是对单一的技术水平能力的评估，还是对战略、规划、计划、人才、基础设施、投资、国家目标等全面的评估；是对水平实力的评估、发展潜力的评估、竞争力的评估；既有特定条件下的质性评估，也要具备翔实的数据支撑。总而言之，国防科技重点领域比较评估应是对国防科技重点领域发展与相关诸要素的全面研究，需要采用客观而全面的观点去考察国防科技重点领域发展态势。

（三）对国防科技重点领域发展的评估要系统

国防科技评估要求整个评估体系的设计是一个系统工程，涉及不同利益主体。要围绕评估目标，从系统的角度全面综合反映被评估科技领域的整体情况，实施对多个评估目标的研究分析。这些评估目标相互支撑、环环相扣，既相关又不同。在评估体系设计时，应注意评估目标的关联支撑关系、评估要素间的相互关系，开展顶层设计。既要支撑态势规律的掌握，又要便于异同点的辨识，还要辅助深层次原因的查找。

九、战略决策原则

战略决策原则的基本要求是国防科技评估应能够为提高国防科技的竞争力提供战略决策，为国防科技顶层设计提供战略决策，为谋划国防科技创新发展提供战略决策，为提升武器装备体系化建设水平提供战略决策。

（一）为提高国防科技的竞争力提供战略决策

军事博弈是国与国竞争的底线手段，而科技竞争是各领域竞争博弈的“硬核”，科技发展必须为赢得大国战略博弈提供根本依托。面对正在孕育兴起的新一轮科技革命和产业变革，世界主要国家都在寻找科技创新的突破口，抢占未来发展的战略制高点。目前，美国依然是无可争议的世界头号强国，科技实力领先全球，是创新能力最强的国家。以德、英、法、意等国为代表的欧洲也是世界上实力雄厚的创新高地，近年提出建设创新型新欧洲，力图掌握未来发展的主动权。日本长期实施技术立国、科技立国、知识产权立国战略，产业技术水平高，在高端制造、汽车、电子、机器人、材料等诸多领域领先世界，近年来又进一步提出科技创新立国目标。同时，科技封锁与反封锁，在经济战、贸易战走向深入之后必然成为大国斗争的主要阵地。为应对未来可能面临的国防科技竞争，需要对国防科技各重点领域开展常态化的深入评估，了解相关领域发展的最新进展，研究评估该领域的世界先进水平，针对主要科技大国，开展比较分析，形成科技发展水平强弱点分析，预见未来军事技术发展的重点，为决策者及时、准确、系统地提供相关事实证据，引导国家科技发展从被动转为主动，从落后变为先进，获得军事技术上的优势，形成强大的技术威慑力。

（二）为国防科技顶层设计提供战略决策

当前，国防科技事业呈现出飞速发展的势头。未来国防科技发展的自立自强，迫切需要深刻认识世界国防科技发展态势演进方向，理清国防技术领域发展现状、趋势和方向，以重要性、迫切性、可行性、颠覆性和带动性为判据，识别国防科技关键技术体系，研判国防科技发展重大优先方向，明确未来发展可能的影响，保证识别和预判的前瞻性、战略性和引领性，为国防科技发展的目标、规模和方向重点的选择与优化调整提供持续支撑。

（三）为谋划国防科技创新发展提供战略决策

当今时代，新一轮科技革命加速推进，呈现出多点迸发、泛在联动、群体突破的态势。在市场需求的驱动下，科技发展与资本结合愈加紧密，发展步伐明显加快。科技对军事的影响也越来越大，一种颠覆性科学技术的出现，将有可能改变作战样式，甚至打破战略平衡。国防科技发展的外部环境将很可能面临重大变化，国家利益与战略安全对国防科技的发展需求可能面临重大调整。需要密切关注国防科技发展所面临的综合环境，科学研判国防科技重点领域发展阶段特征，评估辨识内外部环境变化给国防科技发展带来的机遇与挑战，有针对性地谋划国防科技发展策略和路径。

（四）为提升武器装备体系化建设水平提供战略决策

当前，国防科技评估已经成为提升武器装备体系化建设水平的关键所在，它将有助于优化武器装备体系，提升武器装备整体作战效能。对主要武器装备采办项目而言，国防科技评估则是实现其发展目标的质量保证。它不仅是项目立项的先决条件、项目中止的决策依据，更是确保全寿命周期进度、费用的有力屏障，同时，还是加速新研武器装备快速形成战斗力的重要途径。

十、现实可比原则

现实可比原则要求国防科技评估指标体系的设计应考虑到现实可行性、可比较性，指标体系应适应于评估的方式，适应于评估活动对时间、成本的限制，适应于指标使用者对指标的理解接受程度和判断能力，适应于信息基础，使得发展进度可以用来对比。

（一）国防科技评估指标体系设计应稳定一致

在满足评估目的的前提下，应尽可能采用两个国家相对成熟和公认的指标，与国内外相关方面的工作相衔接，以便于评估结果的比较和应用。

（二）国防科技评估指标体系设计应适应于评估的信息基础

国防科技评估指标体系设计应适应于评估的信息基础，与指标相关的信息应具有可采集性，并且可以通过各种方法进行结构化处理。

（三）国防科技评估指标体系的设计应精炼简明

国防科技评估指标体系可能包含许多指标，把一些简单精练而又说明问题本质的指标提炼出来，则是一项非常重要而又需要许多理论研究和实践经验的任务。指标是对原始信息的提炼与转化，指标不宜过于烦琐，个数不宜过多，以避免因陷于过多细节而未能把握评估对象本质，从而影响评估的准确性，同时，指标的精炼可减少评估的时间和成本，使评估活动便于操作。

（四）国防科技评估指标体系设计应易于理解

评估过程和评估结果的使用往往涉及多方面的人员，如评估者、咨询专家、管理者、决策者和公众，指标应易于理解，以保证评估判定及其结果交流的准确性和高效性。

参考文献

[1] 孙亚洲，吕彬，李晓松．面向任务描述的国防科技情报能力评估指标体系构建研究：基于主题挖掘和对比学习方法［J］．情报理论与实践，2024，47（10）：107-117.

[2] 全国科技评估标准化技术委员会．科技评估分类：GB/T 42776—2023［S］．北京：中国标准出版社，2023.

[3] 郭秋怡，高云翔，李文娟，等．基于技术净评估思想的国防科技评估框架探索［J］．军事运筹与评估，2023，38（3）：19-23.

[4] 任蕾，李娟，陈洁，等．对新修订版《科技进步法》中科技评估内容的分析与思考［J］．中国高新科技，2023（11）：153-155.

[5] 窦永香，胥佳美，刘玮，等．面向特定领域的国家科技评估框架研究［J］．情报理论与实践，2022，45（12）：60-67.

[6] 高智杰，刘迪，赵刚，等．大数据支撑国防科技体系能力评估方法探讨与建议［J］．国防科技，2022，43（4）：93-100.

[7] 军事运筹与评估编辑部．“科技评估基本准则”摘编［J］．军事运筹与评估，2022，37（3）：81.

[8] 方衍．洞见“科技评估”［J］．军事运筹与评估，2022，37（2）：5-10.

[9] 本刊编辑部．《军事运筹与评估》栏目设置及2022年研究要点［J］．军事运筹与评估，2022，37（2）：80.

[10] 李家深．面向科技评估的专家评审系统研究与实践［J］．情报工程，2022，8（2）：119-125.

[11] 黄彩彩，唐志荣．大数据时代科技评估机构的功能与发展对策［J］．天津科技，2022，49（S1）：78-80.

[12] 许守任，郝英好，高卉杰，等．国防科技创新体系评价方法及指标研究［J］．中国电子科学研究院学报，2021，16（9）：944-949.

[13] 杨敏．论科技评估的发展现状［J］．信息系统工程，2021（6）：133-134.

[14] 刘志强，王慧晴，温颖．科技评估方法综述及简评［J］．科技与创新，2021（10）：19-20，22.

[15] 全国科技评估标准化技术委员会．科技评估通则：GB/T 40147—2021［S］．北京：中国标准出版社，2021.
[16] 全国科技评估标准化技术委员会．科技评估基本术语：GB/T 40148—2021［S］．北京：中国标准出版社，2021.
[17] 曹诗嘉，孙占辉，程明，等．美日科技评估体系比较［J］．世界科技研究与发展，2021，43（2）：204-215.
[18] 程燕林．新形势下加强科技评估机构合作发展的对策与建议［J］．科技中国，2021（2）：9-11.
[19] 刘志强，温颖，王慧晴．科技评估理论综述及简评［J］．中国经贸导刊（中），2021（1）：177-179.
[20] 金前程．国防科技技术评估及发展预测分析方法研究［D］．长沙：国防科技大学，2020.
[21] 王海涛，刘瀚龙，侯思微．国防科技评估指标体系构建及相关研究综述［J］．今日科苑，2020（10）：4-10.
[22] 高丽，王新．国防科技信息数字资源评估研究［J］．情报理论与实践，2021，44（1）：78-82.
[23] 王再进，傅晓岚．循证决策体系下英国科技评估的发展及经验借鉴［J］．中国科技论坛，2020（9）：176-188.
[24] 张磊．把握科技管理新要求下科技评估事业发展机遇［J］．华东科技，2020（8）：62-64.
[25] 刘洁．新疆科技评估发展现状及其对策建议［J］．科技中国，2020（7）：86-89.
[26] 周小林，杨云，曲敖廷，等．科技评估方法及其适用性研究［J］．中国科技资源导刊，2020，52（3）：96-102.
[27] 王战军．创建教育科技评估新体系［J］．中国高等教育，2020（10）：1.
[28] 佟京昊，石放．从净评估看新形势下我国国防科技工业评估体系建设［J］．国防科技工业，2020（5）：58-61.
[29] 姜莉．“互联网+”时代江苏科技评估云平台的构建探究［J］．江苏科技信息，2020，37（11）：29-31.
[30] 张娟，林振亮，邱莹，等．科技评估助推科技创新管理水平提升：以广东为例［J］．科技创业月刊，2020，33（3）：70-73.
[31] 冀红霞．国防科技重点实验室评估工作的实践与体会［J］．航天工业管理，2020

（1）：27-31.
［32］肖小溪，甘泉，蒋芳，等．保障第三方科技评估独立性的核心要素及其操作性定义［J］．中国科技论坛，2020（1）：9-15.
［33］邓雅蔓．科技部科技评估中心副主任邢怀滨：2020年中国制造业结构性差异会更明显［J］．中国经济周刊，2019（24）：58-59.
［34］唐琼婕，戴伟．基于ANP的国防科技创新体系综合能力评估［J］．科技与创新，2019（22）：5-9.
［35］陈洪梅．基于情报分析的科技评估工作机制研究［J］．情报探索，2019（11）：33-37.
［36］王春芳．构建科技成果高质量转化的科技评估管理标准体系［C］//第十六届中国标准化论坛论文集．中国标准化协会，郑州市人民政府，2019：14.
［37］杨治安，韩勇，宋雨奇．一种面向科技评估数据的信息平台架构研究［J］．中国电子科学研究院学报，2019，14（8）：870-874，881.
［38］迟婧茹，陶蕊，李婷．科技评估国际研究前沿与行业现状述评［J］．科研管理，2019，40（6）：276-284.
［39］郑宗波．科技评估在科技管理中的作用［J］．中国高新科技，2019（11）：120-122.
［40］张斌，张守明，武宇．现代国家安全与科技评估［J］．科技导报，2019，37（4）：6-11.
［41］姜莉．科技评估工作风险防控研究［J］．江苏科技信息，2019，36（5）：29-31.
［42］苏登育．科技管理中应用科技评估的作用探讨［J］．科技资讯，2019，17（3）：100，102.
［43］魏慧源，张跃东．基于模糊综合评价法的国防科技工业军民融合效率风险评估［J］．兵工自动化，2019，38（1）：52-57.
［44］赵红红，朱本行，原静，等．对我国科技评估标准化建设路径的初步探索［J］．中国标准化，2019（1）：69-72.
［45］钱旭，罗威，武帅，等．大数据驱动的国防科技创新资源感知与评估研究［J］．情报理论与实践，2018，41（12）：31-34，54.
［46］张逸雯，江丽杰，胡镜清．国际科技评估体系与实践研究综述［J］．世界科学技术：中医药现代化，2018，20（7）：1076-1082.
［47］康兰平．我国科技评估的法律实现机制研究：以国外科技评估立法实践为分析视角

[J]. 自然辩证法通讯，2018，40（7）：98-105.

[48] 李岱素，潘慧．科技评估工作规定（试行）[J]. 广东科技，2018，27（5）：34-36.

[49] 夏婷，宗佳．法国科技评估制度简析及对我国的启示 [J]. 学会，2018（5）：46-50.

[50] 黄崇江，刘霞．科研院所科技评估体系的实证分析探讨 [J]. 科研管理，2018，39（S1）：57-60.

[51] 潘教峰，杨国梁，刘慧晖．科技评估 DIIS 方法 [J]. 中国科学院院刊，2018，33（1）：68-75.

第二章　国防科技评估发展分析

国防科技评估是国防科技管理的重要手段，对于国防科技决策具有重要意义。自二战以来，世界多国在推动国防科技创新的同时，也一直把国防科技评估工作作为加强国防科技管理、完善国防科技决策和推进国防科技研发活动的重要手段。本章对世界主要国家国防科技评估的发展现状进行了分析与梳理。

第一节 美国国防科技评估发展现状

美国是科技评估工作的开拓者，也是国防科技评估领域的先行者。在组织实施层面，美国国防科技评估组织架构主要包括立法机构和行政机构两个层面。在立法机构层面，美国国会是美国国防科技评估体系的重要组成部分，下设技术评估办公室（OTA）、政府问责局（GAO）等机构，代表国会开展国防领域的科技评估活动。在行政机构层面，美国国防部等国家安全政府行政部门主要委托JASON国防咨询小组等高水平的第三方评估机构，开展独立的国防科技评估工作。

一、美国国会技术评估办公室

美国国会技术评估办公室（OTA）成立于1972年，是根据美国总统尼克松签发的《技术评估法》而成立的专门负责技术评估的国会技术咨询机构，致力于为联邦政府立法者提供关于科学技术问题的独立、客观、公正的分析建议，在其23年的历史中，共完成评估报告和白皮书750多份，内容涵盖国家安全、能源、材料、健康和生命科学、海洋和环境、通信和计算机技术等诸多领域，其中与国防科技领域相关的评估报告主要包括：《微电子研发》《透视高温超导》《大规模杀伤性武器的基础技术》《生物技术的新进展》《保持优势，维护国防技术基础》等，涉及“向中国的技术转移”“生物恐怖主义”等敏感问题，对国会处理科学技术议题的立法决策发挥了重要作用。技术评估办公室的评估分析方法和经验赢得了广泛的国际赞誉，提供的报告对有关科技问题进行知识阐述、观点论证、方案剖析，厘清国家利益，力求消除党派、群体和自身的偏见，为决策者提供多种可信、详细的建议方案，通常是政府印刷局（GPO）和国家技术信息服务处的畅销资料。其中，政府印刷局仅在1980年就售出多达4.8万份技术报告。1995年，共和党掌控的众议院认为，重大的技术决策应由私营企业负责，提议终止技术评估办公室，随后，该办公室被终止预算经费，关闭前年度经费预算超过2000万美元，拥有140余名全职工作人员。

由于《技术评估法》并未被废止，美国政府只是停止了技术评估办公室的经费拨款。近年来，美国科学促进会、2016年总统候选人希拉里·克林顿、来自民主党的国会议员等知名组织和政治人物都曾呼吁恢复技术评估办公室。美国国会一些议员也认为，由于议员自身缺乏对新兴技术的认知，因此国会对技术评估的需求一直在增加，导致在技术相关政策问题上难以抉择，多次通过列支技术评估办公室财年预算配额的提案、网上签名等方式，呼吁技术评估办公室回归，为技术相关决策提供支撑。

二、政府问责局

政府问责局（GAO）成立于 1921 年，作为旨在审计政府支出的立法机构，一直将科学和技术作为其优先事项。20 世纪 70 年代，GAO 开始招募医学、计算机等领域的专家。2002 年，国会要求 GAO 开始在试点的基础上进行技术评估。2008 年，GAO 正式承担技术评估职能。2019 年 1 月，为满足政策制定者对科学技术的快速发展及其对国家安全和经济等方面的影响的信息需求，GAO 成立科学技术评估和分析小组，专注于帮助国会了解和应对将对国家产生深远影响的科技领域发展趋势。2020 年 10 月，该小组成立了北极星委员会，由多个领域的杰出科学、技术和政策专家组成，为科学技术评估和分析小组提供新兴科技问题的建议。此外，该小组还建立了创新实验室，数据科学家和技术人员利用新兴技术重新构建 GAO 的监督职能，与 GAO 的任务团队合作研究最新的技术进步，旨在增强 GAO 应对不断变化的技术挑战的能力。

目前，GAO 有关科技评估的工作主要包括两个方面。一是关键科技领域的发展趋势评估。GAO 科学技术评估和分析小组明确重点关注的科技领域主要是：1）人工智能、自动化和物联网；2）区块链和分布式账本技术；3）脑机接口、基因编辑和增强现实；4）气候技术；5）卫生技术：主要包括传染病模型、疫苗研发、疫苗安全和人工智能在医疗卫生中的应用；6）武器技术：重点关注高超声速武器。与国防科技领域相关的报告主要包括：2020 年 11 月发布的《5G 无线：不断发展的网络的能力及挑战》；2021 年 6 月发布的《人工智能：联邦机构和其他实体的问责框架》；2019 年 9 月发布的《科技聚焦：高超声速武器》；2020 年 4 月发布的《科技聚焦：CRISPR 基因编辑》；2020 年 12 月发布的《科技聚焦：追查化学武器的来源》；2020 年 3 月发布的《科技聚焦：5G 无线》《科技聚焦：量子技术》《科技聚焦：核微反应器》《科技聚焦：深度造假》等。二是科技绩效评估。GAO 对联邦政府资助研发计划和项目进行评估。例如，2018 年 9 月发布的绩效评估报告《科学和技术：保持美国在量子计算、合成生物学和其他潜在颠覆性研究领域竞争力的考虑》对联邦政府实体对量子计算、合成生物学两个领域的资助以及跨部门协调合作情况进行了分析，提出了通过颠覆性技术进步保持美国竞争力应考虑的关键要素。2019 年 9 月发布的《小企业研究计划：许多机构提供小企业资助的时间比推荐的要长》对 2016—2018 财年小企业创新研究计划（SBIR）和小企业技术转让计划（STTR）资助的及时性进行了评估，审查了包括国防威胁降低局、化生防御联合科学与技术办公室、陆军、国防后勤局、空军、DARPA、导弹防御局、海军、特种作战司令部等参与计划的 28 个机构的资助情况，提出了影响资助时间的因素。

三、JASON 国防咨询小组

JASON 国防咨询小组（简称 JASON）成立于 1960 年，是美国国防科技领域最具权威性的咨询组织之一，主要为美国国防部、能源部和情报机构从事独立的国家安全研究工作。近七年来，JASON 加大了与卫生与公众服务部、人口调查局、国家科学基金会、农业部之间非国防研究的力度。JASON 成立初期，挂靠于国防分析研究所（IDA），20 世纪 70 年代后期转至斯坦福国际研究所（SRI），20 世纪 80 年代又转至 MITRE（麻省理工学院研究与工程）公司，成立了“JASON 项目办公室”，该公司开始为政府管理 JASON 的所有研究。MITRE 是一家由联邦政府资助的非营利性研发公司，主要从事系统工程和信息技术研究，主要对接国防部、联邦航空管理局、国土安全部等政府部门。2002 年，JASON 最初的国防部资助机构 DARPA 因成员任命权与 JASON 产生纠纷，宣布退出，JASON 转由负责研究与工程的国防部副部长办公室负责提供资助。2014 财年以来，MITRE 公司获得的 JASON 合同经费平均每年为 660 万美元，2014—2018 财年合同经费完全由国防部支出，2019 财年之后由能源部承担。2019 年，时任负责研究与工程的国防部副部长迈克 · 格里芬突然拒绝延长其办公室对 JASON 的资助后，JASON 暂由国家核安全管理局（NNSA）继续予以资助。2019 年 12 月，国会在《2020 财年国防授权法》中明确要求国防部继续向 JASON 咨询关于科学技术和国家安全方面的问题，包括应对涉及国家安全的技术威胁的方法。2020 年 11 月 28 日，美国国防部表示将继续保留 JASON 项目，并发布未来五年 5000 万美元的竞争性合同征集书，仅面向非营利性组织和联邦资助的研发组织中心进行招标，并要求具备绝密设施许可。JASON 2014—2019 财年的合同经费为 3440 万美元。此外，2020 年 12 月，众议院在《2021 财年国防授权法》中增加 300 万美元来支付 JASON 的管理费用。

JASON 现由 65 名科学家组成，其中半数是物理学家，其他主要是统计学家、数学家、计算机科学家、化学家、海洋学家、地质学家、大气科学家、材料科学家、航空工程师和电气工程师、生物学家和生物化学家。JASON 一直保持着人员更新计划，每年吸纳 2~5 名年轻科学家加入，因为 JASON 一半以上的研究都是保密的，所以其成员名单一直都不公开。JASON 早期的科学家颇有声望，其中查尔斯·汤斯、默里·盖尔曼和伯顿·里希特在内的 11 位早期 JASON 专家获得了诺贝尔奖。

JASON 最大的特点是独立性和专业性，可针对有关问题提出“开箱即用”的建议。JASON 成立最初的几十年主要从事与物理有关的防御性问题研究，比如如何探测敌人导弹发射的红外信号，或者破译地下核武器试验的地震信号。在越南战争期间，JASON 曾设计了电子战场的先行者——一个反渗透屏障，可将隐藏在地面上的声波、地震传感器与轰炸机、大炮连接起来。JASON 在海军早期的一项研究中，曾为核潜艇设计了一种最初被称为巴松（Bassoon）的通信系统，可将低频无线电信号从电离层反射到海洋中，该系统从 1989 年一直运行至 2004 年。20 世纪 80 年代中期，JASON 发明了一种方法，通过使用激光在大气层高处的发光点上创造一个人造导航星，用望远镜探测和补偿大气湍流引起的抖动，用于跟踪卫星和导弹。1991 年，JASON 说服了美国空军向天文学家开放这项保密技术，使得天文学家地面望远镜上的自适应光学系统可与哈勃太空望远镜相媲美。1989 年，JASON 评估了美国“星球大战”计划的反导弹项目 Brilliant Pebbles，认为它在技术上不可靠，该项目于 1993 年被取消。随着越南战争和冷战的结束，JASON 的成员开始向物理和工程领域扩展。1977 年，他们对全球气候模型进行了第一次评估，后来就哪些大气测量对模型最关键提出了建议。目前，JASON 的技术建议范围涵盖了生物医学成像、弹道导弹防御、核试验禁令条约验证等领域，现已公开的研究报告有《人体效能》《100 美元的基因组：对国防部的影响》等科技评估类报告。例如，JASON 于 2008 年完成的《人体效能》报告，评估了对手利用人体效能改进对国家安全造成的影响，从军事效能评估、大脑可塑性、脑机接口三个方面，对人体效能增强在对称和不对称战争中对敌对军事力量效力的影响进行了分析，并提出了相应的建议。2010 年完成的《100 美元的基因组：对国防部的影响》，分析了未来十年基因组测序技术预期进展的影响，并对其对美国国防部带来的机遇和挑战进行了评估，提出了国防部应收集基因型和表型数据、应用生物信息学工具来改善军事人员人体效能、解决相关伦理和社会问题等建议。

第二节 欧洲国防科技评估发展现状

受美国影响，自20世纪70年代起，欧洲开始重视国防科技评估，各国相继成立了隶属于国会的技术评估机构，欧洲议会也成立了未来科学与技术委员会（STOA），并在20世纪90年代成立了欧洲议会技术评估网络（EPTA）。此外，英国在国防科技评估领域也有独到优势，本节将对此进行专门分析。

一、欧洲议会技术评估网络发展现状

1972年，美国国会技术评估办公室的成立对欧洲科技评估行业产生了深刻影响。为增强议会对科技议题的决策力，法国、丹麦、荷兰、英国等多个国家相继成立了隶属于议会的独立的技术评估机构。1990年，为增进欧洲议会性质的技术评估机构之间的交流与合作，欧洲议会成立了欧洲议会技术评估网络（EPTA），截至2024年6月，欧洲议会技术评估网络（EPTA）拥有25名成员，其中14个正式会员（详见表2-1）、11个准会员（详见表2-2），主要针对纳米技术、脑研究、未来能源系统等热点问题向其本国议会提供咨询建议。目前，EPTA成员单位已开展1304个评估项目，其中不乏大数据和智能算法、合成生物学等与国家安全相关的项目。

表2-1 欧洲议会技术评估网络（EPTA）14个正式会员清单

序号	机构名称	所属国家/国际组织
1	欧洲议会未来科学与技术委员会（STOA）	欧盟
2	英国议会科学技术办公室（POST）	英国
3	法国议会科学技术评估办公室（OPECST）	法国
4	德国议会技术评估办公室（TAB）	德国
5	荷兰拉提诺研究所（RATH）	荷兰
6	瑞士技术评估基金会（TA-SWISS）	瑞士
7	奥地利科学院技术评估研究所（OAW ITA）	奥地利
8	加泰罗尼亚科学技术议会咨询委员会（CAPCIT）	西班牙
9	希腊研究和技术常设委员会（GPCRT）	希腊
10	挪威技术委员会（NBT）	挪威

续表

序号	机构名称	所属国家/国际组织
11	芬兰未来委员会(Committee for the Future)	芬兰
12	瑞典议会评估和研究秘书处(ERS)	瑞典
13	西班牙议会科学技术办公室(Science and Technology Office of the Congress of Deputies)	西班牙
14	卢森堡众议院科学研究和信息部(Cellule Scientifique)	卢森堡

表 2-2　欧洲议会技术评估网络（EPTA）11 个准会员清单

序号	机构名称	所属国家/国际组织
1	国会未来研究所(NAFI)	韩国
2	立陶宛 Seimas 未来委员会	立陶宛
3	比利时 SPIRAL 研究中心	比利时
4	欧洲议会	—
5	丹麦技术基金会董事会	丹麦
6	波兰议会研究局(BAS)	波兰
7	美国政府问责局的科学技术评估和分析小组	美国
8	日本国家议会图书馆(NDL)的研究和立法咨询局(RLRB)	日本
9	葡萄牙技术评估观测站	葡萄牙
10	智利国会图书馆的议会技术顾问(ATP)	智利
11	阿根廷立法咨询办公室(OCAL)	阿根廷

（一）欧洲议会未来科学与技术委员会（STOA）

欧洲议会未来科学与技术委员会（STOA）是欧洲议会成员小组，成立于 1987 年，主要开展技术评估和科学预见项目，并举办研讨会和讲座等活动，旨在为欧洲议会（EP）的知情政治决策提供科技发展及相关政策选择的独立专家评估。STOA 专家咨询小组（STOA Panel）决定 STOA 的活动，并在政治上对 STOA 的工作负责。它由八个议会委员会提名的欧洲议会议员组成。STOA 办公室（STOA Bureau）负责筹备专家咨询小组会议。负责 STOA 的欧洲议会（EP）副主席是 STOA 专家咨询小组和 STOA 办公室的成员。STOA 专家咨询小组的决定由科学预见部门（Scientific Foresight Unit）的工作人员执行。这些项目大多由外部专家（研究所、大学、咨询机构、个人研究人员）通过与欧洲议会签订框架合同来实施。

STOA 项目提供具有科学和技术层面的不同主题的现状概览，并评估一系列部署和促进利用现有技术和新兴技术的政策选择。

STOA 现已开展 66 个项目，最近开展了关于人工智能、5G、公共卫生、生态高效运输、智能能源电网、农业和粮食安全、深海底开发、云计算、教育技术、大规模监控、知识产权、创新和科学计量等项目。其中，与国家安全相关的项目主要包括："欧盟的战略资助和核能的未来""应对抗微生物药物耐药性：从科学到药品政策""分析探索与欧洲使用机器人和协作工业机器人相关的风险和机遇""技术的颠覆性：对政治、经济和社会的影响""战略沟通是打击混合威胁的关键因素""为什么人工智能很重要""用人工智能规范虚假信息"等。

（二）英国议会科学技术办公室（POST）

英国议会科学技术办公室（POST）是英国议会内部对与科学技术相关的公共政策问题进行独立、平衡和无障碍分析的机构，主要通过发布针对当前科学技术问题的简报和研究报告、提供非正式建议和数据分析以及背景文件、向上议院和下议院通报科学技术领域的公众对话活动、组织不同规模的讨论、监测扫描并预测可能影响政策的科学和技术问题等多种方式为英国议会提供咨询建议。英国议会科学技术办公室的分析由其专家顾问团队进行，并辅以奖学金计划。专家顾问经常与各种各样的外部专家联系，收集来自企业、学术界、政府、监管机构和非政府组织的意见，并征求对报告的审查建议。

POST 现已开展 205 个项目。其中，与国家安全相关的项目主要包括："在线身份""互联网通信监控""表观遗传学与健康""环境中的抗生素耐药性""能源安全""先进制造""英国的网络安全"等。

（三）法国议会科学技术评估办公室（OPECST）

法国议会科学技术评估办公室（OPECST）创立于 1983 年，是两个议会的联合代表团，由代表不同政治团体的 18 名代表、18 名参议员共同组成，主要通过发布科技简报、发布针对复杂问题或敏感问题的报告、举行公开听证会、组织研讨会等方式，向议会提供信息和决策建议。此外，该办公室在工作上可以得到由 24 名具有专业知识的科技领域领军人物组成的科学委员会的帮助。

OPECST 现已开展 210 个项目。其中，与国家安全相关的项目主要包括："表观遗传学的风险和观点""稀土以及战略和关键原材料""数字安全和风险""数字风险""欧洲空间政策的风险和观点""核安全、核工业的范围及其未来""战略金属的风险：

以稀土元素为例”“合成生物学的风险”“病毒突变”“国家能源研究战略评估”等。

（四）德国议会技术评估办公室（TAB）

德国议会技术评估办公室（TAB）的主要任务是设计和实施技术评估项目，目前正在扩大其工作范围，提供长期技术展望（未来报告）、分析国际政策（政策基准报告）、创新发展（创新报告）。该办公室认为，技术评估作为政策咨询职能的目标是分析新兴科技发展的潜力，识别和探索相关的社会、经济和社会机遇，审查推行科技发展的法律、经济和社会框架条件，全面分析未来利用新兴科技的潜在影响，指出技术的潜在战略用途和避免或减少相关风险的可能性，并在上述基础上为政治决策者制定行动和指导的备选方案。

TAB 是一个独立的科学机构，成立的目的是为德国联邦议院及其委员会提供有关科学和技术问题的建议。德国卡尔斯鲁厄研究中心（Karlsruhe Research Centre）的技术评估与系统分析研究所（Institute for Technology Assessment and Systems Analysis，ITAS）是该研究中心的执行部门。在执行其工作方案时，卡尔斯鲁厄研究中心将与一些研究组织合作。TAB 的工作严格面向议会及其委员会的信息需求，接受教育、研究和技术评估委员会的领导并由其决定技术评估项目的启动。TAB 的技术评估项目和其他活动的调查结果主要以工作报告的形式提供，技术评估项目的最终报告也作为德国议会印刷品进行出版。

TAB 现已开展 178 个项目。其中，与国家安全相关的项目主要包括：“第四代核反应堆概念”“基因驱动：在人群中传播基因修改的技术”“歧视可能是算法、决策系统和机器学习的结果”“进入一个新的太空时代”“虚拟现实和增强现实：发展路径、应用潜力、技术影响”“人类基因组编辑”“自主武器系统”“人机交互：在人工智能和人类增强之间”“增材制造（3D 打印）”“无人平台军事应用现状与展望”“合成生物学”等。

（五）荷兰拉提诺研究所（RATH）

荷兰拉提诺研究所（RATH）位于海牙，成立于 1986 年，隶属于荷兰皇家艺术与科学学院（KNAW），现有多学科领域专家 50 余名，涵盖社会和政治科学家、物理学家、生物学家、统计学家、工程师、创新专家、哲学家、法律和媒体等领域。RATH 的工作计划每两年更新一次。2021—2022 年的工作计划包括：数字社会、创造完美生活、民主信息社会、健全的科学和知识生态系统四个主题，特别关注技术在不断变化的国际权力关系中的作用、包容和凝聚力、气候变化和生物多样性的丧失，以及新冠危机。RATH 具有独立的工作地位和工作精神，专注于提供具有影响力的高质量研究，拥有一个由科学、创新和工业专家、政策制定者、非政府组织组成的庞大国际网络。

RATH 现已开展 50 多个项目。其中，与国家安全相关的项目主要包括："解决欧洲政策中的深度造假问题""以假为真：增强现实的伦理和社会影响""欧洲在新的地缘政治领域的研究和创新""胚胎可遗传 DNA 的修饰探讨""没有冲突的网络空间：寻求国际信息冲突的降级""植物和农作物基因编辑：朝着着眼于风险差异和更广泛考虑的现代生物技术政策迈进""机器人时代的人权：使用机器人、人工智能、虚拟现实和增强现实带来的挑战""一场永不停息的竞赛：应对网络威胁和增强韧性"等。

（六）瑞士技术评估基金会（TA-SWISS）

瑞士技术评估基金会（TA-SWISS）致力于解决公众认为有争议的技术及其应用领域的问题。特别值得一提的是，TA-SWISS 深入研究了"生命科学和健康""纳米技术""信息社会"三个学科领域，讨论了技术对环境、商业、政治、人类健康等方面的影响问题，以及技术变革所涉及的伦理问题。

TA-SWISS 不仅面向政治、科学、商业和行政方面的决策者，而且面向全体公众。1991 年，联邦委员会和议会决定，瑞士科学委员会应该建立一个评估技术后果的瑞士模式。在瑞士政府 2000—2003 年促进教育、研究和技术的计划中，TA-SWISS 的任务及其机构整合描述如下："在下一个推广期间，应确保技术评估的继续——以一个改进的组织。我们建议将技术评估制度化，成立一个独立部门，对瑞士科学技术委员会负责。技术评估计划的主要任务是为议会、公众和研究人员提供决策辅助，以评估科学研究和技术发展的影响。"2008 年 1 月 1 日，TA-SWISS 成为瑞士艺术和科学学院的竞争力中心。2016 年 10 月，它成为一个非营利性的基金会。

TA-SWISS 现已开展 71 个项目。其中，与国家安全相关的项目主要包括："语音和人脸识别""DNA 分析的新应用""基因编辑""机器人的同理心和情感""人工智能——当算法做出决策时：人工智能的机遇和风险""社会中的合成生物学：一项公开讨论的新技术""人效增强"等。

（七）奥地利科学院技术评估研究所（OAW ITA）

奥地利科学院技术评估研究所（OAW ITA）是奥地利科学院（OAW）的一个研究机构，于 1994 年 1 月 1 日在其前身技术评估室的基础上成立。核心成员现有 6 名科学研究人员，其专业学科领域涵盖经济学、企业管理、社会学、政治学、通信技术、心理学、哲学、电信、分子生物学、医学、遗传学、物理学、化学和法律等，必要时可由外部专家协助。

该研究所的经费由奥地利科学院、联邦科学研究和经济部以及奥地利科学研究基金、欧洲联盟委员会、其他联邦部门、奥地利和欧洲议会等第三方提供。技术评估研究所自 1992 年起成为欧洲议会技术评估网络（EPTA）的准成员，2013 年成为正式成员。

OAW ITA 现已开展 275 个项目。其中，与国家安全相关的报告主要包括："网络安全：系统化、研究现状、创新潜力""人工智能：奥地利人工智能初创企业的技术评估""增材生物制造：医疗恢复和人体增强的 3D 打印"等。

（八）加泰罗尼亚科学技术议会咨询委员会（CAPCIT）

加泰罗尼亚科学技术议会咨询委员会（CAPCIT）于 2008 年由加泰罗尼亚议会成立，现有 18 名成员，其中 9 名为加泰罗尼亚议会成员，9 名为来自加泰罗尼亚研究所（IEC）、研究和创新基金会（FCRI）、科学传播委员会（C4）、公立大学协会（ACUP）等加泰罗尼亚主要科学技术机构的代表。CAPCIT 的目标主要包括：增进议会的科学技术知识并传播这些知识；引导主要科学技术机构的参与，塑造议会在这些领域的意愿；与科技领域的机构、团体、专业协会、大学以及其他组织机构进行合作和协调；在公共科技政策方面促进责任分担。CAPCIT 的主要工作领域包括：科学；技术、互联网和通信；生物伦理学和健康；环境与能源；以及上述领域的宣传教育。

CAPCIT 现已开展 9 个项目，主要包括："生成式人工智能：机遇、风险和政策""加泰罗尼亚议会的网络安全和隐私报告""研究和商业：合作以更好地竞争""加泰罗尼亚儿童和青年的科学和技术教育""神经调节和神经电子学：加泰罗尼亚医疗体系和行业面临的机遇和挑战""疫苗""一种卫生需求和公共资产"。

（九）希腊研究和技术常设委员会（GPCRT）

希腊研究和技术常设委员会（GPCRT）是由希腊议会常设命令要求设立的议会委员会，由代表众议院所有议会团体的 17 名议会议员组成，其工作由希腊议会研究局负责提供研究资助，主要任务涵盖技术发展领域的所有事项，主要针对技术领域的战略提供意见。

GPCRT 现已开展 12 个项目，其中与国家安全相关的项目为"人工智能：参数和观点""5G"等。

（十）挪威技术委员会（NBT）

挪威技术委员会（NBT）是挪威政府在挪威议会的倡议下于1999年成立的一个独立的技术评估机构，主要任务是探讨科学技术的社会影响，激发公众对技术的辩论，针对技术问题向挪威议会和其他政府机构提供建议。NBT现有由政府任命的15名成员，其年度预算约为1100万挪威克朗，工作以项目形式进行组织，由挪威研究理事会作为其监督机构。挪威技术委员会利用从公民小组、协商一致会议、情景讲习班和公开听证会等参与性方法到专家一级的跨学科工作组等方法对技术进行评估。

NBT现已开展36个项目。其中，与国家安全相关的项目主要包括："人工智能：聪明还是可怕？""CRISPR：基因工程的五个新争论"等。

（十一）芬兰未来委员会

芬兰未来委员会（Committee for the Future）审议相关部门提交给它的议会文件，并就与未来有关的事项向其他委员会提出建议。同时，该委员会还作为一个议会机构，对技术发展和技术对社会的影响进行评估。

芬兰未来委员会现已开展21个项目。其中，与国家安全相关的项目主要包括："纳米技术的挑战"等。

（十二）瑞典议会评估和研究秘书处（ERS）

2006年，瑞典议会通过了关于议会委员会工作的新指导方针，将更加面向未来，加强研究和未来问题领域的能力；将于2007年扩大评估和研究秘书处规模，由其协助议会委员会对未来和技术评估进行分析。2012年，评估和研究秘书处成为委员会部的一部分。在大多数情况下，还将指派一个多方指导小组为报告提供指导，并确保报告按照委员会的职权范围执行，并指派了一个外部专家小组来审查报告内容。

瑞典议会评估和研究秘书处（ERS）现已开展25个项目。其中，与国家安全相关的项目主要包括："网络攻击、金融科技和气候变化对未来金融稳定的影响""抗生素耐药性"等。

（十三）西班牙议会科学技术办公室

2021年3月，西班牙议会和西班牙科学技术基金会（FECYT）签署了一项关于设立议会科学技术办公室（Science and Technology Office of the Congress of Deputies）的合作协议。西班牙议会科学技术办公室旨在针对有关问题向议会提供科学证据，利用现有的科学技术知识为决策提供支撑。这些科学证据将通过标准化程序收集，并与国内外研究界合作，以透明的方式提供，并向公众开放。此外，该办公室将得到涵盖西班牙主要科技机构在内的科学技术咨询委员会的支持，以促进西班牙的科学咨询生态系统的发展。2021 年 11 月，西班牙成为欧洲议会技术评估网络（EPTA）成员。

西班牙议会科学技术办公室现已开展 11 个项目。其中，与国家安全相关的项目主要包括“科学与政策结对计划”。

（十四）卢森堡众议院科学研究和信息部

卢森堡众议院科学研究和信息部（Cellule Scientifique），成立于 2021 年 9 月，主要职能是为议员们提供跨学科、客观和公正的科学发展现状分析评估，以及所关注的社会政治主题分析评估，现有 8 名成员，承担法律、社会、自然、环境、经济和历史科学等领域的评估任务。2022 年 10 月，卢森堡成为欧洲议会技术评估网络（EPTA）成员。

卢森堡众议院科学研究和信息部现已开展 1 个项目，其题目为“税收竞争力”（2023 年），尚未开展与国家安全相关的项目。

二、英国国防科技评估发展现状

英国是率先施行政府绩效管理的国家，英国政府把科技评估作为科技决策和绩效管理的重要组成部分，拥有比较完善的科技评估体系。

一是在科技评估制度设计和保障上，英国出台了《绿皮书：中央政府的评估》（2003 年第 1 版，2018 年修订版）、《紫皮书：评价指导手册》（2003 年第 1 版，2011 年修订版）两个顶层评估文件，为科技评估工作明确了高质量的评估要求和统一的评估规范，提供了具体的评估方法指导。同时，英国科技管理部门也相继出台了评估战略及实施计划，作为落实顶层评估文件要求的具体措施。例如，英国商业、创新与技能部（BEIS）的《评估战略》（2014 年）和《评估计划》（2016 年）；研究与创新局（UKRI）的《评估框架》。

二是在科技评估组织体系上，英国形成了由议会、政府部门、公共组织、社会机构组成的科技评估组织体系，并建立了协调有序的评估机制，为优化科技投入、监测科技政策实施效能等方面提供了有力支撑。在议会层面，英国的上议院和下议院分别设立了科学技术委员会，并下设科学技术办公室（POST），负责提供相关议题的咨询建议和实证支持，并作为欧洲议会技术评估网络（EPTA）成员单位开展新兴技术的社会、经济和环境影响评估，为政府部门政策制定提供保障。在政府部门层面，商业、能源与工业战略部（BEIS）作为科技创新的主管部门，将评估作为监督管理研究与创新局（UKRI）及其 9 个机构的资助活动的重要手段；研究与创新局（UKRI）作为商业、能源与工业战略部（BEIS）下属的执行机构，与其所属的生物技术与生物科学研究理事会、工程与物理科学研究理事会、医学研究理事会、自然环境研究理事会、艺术与人文研究理事会、经济与社会研究理事会、科技设施理事会等 7 个研究理事会和英国创新署、英格兰研究署等 9 个资助机构，对各自负责的资助基金和项目进行评估。在公共组织层面，主要包括苏赛克斯大学的科技政策研究所（SPRU）、曼彻斯特大学的创新研究所（MIOIR）等高校研究组织；英国社会科学院、皇家学会等学术团体；惠康基金会（Wellcome Trust）、国家科学技术和艺术基金会（Nesta）等非政府基金组织。在社会机构层面，主要包括 Technolpolis Group 等社会化专业评估机构以及 SQW、Ipsos MORI、Regeneris 等特定技术领域的评估咨询公司。

英国科技评估的主要对象是科技计划、科研项目、科研机构，其中还涉及对国家安全的一些战略技术领域相关科技计划的评估。例如，英国航空航天技术研究院（ATI）的航空研发计划评估于 2016 年正式启动，由商业、能源与工业战略部（BEIS）委托评估咨询公司 Ipsos MORI 具体负责实施，主要通过监测 115 个相关项目的进展、分析专利数据、与管理部门和项目申请者访谈、案例研究等方法，评估计划的管理效能，了解计划实施过程中的困难，并提出政策建议。

第三节 国防科技评估发展趋势

当前，全球新一轮科技革命和产业革命加速演进，大国科技竞争和军事博弈愈演愈烈，科技创新活动的多样化、科技决策的复杂性都对国防科技评估工作提出了迫切的现实需求和更高标准的要求。

一、国防科技评估工作越来越得到高度重视

近年来，美国国会技术评估办公室的经费拨款自 1995 年停止后，美国国会一些议员认为自身缺乏对新兴技术的认知，国会对技术评估的需求一直在增加，在技术相关政策问题上难以抉择，多次通过列支技术评估办公室财年预算配额的提案、网上签名等方式，呼吁技术评估办公室的回归，为技术相关决策提供支撑。2018 年，民主党在掌控众议院后开始酝酿具体的重启办法，2019 年，众议院拨款委员会主席蒂姆 · 瑞安正式提出恢复技术评估办公室，并在 2020 财年立法部门拨款法案草案中列支启动经费 600 万美元，认为其有助于国会了解技术发展的潜力和风险，可为科技政策决策提供有力支撑。2021 年 2 月 10 日，美国知名智库布鲁金斯学会发布研究简报《是时候重启美国国会技术评估办公室了》，认为美国政策制定者在过去二十多年的科技快速发展中未能发挥应有的作用，应尽快重启美国国会技术评估办公室，为政府应对人工智能等新兴技术挑战提供决策支撑，将其作为专门机构来客观分析科技对国内和国际事务的影响，为政策制定者提供对重要技术问题的政策建议，有效应对新一轮技术创新变革的挑战。该智库认为，重启后的技术评估办公室的主要职能包括：研究机器人、自主武器系统等尖端技术应用可能存在的安全风险，防止技术失控，提出保护人类安全的建议；研究人工智能技术在自动决策等不同领域的应用，编译相关数据，确定问题本质，提出减少偏见和消除歧视的方法；持续分析人工智能带来的伦理道德挑战，理解相关问题并提出缓解建议；调查技术进步对劳动力的影响，提出保护其收入和福利应采取的政策建议，以利于社会和经济转型；针对技术发展带来的收入不平等和地域差异等问题，提出对改变税收政策、预算分配、劳动力发展、社会安全网和基础设施投资等方面的建议；针对越来越多的“技术冲击”，提出未来技术政策建议，使政

府在塑造科技产业格局上发挥其应有的作用。

二、制度化发展成为国防科技评估的基本保障

美、英等国家卓有成效的科技评估工作与其配套衔接的科技评估制度规范密切相关。美国于1976年出台《国家科技政策、组织与重点领域法》，要求联邦政府和州政府加强对科学技术的评估；1993年颁布《政府绩效与结果法》（GPRA），以明确的法律形式引入绩效评估的管理理念，规定了政府绩效管理的实施目的、内容和进程，要求联邦政府机构每年向总统和国会提交绩效报告，并与国会年度预算和授权拨款管理相结合，确立了科技评估的地位。1993年3月，美国成立国家绩效评鉴委员会（NPR），作为执行机构有效保障了科技评估工作的开展。2016年，政府问责局（GAO）制订了《技术准备评估指南：评估用于采购计划和项目的技术准备情况的最佳实践》，用于评估新武器、卫星、核设施和国土安全系统等领域的尖端技术的成熟度，确定是否已准备好集成到系统中，从而减少生产投入风险，防止项目延迟或成本增加。2019年12月，政府问责局发布《技术评估设计手册》，并于2021年2月发布第2版。英国政府自2003年开始，陆续出台了《绿皮书：中央政府的评估》《紫皮书：评价指导手册》《评估战略》《评估计划》《评估框架》等一系列科技评估文件，形成了体系化、规范化的科技评估制度和机制，有效促进了本国科技评估工作的发展，使其成为政府科技决策的重要手段。

三、多元化专业化组合渐成评估机构发展主流

美、英等国家主要把科研机构、学术团体、非营利组织等第三方机构作为国防科技评估的主体。上述机构的评估团队由具有学科背景的专家组成，具有较强的专业性和独立性，可以有效确保科技评估的客观性、合理性和公平性。例如，英国除了科学技术办公室（POST）等官方评估机构、苏赛克斯大学的科技政策研究所（SPRU）等高校智库之外，还包括惠康基金会（Wellcome Trust）、Technopolis Group等社会化咨询评估机构。德国的马普学会（MPG）、亥姆霍兹联合会（HGF）、弗劳恩霍夫协会（FHG）、莱布尼茨科学联合会（WGL）等四个学会，作为不同研究领域的科学共同体，也是德国国家科技评估体系的中坚力量。

四、评估方法创新是国防科技评估发展的关键

国防科技评估工作在不断发展中积累了较为丰富的理论方法和经验。在方法上，主要采用了定性分析和定量分析相结合的方法，其中专家评议的方法在科技评估中被普遍采用，是评估方法的主体；在评估模型上，由于评估对象的复杂性，采用的评估模型一般都是根据特定的评估目标和特定的评估对象进行设计，普适性不高；在评估过程中，主要由评估专家与学科领域的专家和管理领域的专家进行深层次的沟通交流，吸纳对评估对象的多方评议意见。近年来，美、英、日等国家高度重视作为评估重要基础的科技数据信息平台建设，强化科技数据的监测、收集、整合和挖掘，加强数理分析模型的构建，为科学评估提供证据来源和方法支撑，推动科技评估的专业化和科学化发展，提高科技评估的权威性和公信力。

参 考 文 献

[1] 李自力．改革国防科技评价制度，完善国防科技评价体系［J］．国防科技，2017，38（3）：4-11.

[2] The Office of Technology Assessment：History，Authorities，Issues，and Options［R/OL］．［2020-04-29］https：//crsreports. congress. gov/product/pdf/download/R/R46327/R46327. pdf.

[3] 张九庆．美国国会技术评估办公室（OTA）的兴衰与重启之路［J］．科技中国，2020（7）：21-27.

[4] GAO Science，Technology Assessment，and Analytics Team：Initial Plan and Considerations Moving Forward［R］．［2019-04-10］.

[5] Overview of GAO's Enhanced Capabilities to Provide Oversight，Insight，and Foresight［R］．［2019-12-5］.

[6] Steven Aftergood. JASON Science Advisory Panel Endures［Z/OL］．［2020-12-07］．https：//fas. org/blogs/secrecy/2020/12/jason-abides/.

[7] European Parliamentary Technology Assessment. The network of parliamentary technology assessment［EB/OL］．［2024-06-26］．https：//www. eptanetwork. org/.

[8] 王再进，邢怀滨．欧洲议会的技术评估及对我国的启示［J］．自然辩证法研究，2015，31（1）：32-37.

[9] 王再进，傅晓岚．循证决策体系下英国科技评估的发展及经验借鉴［J］．中国科技论坛，2020（9）：176-188.

第三章　国防科技评估方法

国防科技评估方法，是在建立国防科技评估指标后，运用定性或定量规则对评估指标进行分析、合成和计算，以得到科学合理的国防科技评估结果。科学、实用和有效的国防科技评估方法是国防科技评估的关键，是开展国防科技评估实践工作的基础和条件。构建国防科技评估方法，核心是打通国防科技评估指标和数据之间的虚实通道，实现国防科技评估指标的可操作化、实用化和定量化，精准分析国防科技发展综合效果和存在的短板弱项，透析国防科技发展“表象”和“迷雾”，使国防科技发展情况变得清晰透明、评估变得高效精准。

第一节 国防科技评估方法概述

工欲善其事，必先利其器。实施国防科技评估，方法多种多样，必须把握一定原则和目标，通过分析、比较、筛选，从众多方法中挑选出合适、有效、可操作的方法，淘汰落后、低效、操作性差的方法。

一、国防科技评估方法定义

英语的“方法”为“method”，这个词在不同的学科和领域中有不同的含义，但一般来说，它指的是一种有系统的、结构化的过程，用于实现特定目标或解决问题。我国关于“方法”的定义把认识和行动所必须遵循的途径和法则作为主要内容。“方法”的内涵包括 5 个有机联系的要素，即：关于达到活动目的的方向；关于达到目的所必须通过的途径；关于达到目的所必须采取的策略手段；关于达到目的所必须运用的工具；关于有效运用工具所必须遵循的操作程序。由此可知，“方法”是关于认识事物和改造事物的目的方向、途径、策略手段、工具及操作程序的统称。

国防科技评估方法，是指依据国防科技评估指标体系，对国防科技发展情况进行科学、客观和系统的价值判断的模型和手段。也可以说，国防科技评估方法是运用科学理论和方法对国防科技发展情况进行有效评估，以保证评估人员解决国防科技评估问题的科学性、有效性和可操作性等。

二、国防科技评估方法的内涵、特点和关键问题

（一）国防科技评估方法的内涵

国防科技评估方法包含以下 4 个方面的内涵：

1. 评估方法必须依据国防科技评估指标

国防科技评估方法是以国防科技评估指标为依据，通过定量结论判断国防科技“是否达到了预先设定的目标”“是否实现了基础目标”“是否快速实现了目标”“是否低成本高质量完成了目标”等；同时，评估方法还要验证评估指标体系“是否科

学”“是否客观”“是否合理”等。只有严格依据和围绕国防科技评估指标，国防科技评估方法才具有客观性和规范性，评估结果才具有较高的可信度。

2. 评估方法应当多样化全方位

国防科技评估要对国防科技发展整体水平、发展趋势、存在问题等关键环节和核心问题进行评估。因此，评估方法既要考虑单一指标的评估，又要考虑评估指标体系的评估；既要考虑静态的评估，又要考虑动态的评估；既要宏观评估，又要微观评估；既要发现问题，又要采取有效措施解决问题。评估方法应根据国防科技评估目标和指标体系进行适应性匹配，也就是评估方法是随着评估任务和评估指标的变化而变化，无法构建放之四海而皆准的评估方法。

3. 评估方法应当注重价值判断和量化分析

通过科学有效的国防科技评估方法，得到有价值的国防科技评估结论，既要有定性的价值判断，又要有定量的分析结论。价值判断，主要是给出定性描述，如国防科技发展整体态势情况、国防科技发展存在问题和对策建议、国防科技优势体现在哪些方面，以及哪些方面还可以进行优化等；量化分析，主要是给出国防科技发展量化评估结论，比如国防科技发展的水平、发展预期、发展差距值等。

4. 评估方法贯穿国防科技评估全过程

国防科技评估方法是一个动态变化、循序渐进、不断完善的过程，要根据国防科技评估活动的发展变化情况进行不断的全过程动态优化，才能及时适应国防科技评估目标、任务和指标需求，解决评估过程中出现的矛盾和问题，实现评估方法的优化配置，追求国防科技评估的最佳效果和目标的快速实现。

（二）国防科技评估方法运用特点

国防科技评估方法运用具有以下特点：

1. 目的性

国防科技评估方法运用需要与国防科技评估问题进行紧密耦合，围绕国防科技评估目的，确定评估方法的目标，选择科学评估方法，利用评估方法得到评估结果。只有评估方法明确，才能最大化发挥评估工作的作用。

2. 系统性

国防科技评估往往是复杂的系统，由相互依赖、相互关联、相互作用的组成部分为实现同一个目标而形成的有机整体。因此，评估方法的选择和确定必须强调复杂性，需要运用复杂系统思维，综合考虑国防科技评估系统的内容要素和外部环境关系，寻求最优评估方法。

3. 有效性

国防科技评估往往有客观约束条件，是在约束条件下得到的最优结果。因此，国防科技评估方法必须立足国防科技评估实际情况，综合考量各类约束条件，选择科学可行的方法，确保方法能够适应各类约束条件。

4. 科学性

国防科技评估方法，是根据国防科技评估指标，用数学模型和数据描述国防科技评估对象，掌握其发展规律和状态，为决策者提供参考。因此，国防科技评估方法的选择不能简单地“复制粘贴”“拍脑袋”，需要建立在科学分析的基础上，确保方法的科学性。

5. 参考性

国防科技评估方法对于提升国防科技评估结论的定量化和科学性具有较大作用。但是通过评估方法得到的国防科技评估结论仅能为决策者提供参考，不能替代决策者工作。因此，国防科技评估工作既要重视方法运用，也要重视决策者基于经验的决策判断，确保两者有效结合。

（三）国防科技评估方法的关键问题

国防科技评估方法的目的是支撑国防科技评估决策活动，为决策者更好、更科学地做出国防科技评估决策提供有效参考。因此，国防科技评估方法应重点把握以下几个关键问题：1）国防科技评估方法紧紧围绕评估决策目标，强调为实现评估目标提供科学可行方法；2）国防科技评估方法的评估结果，不是仅仅给出国防科技发展现状情况，还要给出国防科技发展薄弱环节，以及提升国防科技发展水平的手段；3）国防科技评估方法得到的结论既要有数量依据且可操作，也要综合考虑非定量因素的影响和作用，不能仅仅为了定量而定量；4）国防科技评估方法得到的结论为决策者提供建议和定量依据，要通过多样化方式为决策者提供支撑，有效发挥国防科技评估方法在决策中的作用。

三、国防科技评估方法构建原则

国防科技评估涉及面广、参与主体多、层次复杂，因此其评估方法必须以评估目标和评估指标体系为主线。同时，评估方法不是越复杂越好，而是尽可能简单、易行，尽可能定性与定量相结合，得到量化结果为定性决策提供依据。

（一）目标牵引

国防科技评估方法应紧贴国防科技评估目标、评估重点和评估内容，时刻关注国防科技发展重点和薄弱环节，以国防科技发展评估指标体系为基础，构建国防科技评估方法，确保评估方法的数据来源可靠、有理有据，同时将评估方法深度融入国防科技评估活动，与评估工作同步推进、相互协调。

（二）简单易行

构建的国防科技评估方法，首先要有明确的评估对象和便于收集数据的渠道；其次，评估方法所需数据要便于信息系统采集、统计和分析；最后，评估方法计算公式要可执行可操作。

（三）定性与定量相结合

国防科技评估方法既要评估某个国家或某个领域国防科技发展整体情况等宏观层面国防科技工作，也要评估某项具体技术发展态势和基本情况等微观层面工作，涉及评估指标包括定性和定量两个方面。构建国防科技评估方法时，应加强定性指标与定量指标的融合处理，其中定性指标主要采取专家评估方式计算得到，定量指标主要采取模型计算方式计算得到。

（四）动态性原则

国防科技评估方法是一个不断探索和逐步完善的过程，受内部因素和外部因素的影响，在其发展过程中相关内容需要不断进行适时调整。因此，国防科技评估方法的建立也要以发展的思维进行，不仅要根据现在国防科技发展情况和特点建立评估方法，也要根据未来国防科技发展状况，建立面向未来的评估方法。

四、国防科技评估方法构建总体思路

国防科技评估方法构建总体思路，主要包括方法描述、方法建立和方法计算等步骤，如图 3-1 所示。

（一）方法描述

方法描述主要包括开展目标分解、提出关键技术问题和设计总体方案等步骤。

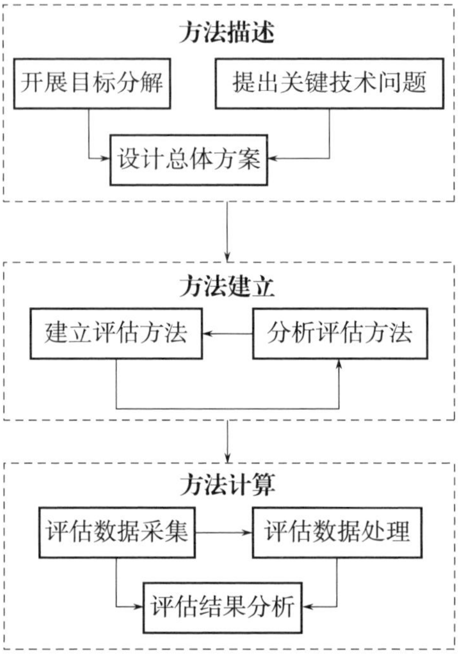

图 3-1 总体思路

1. 开展目标分解

围绕国防科技评估总目标和评估指标体系，分析需要构建的模型方法，从多个角度、多个维度和多个层次分析构建国防科技评估方法。

2. 提出关键技术问题

针对构建国防科技评估目标，结合国防科技评估指标，以及评估工作实际，进一步分解和提炼评估方法拟解决国防科技评估的关键技术问题。

3. 设计总体方案

严格依据国防科技评估目标，针对评估方法的关键技术问题，借鉴先进评估理论、技术和手段，设计国防科技评估方法总体技术方案，确保评估方法能够高效满足评估实践应用需要。

（二）方法建立

方法建立主要包括建立评估方法和分析评估方法等步骤。

1. 建立评估方法

根据国防科技评估方法总体技术方案，针对不同评估内容和指标，设计、构建面向不同评估指标和应用的评估方法。

2. 分析评估方法

根据国防科技评估方法总体技术方案及不同评估方法，提出国防科技评估方法所需的数据和有关标准要求，以及具体的计算公式和算法，为结果计算提供有效支撑。

（三）方法计算

方法计算主要包括评估数据采集、评估数据处理和评估结果分析等。

1. 评估数据采集

根据国防科技评估指标体系和评估方法，针对评估对象，采集和汇总各方面评估数据。

2. 评估数据处理

根据国防科技评估方法，针对采集的评估数据进行清洗和处理，确保能够准确导入评估方法，包括数据完整性清洗、唯一性清洗、权威性清洗、合法性清洗和一致性清洗等。

3. 评估结果分析

根据处理后的国防科技评估数据，调用国防科技评估方法，计算得到国防科技评估结果。同时，通过多维、多层、多角度的图像或图形，动态展示国防科技评估过程和结果。

第二节 国防科技评估方法种类

国防科技评估方法可以按照层次、形式、对象、类型和内容等多种方式进行分类，可以从不同维度描述评估方法的功能和作用。在国防科技实践工作中，可以根据评估目标和任务的差异，综合运用不同类型评估方法，提高评估工作的针对性、有效性和科学性。

一、国防科技评估方法分类

（一）按照层次分类

按照层次分类，国防科技评估方法可分为战略、战役和战术等层面的评估方法（见图 3-2）。其中，战略层面评估方法，主要用于评估国防科技发展态势和发展趋势等方面的工作，包括国防科技发展态势评估方法、发展趋势评估方法等；战役层面评估方法，主要用于评估某个领域的国防科技发展态势和发展趋势等，包括人工智能领域国防科技评估方法、大数据领域国防科技评估方法和生物技术领域国防科技评估方法等；战术层面评估方法，主要用于评估某项国防科技发展情况，包括大数据技术评估方法、区块链技术评估方法等。

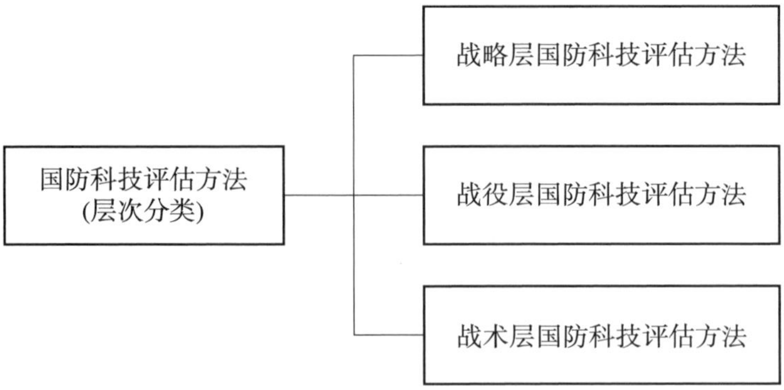

图 3-2 国防科技评估方法（层次分类）

（二）按照形式分类

按照形式分类，国防科技评估方法可分为直觉方法、图表方法、数学方法和试验方法等（见图 3-3）。其中，直觉方法，是指通过专家对国防科技直接感觉进行评估的方法；图表方法，是指通过数据图表对国防科技进行评估的方法；数学方法，是指通过数学表达式对国防科技进行评估的方法；试验方法，是指通过仿真试验，模拟国防科技发展情况的方法。

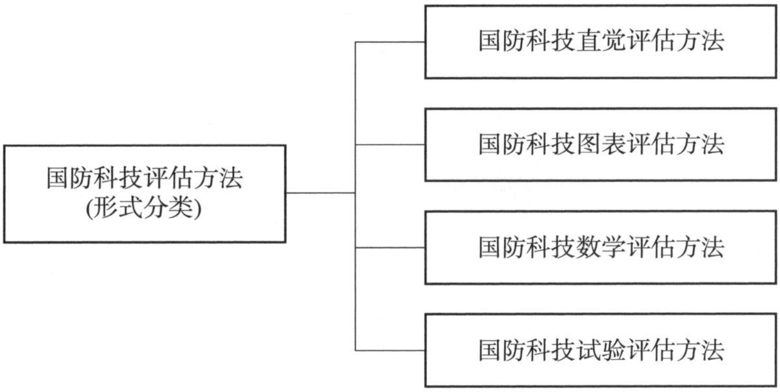

图 3-3　国防科技评估方法（形式分类）

（三）按照对象分类

按照对象分类，国防科技评估方法可分为要素评估方法、领域评估方法和效果评估方法（见图 3-4）。其中，要素评估方法，又可以分为国防科技管理体制、运行机制、政策制度等评估方法；领域评估方法，又可分为人工智能领域、生物领域、航天领域等国防科技发展评估方法；效果评估方法，又可分为国防科技军事效果、经济效果、政治效果等评估方法。

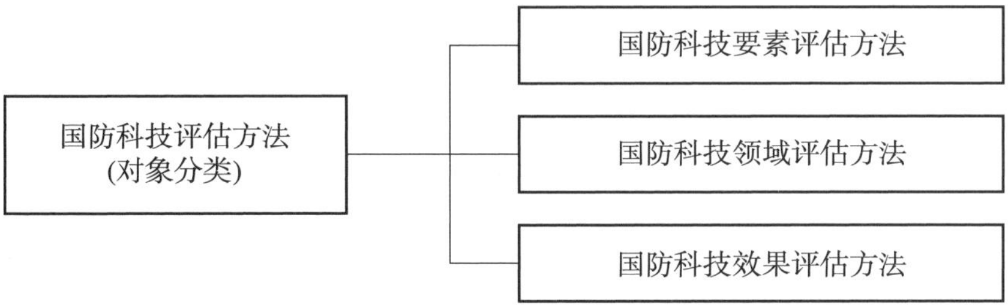

图 3-4　国防科技评估方法（对象分类）

（四）按照类型分类

按照类型分类，国防科技评估方法可分为定性评估方法、定量评估方法和定性与定量结合评估方法。其中，定性评估方法是依靠和借助于专家知识获取信息，利用专家的经验和判断能力对评估对象直接打分或做出直观判断，然后对专家的意见进行科学处理，形成评估结果；定量评估方法是通过仿真试验、样本试验获取信息或以其他统计数据作为评估依据，依据评估指标体系建立相应的数学方法，利用计算机或数学手段进行处理求得评估结果，并用数量表示的方法；定性与定量结合评估方法，是根据评估指标体系复杂的特点，充分吸取定性和定量评估方法的优缺点，对评估对象进行集成综合评估。按照类型分类，常用的评估方法见表 3-1。

表 3-1　按照类型分类，常用的评估方法

评估方法		优点	缺点
定性评估方法	调查和专家打分法	利用专家经验，对各因素的重要性进行评估，操作简单	主观性强
	头脑风暴法	通过专家的相互启迪和相互补充，使专家产生思维共振，获得更多的信息，使预测结果准确而全面	容易受个人主观印象的影响
定量评估方法	数据包络分析法	可以评估多输入多输出的大系统，并可用“窗口”技术找出单元薄弱环节加以改进	体现相对发展指标，无法表示出实际发展水平
	灰色理论	定性的问题巧妙地转化为定量描述	不能得到确切值，只能判断大致的大小
	贝叶斯网络	能够有效利用与单一指标相关的主客观信息和知识，提高评估效率	先验概率和条件概率确定难度较大
	神经网络法	客观性强，能够根据实际情况进行调整	需要大量的训练样本
	蒙特卡洛模拟法	较为真实地反映评估指标的内在关系和作用原理	对样本量要求很高，随机性较大
定性与定量结合评估方法	模糊综合评估	能够有效地处理评估中模糊的、非定量的、难以精确定义的定性因素	没有统一的标准，主观性强
	层次分析法	综合专家经验和数学方法，反映评估对象的综合水平	评估指标的数目不能太多，一般不能超过 9 个
	云模型评估法	较好地解决了既有模糊性又有随机性分布评估问题	需要大量的历史数据和专家知识

（五）按照内容分类

按照内容分类，国防科技评估方法通常包括评估指标权重方法、单指标评估方法、单目标评估方法、多目标评估方法和动态评估方法等。

1. 评估指标权重方法

评估指标权重方法是构建国防科技评估指标重要程度的方法，核心是计算指标相对于上层指标和目标的重要程度。

2. 单指标评估方法

单指标评估方法，是指确定国防科技每个评估指标大小的方法。它包括定性单指标评估方法和定量单指标评估方法。定性单指标评估方法通常采取专家打分为主的方法进行计算；定量单指标评估方法通常通过数学公式进行计算。

3. 单目标评估方法

单目标评估方法，是指根据指标权重和单指标评估结果，针对某个评估对象，运用方法计算得到综合评估结果的方法。

4. 多目标评估方法

多目标评估方法，是针对多个国防科技评估对象构建的综合评估方法。

5. 动态评估方法

动态评估方法，是计算和仿真国防科技动态变化规律的方法。按内容分类，国防科技评估方法的相互关系如图 3-5 所示。

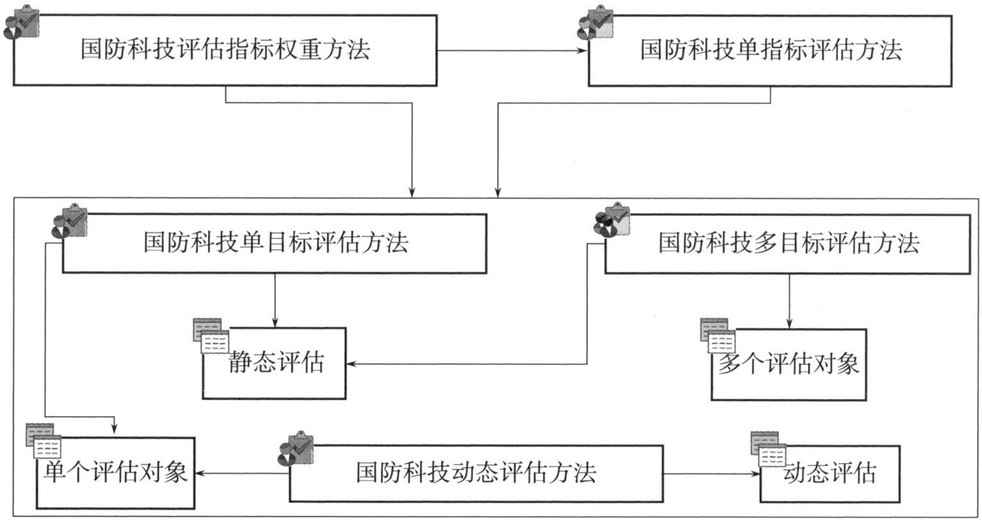

图 3-5　国防科技评估方法（内容分类）

从图中可知，国防科技评估指标权重方法是其他评估方法的前提和输入。国防科技单指标评估方法是单目标评估方法、多目标评估方法和动态评估方法的重要基础。

单目标评估方法和动态评估方法都是针对单一评估对象。国防科技多目标评估方法是针对多个评估对象。国防科技单目标评估方法和多目标评估方法都是针对国防科技的静态评估，而动态评估方法是针对国防科技发展的动态评估。

二、国防科技评估常用方法介绍

本节介绍的常用评估方法的主要用途，见表 3-2。

表 3-2 国防科技评估常用方法的主要用途

	评估指标权重方法	单指标评估方法	单目标评估方法	多目标评估方法	动态评估方法
层次分析法	★				
熵值法	★				
德尔菲法	★	★	★		
线性加权求和法			★		
模糊综合评估法			★		
证据推理法		★	★		
粗糙集法			★		
灰色评估法			★		
模糊 Petri 网法			★		
数据包络分析法			★	★	
神经网络法			★	★	
支持向量机法			★	★	
系统动力学法					★
TOPSIS 法				★	
物元分析法				★	

注：★表示能够应用到该领域的方法。

（一）层次分析法

该方法主要用于确定国防科技评估指标权重。

1. 方法简介

层次分析法（Analytic Hierarchy Process，AHP）是将与决策有关的元素分解成目标、准则、方案等层次，在此基础之上进行定性和定量分析的决策方法。该方法是美国运筹学家匹兹堡大学教授萨蒂于 20 世纪 70 年代初，在为美国国防部研究“根据各个工业部门对国家福利的贡献大小而进行电力分配”课题时，应用网络系统理论和多目标综合评估方法，提出的一种层次权重决策分析方法。该方法是一种定性与定量分析相结合的决策评估方法，可以使思维层次化、经验数量化，客观反映多种关联因素的重要程度，为评估、决策、预测和控制事物提供一种定量依据，具有简单、实用、有效的优点。

2. 方法过程

层次分析法具体步骤如下：

（1）建立层次结构

分析国防科技评估对象各要素的相互关系、逻辑归属及重要级别，进行排序，构成自上而下的递阶层次结构。

（2）确定定量化标度

建立9个重要性级别的定量化标度，主要包括同等重要、稍微重要、明显重要、强烈重要、极端重要，以及每两者之间的中间级别。这9种级别分别用1~9整数来表示，这就是9标度法。9标度法标度及其含义，见表3-3。

表3-3　9标度法标度及其含义

标度值	含义
1	表示两个元素相比,具有同等重要性
3	表示两个元素相比,一个元素比另一个元素稍重要
5	表示两个元素相比,一个元素比另一个元素明显重要
7	表示两个元素相比,一个元素比另一个元素强烈重要
9	表示两个元素相比,一个元素比另一个元素极端重要
2,4,6,8	当事物的差别介于两者之间时,可取上述相邻判断的中间值
倒数	若元素 i 与元素 j 重要性比为 a_{ij},那么元素 j 与元素 i 重要性比为 $a_{ji}=\frac{1}{a_{ij}}$

（3）构造判断矩阵并计算

邀请专家构造判断矩阵，设经过专家咨询后得到的某一判断矩阵为：

$$\boldsymbol{A}=\begin{bmatrix} a_{11} & a_{12} & \cdots & a_{1n} \\ a_{21} & a_{22} & \cdots & a_{2n} \\ \vdots & \vdots & \vdots & \vdots \\ a_{n1} & a_{n2} & \cdots & a_{nn} \end{bmatrix}$$

其中，a_{ij} 取值为1~9，1/2~1/9。

然后求判断矩阵的最大特征值 λ_{max}，并计算出最大特征值 λ_{max} 所对应的特征向量，即评估指标权重向量。权重向量用 $\boldsymbol{W}=(w_1, w_2, w_3, \cdots, w_n)$ 表示。

（4）判断矩阵的一致性检验

计算评估指标权重向量时，要求判断评估指标权重矩阵具有一致性或偏离一致性的程度不能太大，否则权重并不能完全反映评估指标之间的相对重要性程度。判断矩阵一致性指标计算公式如下：

$$CI=\frac{\lambda_{max}}{n-1} \tag{3-1}$$

判断矩阵的一致性指标与具有相同秩的随机判断矩阵的一致性指标比较，即协调率。协调率计算公式如下：

$$CR=\frac{CI}{RI}$$

其中，RI 为相应随机判断矩阵的一致性指标。其数值，见表3-4。

表3-4 随机一致性指标 RI

N	1	2	3	4	5	6	7	8	9
RI	0	0	0.58	0.94	1.12	1.24	1.32	1.41	1.45

若协调率 $CR<0.1$，则判断矩阵可采纳，得到评估指标权重符合要求，否则判断矩阵要进行修改调整。

（5）得到权重

根据第3步计算出来的国防科技评估指标权重，通过第4步的一致性检验后，即得到国防科技评估指标的权重值。

（二）熵值法

该方法主要用于确定国防科技评估指标权重。

1. 方法简介

1948年，美国数学家香农（Shanon C. E）为解决信息的度量问题提出信息熵的概念。信息熵是信息论中用来刻画信息无序度的一个量，熵越大表示信息的无序化程度越高，相对应的信息效用越低。

熵值法是用于多对象多指标体系的综合评估方法。熵值法主要用于确定评估指标的权重，根据各指标传递给决策者的信息量大小来衡量。熵值法有如下的基本性质：

1）当各被评估对象在某指标上的值完全相同时，熵值达到最大，熵权为零，这意味着该指标未向决策者提供任何有用的信息，该指标可以考虑从评估指标体系中取消掉；反之，当各被评估对象在某指标上的值相差较大时，熵值较小，熵权较大，这说明该指标向决策者提供了有用的信息，同时还告诉决策者，各对象在该指标上有明显差异，应重点考察。2）评估指标的熵越大，其熵权越小，该指标越不重要，而且各熵权之和为1。3）熵值法并不是表示决策评估问题中某指标在实际意义上的重要性系数，而是在给定评估对象集后各种评估指标值确定的情况下，各指标在竞争意义上的相对激烈程度。

根据信息论定义，在信息通道中传输的第 i 个信号的信息量 I_i 计算公式如下：

$$I_i = -Inp_i \tag{3-2}$$

其中，p_i 是该信号出现的概率。如果有 n 个信号，其出现的概率分别为 p_1，p_2，…，p_n，则 n 个信号的平均信息量，即熵为：

$$-\sum_{i=1}^{n} p_i Inp_i \tag{3-3}$$

2. 主要步骤

熵值法确定国防科技评估指标权重的步骤如下：

（1）计算评估指标结果

专家根据国防科技评估指标和标准，对国防科技评估指标进行初步评估判断，得到评估结果，即评估结果为 $x_{ij}(i=1,2,\cdots,n;j=1,2,\cdots,m)$，表示第 i 个评估专家对评估指标 j 的评估值，分为3个档次：高，中，低，并赋予定量数值。其中“高”为1；“中”为0.6；“低”为0.2。

（2）特征比重

$$P_{ij} = \frac{x_{ij}}{\sum_{i=1}^{n} x_{ij}} \tag{3-4}$$

其中，P_{ij} 表示第 j 项评估指标下第 i 个专家的特征比重；x_{ij} 表示第 i 个评估专家对评估指标 j 的评估值。

（3）熵值

$$e_j = -k\sum_{i=1}^{n} p_{ij} \times In(p_{ij}) \tag{3-5}$$

其中，e_j 表示第 j 项评估指标的熵值。x_{ij} 的差异越小，那么 e_j 越大；x_{ij} 的差异越大，则 e_j

越小。

如果 x_{ij} 对于给定的评估指标 j 全部相等，则 $p_{ij}=\frac{1}{n}$，此时 $e_j=k\times Inn$，评估指标对于评估对象的作用最小，取 $e_j=1$，可以推算出 $k=\frac{1}{Inn}$。

（4）差异性系数

$$g_j=1-e_j \tag{3-6}$$

其中，g_j 表示差异系数，g_j 越大，表示越应重视该评估指标作用。

（5）确定权重

$$w_j=\frac{g_j}{\sum_{i=1}^{m}g_j},j=1,2,\cdots,m \tag{3-7}$$

（三）德尔菲法

该方法主要用于确定国防科技评估指标权重和单目标评估结果。

1. 方法介绍

德尔菲（Delphi）法是专家会议预测法的改进，德尔菲法使专家系统地、匿名地、有充分时间利用自己的知识水平去处理复杂的问题。德尔菲法在传统专家会议预测法上进行了革命性的创新，克服了传统方法的“跟随领导意见”的偏倚，使每位专家独立思考，通过多轮匿名交流和修订，最终得出的结论更客观。德尔菲法产生的结果能够达到与其他科学研究方法，如调查研究等同的可靠性和准确性。当然，德尔菲法在广泛使用的同时，也暴露出其组织程序复杂、耗时长、专家回复率低等不足，故研究者在使用德尔菲法的过程中不断尝试对其进行不同方面和层次的改进，使之日趋完善。德尔菲法主要步骤包括建立评估领导小组、选择评估专家、轮回征询、统计分析等 4 个步骤。具体如下：

1）建立评估领导小组：拟定项目评估主题，按评估内容和评估指标等要求，编制包含各项评估指标或事件的专家咨询表，建立评估领导小组。

2）选择评估专家：选择评估专家是德尔菲法成败的关键。Delphi 法拟选的专家一般是指在该领域从事专业工作 10 年以上的管理人员和技术专业人员。

3）轮回过程：经典的德尔菲法一般分为四轮。现在，一般通过事先准备一个主题事件表和提供背景资料等方法将轮回次数控制在 2~3 次。

4）统计分析：根据专家的积极性系数、专家意见的集中程度、专家意见的协调程度和专家的权威程度等情况，统计得到最终的评估结果。

2. 主要步骤

运用德尔菲法，确定国防科技评估指标权重的具体步骤如下：

（1）设计征询表格

国防科技评估指标权重征询表格，见表 3-5。其中，前轮咨询结果主要填写前一次评估指标权重专家的平均值；专家咨询结果主要填写专家根据前一轮评估指标权重，得到的新的评估指标权重；情况说明主要填写指标有关问题的介绍。

表 3-5　国防科技评估指标权重征询表

专家编号：		填报时间：		
指标	前轮咨询结果	专家咨询结果	情况说明	备注
科学发现能力 A				
技术创新能力 B				
工程化应用能力 C				

（2）分轮咨询

国防科技评估组织者将评估指标权重征询表格发给每位专家，第一轮咨询中“前轮咨询结果”是评估服务部门给出的结论，专家可以参考进行权重修改，如果某个专家的意见与参考数值的出入较大，可以在备注栏中加以说明。将第一轮表格收回后，对各位专家的回答进行统计，计算平均值，并将结果填入表内的“前轮咨询结果”，然后再次发放给专家进行第二次咨询，专家对权重进行修改，如果第二轮之后专家的意见比较一致，离散度不大，即可结束咨询。

（3）结果统计

采用算术平均值的方法，统计处理专家咨询结果，得到国防科技评估指标权重。

（四）线性加权求和法

该方法主要用于确定国防科技单目标评估结果。

1. 方法介绍

线性加权求和法是相对简单的基于权重和评估指标值的综合评估方法，按照评估指标权重和单指标评估值，通过线性相乘求和方式得到综合评估结果。

线性加权求和法适用于国防科技评估指标之间相互独立的情况，这样各评估指标价值对综合评估值的贡献度不会相互影响，能够使得最终评估结果更能客观地反映实际情况。该方法突出了指标权重中较大者的作用，而且其指标权重比在其他的信息合成法中权重的作用性更明显。该方法具有实用性强、计算简便等特点。

2. 方法过程

线性加权求和法的计算公式如下：

$$r_k = (r_1, r_2, \cdots, r_k) \tag{3-8}$$

$$l = \sum_{k=1}^{m} w_k \times r_k \tag{3-9}$$

其中，l 表示评估结果；w_k 表示权重系数；r_k 表示单评估指标结果。

（五）模糊综合评估法

该方法主要用于确定国防科技评估指标权重和单目标评估结果，得到某个领域或某项技术的国防科技发展情况。

1. 方法简介

模糊综合评估法是基于模糊数学的综合评估方法。该方法根据模糊数学的隶属度理论把定性评估转化为定量评估，即用模糊数学对受到多种因素制约的事物或对象做出总体评估。该方法具有结果清晰、系统性强等特点，能较好地解决模糊的、难以量化的问题，适合各种非确定性问题的解决。具体来说：1）模糊综合评估的结果以向量形式出现，提供的评判信息比其他方法丰富。模糊综合评估的结果本身是一个向量，而不是一个单点值，并且这个向量是一个模糊子集，较为准确地刻画了事物本身的模糊状况。模糊综合评估结果的向量进一步加工可提供一系列的参考综合信息。按某判断原则可确定被评对象的对应等级，可计算模糊向量对应的单值，还可计算隶属度对比系数等。2）模糊综合评估从层次性角度评估国防科技，可以从不同层次反映国防科技发展情况，既能计算最底层指标评估值大小，也能计算最上层评估值大小。3）模糊综合评估法适应性较强，既可用于主观指标的综合评估，又可用于客观指标的综合评估。

2. 评估过程

利用模糊综合评估法，开展国防科技评估的主要步骤如下：

（1）确定评估指标和评估等级

设 $U = (u_1,\ u_2,\ \cdots,\ u_m)$ 为评估对象的 m 个评估指标；

$V = (v_1,\ v_2,\ \cdots,\ v_n)$ 为评估指标所处的状态的 n 种决断（即评估等级）。

这里，m 为评估指标的个数；n 为评语的个数。

（2）构造评估矩阵和确定权重

首先对国防科技评估指标 $u_i(i=1, 2, 3, \cdots, m)$ 进行评估。根据评估等级 $v_j(j=1, 2, 3, \cdots, n)$ 确定隶属度 r_{ij}，得到第 i 个评估指标 u_i 的单评估指标集：

$$r_i = (r_{i1}, r_{i2}, \cdots, r_{in}) \tag{3-10}$$

这样 m 个评估指标集就构造出一个总的评估矩阵 $\boldsymbol{R}$。即每一个被评估对象确定了从 U 到 V 的模糊关系 $\boldsymbol{R}$，即评估矩阵：

$$\boldsymbol{R} = (r_{ij})_{m\times n} = \begin{pmatrix} r_{11} & r_{12} & \cdots & r_{1n} \\ r_{21} & r_{22} & \cdots & r_{2n} \\ \cdots & \cdots & \cdots & \cdots \\ r_{m1} & r_{m2} & \cdots & r_{mn} \end{pmatrix} (i=1,2,\cdots,m;\ j=1,2,\cdots,n) \tag{3-11}$$

其中，r_{ij} 表示评估指标 u_i 相对于 v_j 的隶属度。具体说，r_{ij} 表示第 i 个评估指标 u_i 在第 j 个评语 v_j 上的频率分布，一般将其归一化使之满足 $\sum r_{ij} = 1$。上述模糊关系矩阵，仅能得到单一评估指标的情况，无法对事物做出整体评估。根据国防科技评估指标在整个评估指标体系中的重要程度，确定权重。权重表示为 $\boldsymbol{A} = (a_1, a_2, \cdots, a_m)$，$\sum a_i = 1$。

（3）开展模糊合成和做出评估

国防科技综合评估结论计算公式如下：

$$\boldsymbol{B} = \boldsymbol{A} * \boldsymbol{R}, \boldsymbol{B} = (b_1, b_2, \cdots, b_n) \tag{3-12}$$

其中，$*$ 为算子符号，即模糊变换；b_j 表示评估对象隶属于评语 v_j 的程度；$\boldsymbol{A}$ 表示权重矩阵；$\boldsymbol{R}$ 表示单指标评估矩阵；如果评估结果 $\sum b_j \neq 1$，应进行归一化。

① 评估结果的定性分析

$\boldsymbol{B}$ 表示国防科技评估对象隶属于不同评语的程度，通常采用最大隶属度法对其进行处理，得到最终评估结果。

② 评估结果的定量分析

国防科技评估定性分析结果，仅能利用 $b_j(j=1, 2, \cdots, n)$ 最大者分析得到，没有充分利用 $\boldsymbol{B}$ 的所有信息。为了充分利用 $\boldsymbol{B}$ 的信息，可将国防科技评估隶属于不同评语等级的数值和评估结果 $\boldsymbol{B}$ 进行综合考虑，使得定量化评估结果。设相对于各评语等级 v_j 的定量分值，用下式表示：

$$\boldsymbol{C} = (c_1, c_2, \cdots, c_n)^{\mathrm{T}} \tag{3-13}$$

那么，国防科技评估定量分析结果，用下式表示：

$$\boldsymbol{P} = \boldsymbol{B} * \boldsymbol{C} \tag{3-14}$$

其中，$\boldsymbol{P}$ 表示定量分析结果；$\boldsymbol{B}$ 表示评估结果隶属于不同评语的程度；$\boldsymbol{C}$ 表示不同评语对应的分值。

（六）证据推理法

该方法主要用于确定国防科技评估单指标结果和单目标评估结果。

1. 方法简介

证据推理理论由哈佛大学数学家 Dempster 提出。Shafer 在 Dempster 的推理模型中引入信任函数用于表达信息的不确定性，然后运用似然函数处理这种由“不知道”带来的不确定性。1976 年，Shafer 著述的《证据的数学理论》标志证据推理理论正式成为一种处理不确定性问题的完整的理论。证据推理法又称为 Dempster-Shafer 证据理论（简称 D-S 证据理论）。该方法以证据推理、信息融合、模糊数学、效用理论等多种先进评估决策理论为基础，能够在不确定因素存在的前提下有效地解决对定量、定性指标的评估问题。

证据推理合成规则是证据推理法的核心，由 Dempster 在研究统计问题时率先提出，Shafer 将它推广到了更为一般的情形。优点在于：因为证据推理需要的先验数据比概率理论中更容易获得并且更加直观，并且 Dempster 合成公式能够综合不同数据源和不同专家的数据或知识，使得证据理论在信息融合和专家系统等理论中得到广泛应用。

证据理论合成规则是反映证据联合作用的一个法则。给定几个同一识别框架上基于不同证据的信度函数，如果证据不是完全冲突的，那么就可以利用合成规则计算出一个信度函数，而这个信度函数就可以作为那几批证据在联合作用下产生的信度函数。该信度函数称为原来几个信度函数的直和。

（1）两个信度函数的合成规则

设 m_1 和 m_2 分别对应同一识别框架 Θ 上的 2 个基本概率分配，Bel_1 和 Bel_2 分别是其对应的两个信度函数，焦元分别为 A_1，A_2，…，A_k 和 B_1，B_2，…，B_j，设

$$K = \sum_{A_i \cap B_j = \Theta} m_1(A_i) m_2(B_j) < 1 \tag{3-15}$$

K 为冲突系数。那么由下式定义的函数 m：$2^{\Theta} \to [0, 1]$ 是基本可信度分配：

$$\begin{cases} m(A) = \begin{cases} 0 & A = \phi \\ \dfrac{\sum_{A_i \cap B_j = A} m_1(A_i) m_2(B_j)}{1 - K} & A \neq \phi \end{cases} \\ Bel = m(A) \end{cases} \tag{3-16}$$

（2）多个信度函数的合成规则

设 Bel_1，Bel_2，…，Bel_n 是同一辨识框架 Θ 上的信度函数，对应的基本概率分配是 m_1，m_2，…，m_n，则 n 个信度函数的合成可由下式表示

$$Bel = \{[(Bel_1 \oplus Bel_2) \oplus Bel_2] \oplus \cdots \oplus Bel_n\} \tag{3-17}$$

式中，$\oplus$ 表示直和，组合证据获得的最终证据在合成过程中与次序无关。

2. 主要步骤

根据专家对国防科技评估指标的评判，应用证据推理的原理将各专家的评审意见合成，就可以得出专家评审的一致结论。基于证据推理的国防科技评估步骤，如图 3-6 所示。

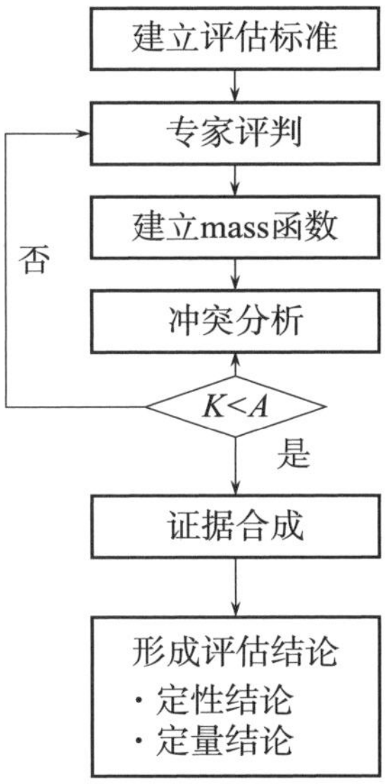

图 3-6 基于证据推理的国防科技评估步骤

（1）专家评判

设国防科技评估结果等级包括优、合格、不合格等 3 个等级，记为 (μ_1, μ_2, μ_3) = （优，合格，不合格），其对应的分值为 $(d_1, d_2, d_3) = (1, 0.6, 0.2)$。第 i 位专家对国防科技评估指标 A 隶属于优、合格、不合格 3 个等级的评估结果为：

$$p_i = \frac{p_i(A_1)}{\mu_1} + \frac{p_i(A_2)}{\mu_2} + \frac{p_i(A_3)}{\mu_3} \tag{3-18}$$

式中，$\frac{p_i(A_1)}{\mu_1}$，$\frac{p_i(A_2)}{\mu_2}$，$\frac{p_i(A_3)}{\mu_3}$ 表示指标 A 隶属于优、合格、不合格的程度。

（2）建立 Mass 函数

依据专家评判结论，生成相应 Mass 函数。Mass 函数表示指标隶属于相应评估等级概率。第 i 个专家认为评估指标 A 隶属于优（A_1）、合格（A_2）、不合格（A_3）的 Mass 函数为 $m_i(A_j)$

$$m_i(A_j) = p_i(A_j) \tag{3-19}$$

（3）冲突分析

冲突分析核心是判断不同专家对同一指标认识是否一致，误差是否在可接受范围内。根据式（3-20），计算出冲突系数 K。设 $\alpha(0 < \alpha < 1)$ 为允许的冲突水平，即表示允许不同专家对同一指标评估结果存在误差范围。根据常用冲突标准，设 $\alpha = 0.6$，若 $K > \alpha$，则专家评估结果无效；反之，则可利用证据推理合成法进行综合。

$$K = \sum_{A_i \cap A_l = \Theta} m_1(A_j) m_2(A_l) < 1 \tag{3-20}$$

式中，Θ 为全部可能结果集合；$m_1(A_j)$ 和 $m_2(A_l)$ 分别为同一识别框架 Θ 上的两个基本概率分配。

（4）证据合成

对专家评估结论证据进行合成，信度函数表示评估指标最终隶属于评估等级的可信度（概率），Mass 函数 $m_{12}(A_j)$ 和信度函数 $Bel_j(A)$ 计算公式分别为：

$$m_{12}(A_j) = \frac{m_1(A_j) m_2(A_j)}{1 - K} \tag{3-21}$$

$$Bel_j(A) = m_{12}(A_j) \tag{3-22}$$

（5）评估结果

① 定性评估结果

比较 $Bel_1(A)$，$Bel_2(A)$，$Bel_3(A)$ 。其中置信度最高的等级即为该指标定性评估结论。

② 定量评估结果

根据定性评估结果，设｛优，合格，不合格｝对应的得分为 $\{d_1, d_2, d_3\} = \{1, 0.6, 02\}$，将定性评估结果定量化：

$$g = Bel_1(A) \times d_1 + Bel_2(A) \times d_2 + Bel_3(A) \times d_3 \quad (3-23)$$

（七）粗糙集法

该方法主要用于确定单目标评估结果。

1. 方法介绍

1982 年，波兰教授 Pawlak Z 以关系理论为基础，对传统集合理论进行了推广，提出了粗糙集（Rough Set）的概念。1991 年，Pawlak Z 出版了粗糙集专著《粗糙集——关于数据推理的理论》，对粗糙集的基本理论和方法进行了系统阐述。粗糙集的基本思想是用已知的知识库寻证知识来近似刻画不精确或不确定的知识。该方法是一种处理不确定信息的方法，与其他处理不确定信息的方法相比，由于不需要先验信息，所以对不确定性问题的处理比较客观。

粗糙集是一门实用性很强的学科，已经在不少领域取得了丰硕的成果。粗糙集理论在许多领域都得到了大量应用，包括决策表、专家系统、机器学习、模式识别、归纳推理等。该理论是继概率论、模糊集、证据理论之后的又一个处理不确定性的数学工具。

2. 方法过程

基于粗糙集的国防科技评估方法主要步骤，如图 3-7 所示。

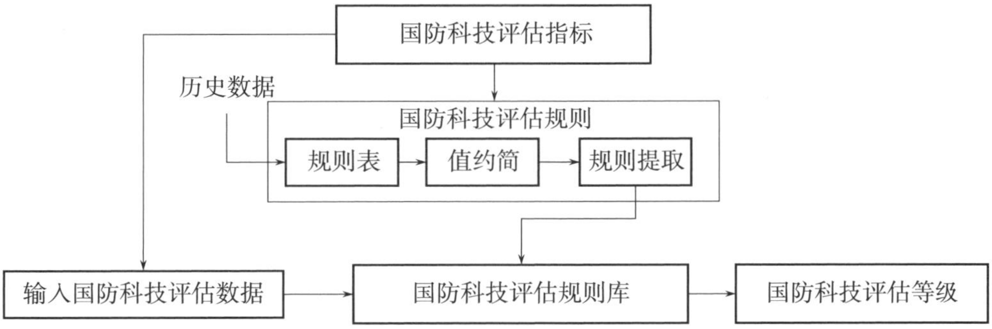

图 3-7 基于粗糙集的国防科技评估方法主要步骤

（1）构建国防科技评估指标

收集整理国防科技相关资料和历史数据，构建国防科技评估指标。

（2）确定国防科技评估规则

运用粗糙集理论，在分析挖掘国防科技历史数据的基础上，得到评估规则。

① 建立评估规则表

根据国防科技评估影响因素，在汇总整理评估历史数据的基础上，得到国防科技评估规则表，该表是对国防科技评估知识的特殊表达形式。

② 值约简

值约简是对国防科技评估规则表进行属性值的约简。属性值的约简相当于规则的约简，即消去每个评估规则中的不必要条件，去掉该规则中的冗余属性值，以便能得到最小最优的评估规则。

③ 规则提取

从支持数和可信度方面对国防科技评估规则进行分析，过滤得到满足要求的国防科技评估规则。

（3）输入国防科技评估数据

根据国防科技评估对象的数据，判断评估指标的输入等级。

（4）确定国防科技评估结果

根据国防科技评估输入数据，以及评估规则，综合分析得到评估结果。国防科技评估结果用 D 表示，可以分为 3 个等级，分别是优秀 D_1、合格 D_2 和不合格 D_3。

（八）灰色评估法

该方法主要用于确定国防科技评估单目标评估结果。

1. 方法介绍

在控制论中，人们通常用颜色的深浅来表示信息的明确程度，如艾什比（Ashby）将内部信息未知的对象称为黑箱。用“黑”表示信息完全未知，用“白”表示信息完全明确，用“灰”表示部分信息明确、部分信息不明确，即信息不完全。“信息不完全”一般指：系统因素不完全明确、系统因素不完全清楚、系统结构不完全知道、系统的作用原理不完全明了。在客观世界中，事物是以系统方式存在的，人们按照对系统的认识程度把系统分为黑色系统、白色系统和灰色系统。黑色系统是指人们对系统内部的结构、特征、参数及其发展规律一无所知的系统，即信息完全未知的系统。白色系统是指人们完全确知系统的内部结构、特征、各种参数及其发展规律的系统，即信息完全明确的系统。灰色系统是指人们知道系统内部的某些特征、参数等，但并不完全知道其所有情况的系统，即部分信息明确、部分信息不明确的系统。一般认为，人们认识事物是由黑到灰再到白的过程。事实上，在认识世界中，完全黑的事物是没有的，黑的事物是指对其信息一无所知的事物，这样的事物没有进入认识范围，因而不能成为认识客体，不成为认识客体也就无所谓认识上的黑或白。同样，完全白的事物也是没有的。严格说来，灰色系统是绝对的，而白色系统与黑色系统是相对的。

灰色理论方法的重要特征是依据不完全信息来处理问题。世界上绝大部分问题都可视为带有灰色性，这些问题用常规的数理统计等方法来解决往往很复杂甚至难以解决，而应用灰色系统理论方法，解决这些问题就会变得简单而且准确性也有所提高。

2. 主要步骤

（1）制定评估等级标准

设国防科技评估指标的优劣等级划分为 3 级，即优、合格和不合格，并分别赋值 3 分、2 分、1 分，指标等级处于两相邻等级之间时，相应评估结果为 2.5 分和 1.5 分。评估等级设为 $C=(c_1, c_2, c_3)=$（优，合格，不合格）$=(3, 2, 1)$。

（2）计算得到评估矩阵

假设邀请 3 名专家按照评估指标的评估等级标准针对国防科技评估对象进行评估，并填写评分表。专家根据评估表对 n 个指标进行评估，第 j 个专家对第 i 个指标的评估结果为 d_{ij}，可求得评估对象矩阵 $\boldsymbol{D}$。

$$\boldsymbol{D}=\begin{bmatrix} d_{11} & \cdots & d_{1n} \\ d_{21} & \cdots & d_{2n} \\ d_{31} & \cdots & d_{3n} \end{bmatrix} \tag{3-24}$$

（3）确定评估灰类

评估灰类是指评估灰类的等级数、灰类的灰数和灰数的白化权函数。根据评估指标的评估等级标准，设定 3 个评估灰类，灰类序号为 e_i，即 $e=1, 2, 3$，分别是优、合格和不合格，相应灰类的白化权函数，见表 3-6。

表 3-6　灰类的白化权函数

类别	灰数	白化权函数	函数示意图
优（$e=1$）	灰数 $\otimes_1 \in [3,\infty]$	$f_1(d_{ij})=\begin{cases}\dfrac{d_{ij}}{3} & d_{ij}\in[0,3]\\ 1 & d_{ij}\in[3,\infty]\\ 0 & d_{ij}\notin[0,\infty]\end{cases}$	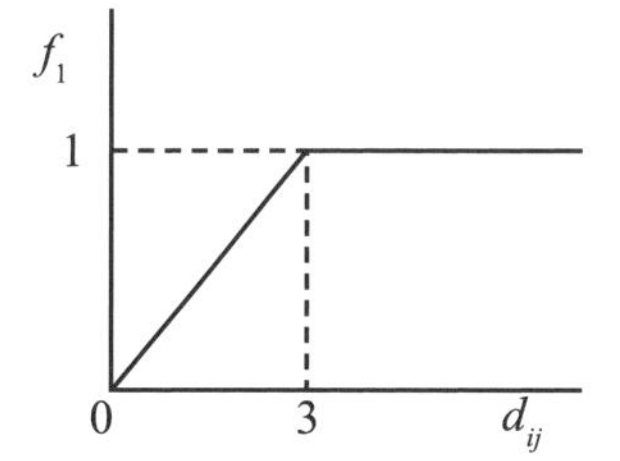

续表

类别	灰数	白化权函数	函数示意图
合格($e=2$)	灰数 $\otimes_3 \in [0,2,4]$	$f_2(d_{ij}) = \begin{cases} \dfrac{d_{ij}}{2} & d_{ij} \in [0,2] \\ \dfrac{4-d_{ij}}{2} & d_{ij} \in [2,4] \\ 0 & d_{ij} \notin [0,4] \end{cases}$	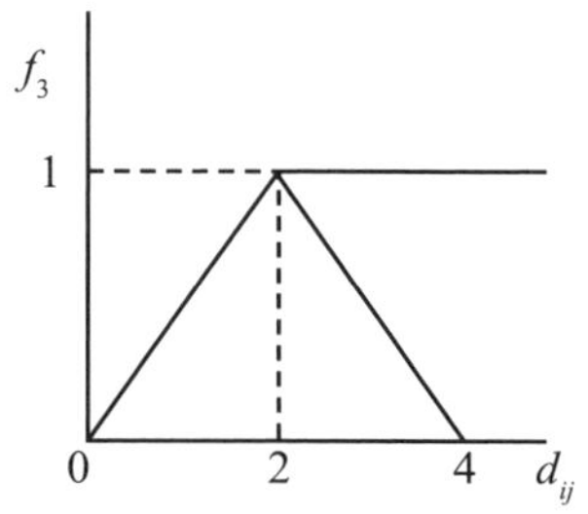
不合格($e=3$)	灰数 $\otimes_4 \in [0,1,2]$	$f_3(d_{ij}) = \begin{cases} 1 & d_{ij} \in [0,1] \\ 2-d_{ij} & d_{ij} \in [1,2] \\ 0 & d_{ij} \notin [0,2] \end{cases}$	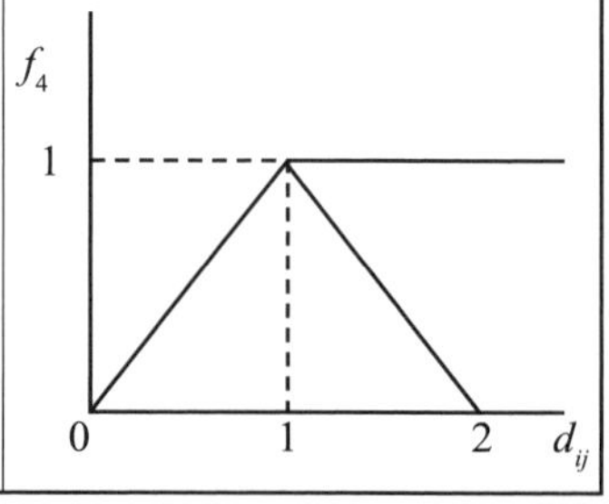

(4) 计算灰色评估系数

评估指标 i 属于第 e 个评估灰类的灰色评估系数，即 x_{ie}。

$$x_{ie} = \sum_{i=1}^{3} f_e(d_{ij}) \tag{3-25}$$

其中，d_{ij} 表示第 i 个专家对第 j 个指标的评估结果。

评估对象属于各个评估灰类的总灰色评估系数，即 x_i。

$$x_i = \sum_{e=1}^{3} x_{ie}$$

(5) 计算灰色评估向量矩阵

根据灰色评估系数，得到评估指标 i 属于第 e 个灰类的灰色评估系数，即 r_{ie}。

$$r_{ie} = \frac{x_{ie}}{x_i}$$

同理，得到评估指标 i 的灰色评估向量，即 $\boldsymbol{r}_i$。

$$\boldsymbol{r}_i = (r_{i1}, r_{i2}, r_{i3})$$

计算得到国防科技评估指标对于评估灰类的灰色评估矩阵，即 $\boldsymbol{R}$。

$$\boldsymbol{R} = \begin{bmatrix} r_{11} & r_{12} & r_{13} \\ \vdots & \cdots & \vdots \\ r_{n1} & r_{n2} & r_{n3} \end{bmatrix} \tag{3-26}$$

（6）得到评估结果

① 定性评估结果

根据国防科技评估指标的权重 $\boldsymbol{W} = [w_1, w_2, \cdots, w_m]$ 和灰色评估矩阵 $\boldsymbol{R}$，计算得到国防科技的定性评估值：

$$l = \boldsymbol{W} \times \boldsymbol{R} \tag{3-27}$$

式中，$\boldsymbol{W}$ 表示权重；$\boldsymbol{R}$ 表示灰色评估矩阵；l 表示隶属于优、合格和不合格的程度，按照最大隶属原则，得到定性评估结果。

② 定量评估结果

假设评分等级对应的分值 $C = (c_1, c_2, c_3) = (1, 0.6, 0.2)$，计算得到国防科技的定量评估值：

$$l^1 = l \times C^{\mathrm{T}} \tag{3-28}$$

式中，l 表示隶属于优、合格和不合格的程度；C 表示评分等级对应的分值；l^1 表示综合评估结果。

（九）模糊 Petri 网法

该方法主要用于确定国防科技评估单目标评估结果。

1. 方法介绍

Petri 网是 C. A. Petri 博士于 1960 年提出的，Petri 网以研究系统的组织结构和动态行为为目标，着眼于系统中可能发生的各种变化及变化之间的关系，它只关心变化所需条件和变化对系统状态的影响。Petri 网是一个图形化的数学建模工具，在很多系统中得到应用。Petri 网是用来研究及描述具有并发性、异步性、分布性、并行性、不确定性和随机性等特点的信息处理系统的良好工具。作为一个图形化的建模工具，Petri 网能够与传统的流程图、结构图和各种网结构一样作为一种辅助交流工具，特别是可以利用 Petri 网中的 Token 来模拟系统的动态和并发行为。作为一种数学化的建模工具，Petri 网可以建立系统的状态方程、代数方程及其他一些可以用数学模型描述的系统行为。

1990 年，Chen S 等提出了对模糊知识进行表示和推理的模糊 Petri 网模型（Fuzzy Petri Net，FPN）。模糊 Petri 网将 Petri 网和模糊理论结合在一起，通过 Petri 网的图形描述能力，使得知识的表示简单、清晰，并且表现出了知识库系统中规则之间的结构化特性。基于模糊 Petri 网的推理算法能够使推理以一种更灵活、更有效的方式进行。

定义 1 令 R 是模糊产生式规则集，$R=\{R_1, R_2, \cdots, R_n\}$。对于其中每个规则 R 的定义为：IF d_j THEN $d_k(CF=\mu_i)$，其中 d_j 和 d_k 为命题，它们的值是介于 0 和 1 之间的实数；μ_i 为规则的模糊因子（Certainty Factor，CF），$\mu_i \in [0, 1]$。μ_i 越接近 1，规则 R_i 越可信。

定义 2 按表示模糊产生式规则的 FPN 模型来表示一个基于规则的系统，一个 FPN 被定义为 8 元组：

FPN $=\{P, T, D, I, O, f, \alpha, \beta\}$，这里

$P=\{p_1, p_2, \cdots, p_n\}$ 是一个有限库所集合；

$T=\{t_1, t_2, \cdots, t_m\}$ 是一个有限变迁集合；

$D=\{d_1, d_2, \cdots, d_n\}$ 是一个有限命题集合；

$|P|=|D|$；

I：$T \rightarrow P$ ∞ 是一个输入函数，映射一个变迁到它的输入库所集合；

O：$T \rightarrow P$ ∞ 是一个输出函数，映射一个变迁到它的输出库所集合；

f：$T \rightarrow [0, 1]$ 是一个函数，映射变迁到一个 0~1 的数值，用来表示变迁对应的推理规则的置信度（CF）；

α：$P \rightarrow [0, 1]$ 是一个函数，映射库所到一个 0~1 的数值，用来表示该库所对应的命题成立的真实度；

β：$P \rightarrow D$ 是一个函数，映射库所对应的命题。

当用 FPN 进行模糊推理时，一个库所表示一个命题，一个变迁表示一条模糊推理规则，即两个命题之间的因果关系。托肯值代表命题的真实度。每个变迁有一个置信度，表示推理规则的可信度。

FPN 的基本推理规则的形式分以下 4 类：

类型 1：IFd_jTHEN $d_k(\mathrm{CF}=\mu_i)$，其中 d_j 和 d_k 为命题，推理过程如图所示，其中命题 d_j，d_k，用库所 p_j 和 p_k 表示，命题 d_j 的真实度为 s_j。命题之间的因果关系用变迁 t_j 表示，它的置信度为 μ_i。

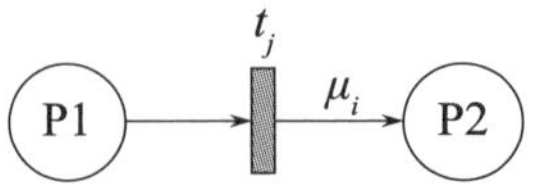

类型 2：IFd_{j1} AND d_{j2} AND…AND d_{jn} THEN $d_k(\mathrm{CF}=\mu_i)$，其中 d_{j1}，d_{j2}，…，d_{jn} 为命题，推理过程如下图所示。

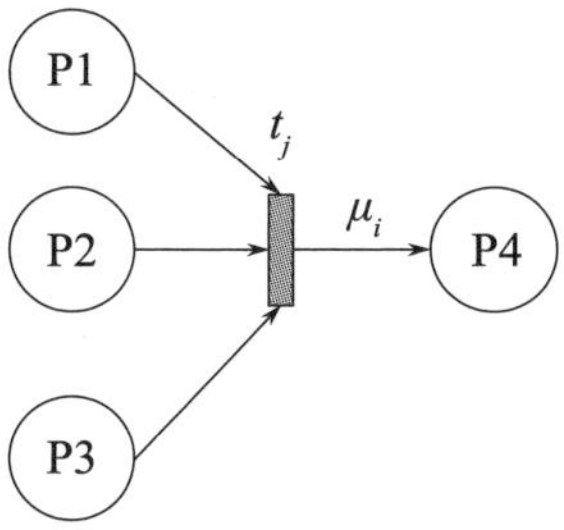

类型 3：IFd_{j1} OR d_{j2} OR…OR d_{jn} THEN d_k(CF $=\mu_i$)，其中 d_{j1}，d_{j2}，…，d_{jn} 为命题，推理过程如下图所示。

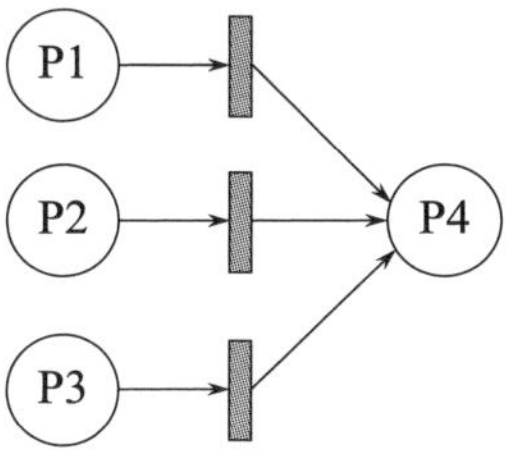

类型 4：IFd_j THEN d_{k1} AND d_{k2}AND…AND d_{kn}(CF $=\mu_i$)，推理过程如下图所示。

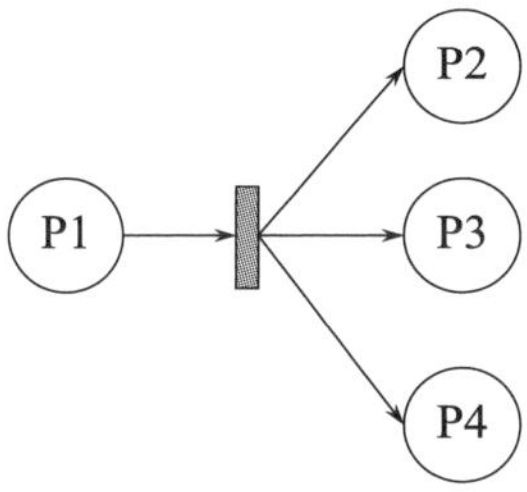

2. 方法过程

基于模糊 Petri 网方法的国防科技评估方法，具体步骤如下：

（1）基本假设

设某个推理过程中有 n 个命题（包括条件和结论），m 个推理规则，表现在模糊 Petri 网方法中则有 n 个库所和 m 个变迁规则，模糊 Petri 网方法的输入矩阵 $\boldsymbol{Q}_{n\times m}$，输出矩阵 $\boldsymbol{K}_{n\times m}$。变迁的阈值向量 $\boldsymbol{t}$ 和状态向量分别定义为：

1) $\boldsymbol{Q}=\{q_{ij}\}$ 为输入矩阵，$q_{ij}\in[0, 1]$，表示 p_i 到 t_j 上的输入关系和权重。当 p_i 是 t_j 的输入时，q_{ij} 等于 p_i 到 t_j 输入弧上的权系数 α_{ij}，当 p_i 不是 t_j 的输入时，$q_{ij}=0$，其中 $i=1, 2, \cdots, n$；$j=1, 2, \cdots, m$。

2) $\boldsymbol{K}=\{k_{ij}\}$ 为输出矩阵，$k_{ij}\in[0, 1]$，表示 t_j 到 p_i 上的输出关系和结论的可信度。当 p_i 是 t_j 的输出时，k_{ij} 等于变迁 t_j 推出结论 p_i 的可信度 β_{ij}，当 p_i 不是 t_j 的输出时，

$k_{ij}=0$，其中 $i=1,2,\cdots,n$；$j=1,2,\cdots,m$。

3）$\boldsymbol{S}=[s_1,s_2,\cdots,s_n]^{\mathrm{T}}$ 为定义在模糊库所集 P 上的状态向量，表示命题的可信度，$s_i\in[0,1]$，$i=1,2,\cdots,n$，$\boldsymbol{S}_0=[s_{10},s_{20},\cdots,s_{n0}]^{\mathrm{T}}$ 表示命题的初始可信度。

4）$\boldsymbol{t}=[t_1,t_2,\cdots,t_n]^{\mathrm{T}}$ 为变迁的阈值，$t_i\in[0,1]$，$i=1,2,\cdots,m$。

（2）计算算子

为清晰简洁地表示矩阵运算，定义矩阵运算算子如下：

1）加法算子 $\oplus$：$\boldsymbol{A}\oplus\boldsymbol{B}=\boldsymbol{C}$，则 $c_{ij}=\max(a_{ij},b_{ij})$，式中：$\boldsymbol{A}$，$\boldsymbol{B}$ 和 $\boldsymbol{C}$ 是 $m\times n$ 矩阵。

2）直乘算子 $\otimes$：$\boldsymbol{a}\otimes\boldsymbol{b}=\boldsymbol{c}$，则 $c_i=a_i\times b_i$，式中：$\boldsymbol{a}$，$\boldsymbol{b}$ 和 $\boldsymbol{c}$ 为同维向量。

3）大于算子 ◎：$\boldsymbol{a}$◎$\boldsymbol{b}=\boldsymbol{c}$，若 $a_i\geqslant b_i$，$c_i=1$，否则 $c_i=0$，式中：$\boldsymbol{a}$，$\boldsymbol{b}$ 和 $\boldsymbol{c}$ 是同维向量。

（3）推理算法

设某个推理过程中有 n 个命题和 m 个推理规则，表现在 FPN 方法中则有 n 个库所和 m 个变迁，FPN 的输入矩阵 $\boldsymbol{Q}_{n\times m}$、输出矩阵 $\boldsymbol{K}_{n\times m}$、变迁的阈值向量 $\boldsymbol{t}$ 和状态矩阵 $\boldsymbol{S}$。其推理过程分解为以下几步进行：

① 初始状态矩阵

根据前文的国防科技单指标评估结果得到初始状态矩阵 $\boldsymbol{S}_0$。

② 修正输入矩阵

根据初始状态，在已知输入矩阵的基础上进行修正。修正规则如下：假设有 $\boldsymbol{m}$ 个判断规则，根据初始状态和推理规则，可以确认有 e 个不可用判断规则。将不可用的判断规则对应输入矩阵的数据设置为 0，得到修正后的输入矩阵为 $\boldsymbol{Q}_1$。

③ 计算等效模糊输入可信度

$$\boldsymbol{E}=\boldsymbol{Q}^{\mathrm{T}}\times\boldsymbol{S}_0 \tag{3-29}$$

④ 等效模糊输入可信度与变迁阈值的比较

$$\boldsymbol{G}=\boldsymbol{E}◎\boldsymbol{t} \tag{3-30}$$

$\boldsymbol{G}$ 为 m 维列向量，当等效模糊输入的可信度大于等于变迁阈值时，$\boldsymbol{G}$ 向量中对应的位置为 1，否则为 0。

⑤ 剔除等效模糊输入中可信度小于等于变迁阈值的输入项

$$\boldsymbol{H} = \boldsymbol{E} \otimes \boldsymbol{G} \tag{3-31}$$

其中，$\boldsymbol{H}$ 是与 $\boldsymbol{E}$，$\boldsymbol{G}$ 同维的列向量。

⑥ 计算模糊输出库所的可信度

如果输出对应的是单规则，那么：

$$\boldsymbol{S}^1 = \boldsymbol{K} \times \boldsymbol{H} \tag{3-32}$$

如果输出对应的是多规则，那么：

$$\boldsymbol{S}^1 = \begin{bmatrix} s_0 \\ s_1 \\ \vdots \\ s_{n-1} \end{bmatrix} = \begin{bmatrix} \max(l_{11}, l_{12}, \cdots l_{1m}) \\ \max(l_{21}, l_{22}, \cdots l_{2m}) \\ \vdots \\ \max(l_{n1}, l_{n2}, \cdots l_{nm}) \end{bmatrix}$$

其中

$$\boldsymbol{L} = \boldsymbol{K} \otimes \boldsymbol{H}^1, \boldsymbol{H}^1 = \begin{bmatrix} 1 \\ 1 \\ \vdots \\ 1 \end{bmatrix}_{1\times n} \times \boldsymbol{H}^{\mathrm{T}} \tag{3-33}$$

⑦ 计算当前可得到的所有命题的可信度

$$\boldsymbol{S}_1 = \boldsymbol{S}_0 \oplus \boldsymbol{S}^1 \tag{3-34}$$

⑧ 进行反复迭代，在第 K 步推理进行后，所有命题的可信度为

$$\boldsymbol{S}_K = \boldsymbol{S}_{K-1} \oplus \boldsymbol{S}^K \tag{3-35}$$

⑨ 当 $\boldsymbol{S}_K = \boldsymbol{S}_{K-1}$ 时，推理结束。

⑩ 根据计算结果，进行归一化处理，得到定性评估结果。

$$L_{定性} = (l_1, l_2, l_3) = \left(\frac{S_{K(n-2)}}{S_{K(n-2)} + S_{K(n-1)} + S_{K(n)}}, \frac{S_{K(n-1)}}{S_{K(n-2)} + S_{K(n-1)} + S_{K(n)}}, \frac{S_{K(n)}}{S_{K(n-2)} + S_{K(n-1)} + S_{K(n)}}\right) \tag{3-36}$$

表示评估指标隶属于优、合格和不合格的程度。

⑪ 定量评估结果

根据定性评估结果，设｛优，合格，不合格｝对应的得分为 $\{d_1, d_2, d_3\} = \{1, 0.6, 02\}$，那么定量评估结果可以表示为：

$$L_{定量} = l_1 \times d_1 + l_2 \times d_2 + l_3 \times d_3 \tag{3-37}$$

（十）数据包络分析法

该方法主要用于确定国防科技评估单目标评估结果和多目标评估结果。

1. 方法介绍

数据包络分析（Data Envelopment Analysis，DEA），是由 Charnes 和 Cooper 等人于 1978 年提出的，是使用数学规划模型评估具有多个输入和输出的决策单元（DMU）间的相对有效性的一种方法。DEA 方法具有以下特点：1）客观性强，该方法无须主观判定评估指标权重，有效消除了专家对评估指标权重的干扰和主观意愿。2）无量纲。该方法不用考虑因素的统一度量，有效避免了寻求相同度量而对评估结果和效果产生的影响。3）计算简便。该方法可以在不给出评估输入和输出之间关系函数和内在联系的前提下，得到评估结论。

数据包络分析依据的原理是帕累托最优原理。帕累托最优状态是指资源在某种配置状态下，如果不使其他人的福利减少，就不可能通过重新组合使个人或多个人的福利增加；或者说增加某个人的福利，必须以减少其他人的福利为代价，那么这种配置就已达到了帕累托最优状态或最适度状态了。此时，按福利经济学的观点，认为资源配置达到相对有效。依据帕累托最优状态理论，采用最佳社会福利判断标准，定义 DEA 效率。这种效率通过投入、产出分析来判断：

1）投入判断标准：如果减少某种生产要素而不增加任何其他生产要素，仍不降低目前的产出水平，则该决策单元是低效的。

2）产出判断标准：在不增加任何投入的情况下，可以使某种产出增加但同时又不会使其他产出减少，则该决策单元是低效的。

只有上述两个标准均被拒绝，该决策单元才是完全有效的。

2. 方法过程

设有 n 个国防科学技术或国防科技领域 $\mathrm{DMU}_j(1 \leqslant j \leqslant n)$，有 m 个输入评估指标与 s 种输出评估结果，其输入、输出评估向量和评估结果分别为：$\boldsymbol{x}_j = (x_{1j}, x_{2j}, \cdots, x_{mj})^{\mathrm{T}} > \mathbf{0}$，$j = 1, \cdots, n$；$\boldsymbol{y}_j = (y_{1j}, y_{2j}, \cdots, y_{sj})^{\mathrm{T}} > \mathbf{0}$，$j = 1, \cdots, n$。为了把各输入评估指标和各输出评估结果综合成一个输入和一个输出，需要赋予每个输入和输出的权重，令其输入、输出权向量分别为：$\boldsymbol{v} = (v_1, v_2, \cdots, v_m)^{\mathrm{T}}$，$\boldsymbol{u} = (u_1, u_2, \cdots, u_s)^{\mathrm{T}}$。

$$
\begin{array}{cc}
 & \text{决策单元} \rightarrow \text{DMU}_1 \quad \text{DMU}_2 \quad \cdots \quad \text{DMU}_J \quad \text{DMU}_n \\
\begin{array}{cc}
v_1 & 1 \rightarrow \\
v_2 & 2 \rightarrow \\
\vdots & \vdots \\
v_i & i \rightarrow \\
\vdots & \vdots \\
v_m & m \rightarrow
\end{array} &
\begin{bmatrix}
x_{11} & x_{12} & \cdots & x_{1j} & \cdots & x_{1n} \\
x_{21} & x_{22} & \cdots & x_{2j} & \cdots & x_{2n} \\
\vdots & \vdots & & \vdots & & \vdots \\
x_{i1} & x_{i2} & \cdots & x_{ij} & \cdots & x_{in} \\
\vdots & \vdots & & \vdots & & \vdots \\
x_{m1} & x_{m2} & \cdots & x_{mj} & \cdots & x_{mn}
\end{bmatrix} \\
 &
\begin{bmatrix}
y_{11} & y_{12} & \cdots & y_{1j} & \cdots & y_{1n} \\
y_{21} & y_{22} & \cdots & y_{2j} & \cdots & y_{2n} \\
\vdots & \vdots & & \vdots & & \vdots \\
y_{r1} & y_{r2} & \cdots & y_{rj} & \cdots & y_{rn} \\
\vdots & \vdots & & \vdots & & \vdots \\
y_{s1} & y_{s2} & \cdots & y_{sj} & \cdots & y_{sn}
\end{bmatrix}
\begin{array}{cc}
\rightarrow u_1 & 1 \\
\rightarrow u_2 & 2 \\
\vdots & \vdots \\
\rightarrow u_r & r \\
\vdots & \vdots \\
\rightarrow u_s & s
\end{array}
\end{array}
\tag{3-38}
$$

$$
h_j \triangleq U \frac{\boldsymbol{u}^{\mathrm{T}} \boldsymbol{y}_i}{\boldsymbol{v}^{\mathrm{T}} \boldsymbol{x}_j} = \frac{\sum_{k=1}^{s} u_k y_{kj}}{\sum_{i=1}^{m} v_i x_{ij}}, \quad j = 1, 2, \cdots, n \tag{3-39}
$$

基于 DEA 的国防科技评估模型，将采用数据包络分析的 C^2R 模型：

$$
(D_\varepsilon)\begin{cases}
\min[\theta - \varepsilon(\hat{\boldsymbol{e}}^{\mathrm{T}}\boldsymbol{s}^- + \boldsymbol{e}^{\mathrm{T}}\boldsymbol{s}^+)] = V_{D\varepsilon} \\
\qquad \boldsymbol{\lambda}^{\mathrm{T}}\boldsymbol{x}_j + \boldsymbol{s}^- = \theta \boldsymbol{x}_k \\
\qquad \boldsymbol{\lambda}^{\mathrm{T}}\boldsymbol{y}_j - \boldsymbol{s}^+ = \boldsymbol{y}_k \\
s.t. \\
\qquad \boldsymbol{\lambda} \geqslant \boldsymbol{0}, j = 1, 2, \cdots, n \\
\qquad \boldsymbol{s}^- \geqslant \boldsymbol{0}, \boldsymbol{s}^+ \geqslant 0
\end{cases}
\tag{3-40}
$$

其中，$\hat{\boldsymbol{e}} = (1,\ 1,\ \cdots,\ 1)^{\mathrm{T}} \in R^m$，$\boldsymbol{e} = (1,\ 1,\ \cdots,\ 1)^{\mathrm{T}} \in R^s$。非阿基米德无穷小 ε 是一个小于任何正数而大于零的数（如 10^{-6}）。设 ε 为非阿基米德无穷小，模型（D_ε）的最优解为 λ^*，s^{*-}，s^{*+}，θ^*。若 $\theta^* = 1$，则第 k 个 DMU 为弱 DEA 有效。若 $\theta^* = 1$，且 $s^{*-} = 0$，$s^{*+} = 0$，则第 k 个 DMU 为 DEA 有效。当 $\theta^* < 1$ 时，则第 k 个 DMU 为非 DEA 有效。

（十一）神经网络法

该方法主要用于确定国防科技评估单目标评估结果和多目标评估结果。

1. 方法介绍

人工神经网络是由大量处理单元互联而形成的网络，从人脑的生理结构出发来模拟人脑对信息进行处理的过程，分为前向、反馈和自组织神经网络三种基本类型，其中属于前向神经网络的 BP 神经网络在供应链评估中应用较多。

BP 神经网络全称为误差反向传播神经网络（Back Propagation Neural Networks, BP），由一个输入层、一个或者多个隐含层和一个输出层组成。每一层包含若干个节点，每个节点代表一个神经元。信息从输入层开始在各层之间传播，依次经过各级隐含层，最终到达输出层（见图 3-8）。

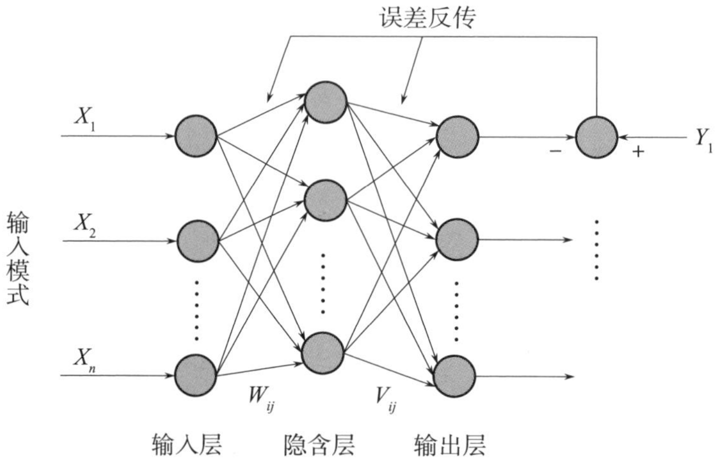

图 3-8　BP 神经网络结构示意图

（1）网络层数的确定

BP 神经网络可以包含一个或者多个隐含层，隐含层数越多，其网络结构就越复杂，其处理非线性问题的能力也就越强。经过长期的实验证明，三层 BP 神经网络能够完成任意的 m 维到 n 维的映射。因此，本书采用三层神经网络结构。按照以下流程确定各层节点数：

① 输入层节点数

输入层对应的输入节点应为国防科技评估指标。

② 隐含层节点数

隐含层处于输入层和输出层之间，反应输入层和输出层的映射关系。隐含层节点数的多少直接影响神经网络的性能。隐含层数量越多可以使得网络的性能更好，但是会使得训练的时间增加。隐含层数量较少，又会使得网络不易收敛。

虽然神经网络被广泛地应用，但是至今没有一个公认的理论公式来计算隐含层节点数量，这也是 BP 神经网络的一个缺陷。确定隐含层神经元节点数的方法一般有两种：一种方法是“试凑法”，通过对比不同神经元个数的学习结果来确定；另一种方法是通过经验公式给出估计值，经验公式如下：

$$m=\sqrt{n+l}+a \tag{3-41}$$

$$m=\log_2 n \tag{3-42}$$

$$m=\sqrt{nl} \tag{3-43}$$

$$m=\frac{n+l}{2} \tag{3-44}$$

其中，m 表示隐含层神经元数；n 表示输入层神经元数；l 表示输出层神经元数；a 是［0，10］之间的常数。

③ 输出层节点数

期望评估的结果是输出层的对应输出，即国防科技评估的结果，输出层神经元结点数为 1。

（2）激励函数的选取

神经网络中的每个节点接收输入值，并将输入值传递给下一层，输入节点会将输入属性值直接传递给下一层（隐含层或输出层）。在神经网络中，隐含层和输出层节点的输入和输出之间具有函数关系，这个函数称为激励函数。激励函数又称为传递函数，BP 神经网络一般使用线性函数或者 Sigmoid 型函数作为激励函数。

① 线性激励函数

线性激励函数基于输入产生一个线性输出值。式（3-45）是一种常见的线性激励函数。

$$fi(u)=cu \tag{3-45}$$

其中，c 是一个正的常数。对于线性函数，输出没有最大值和最小值方面的限制。

② Sigmoid 型激励函数

S（Sigmoid）型激励函数可微、非线性映射能力强并且算法简单，Sigmoid 型激励函数的表达式如下：

$$f(u)=\frac{1}{1+e^{-at}} \tag{3-46}$$

a 为 Sigmoid 型激励函数的斜率。u 的范围包括整个实数域，在应用时可以通过控制参数来控制曲线的位置和形状。可以看出，Sigmoid 型激励函数是光滑、可微的函数。它可以将输入从负无穷到正无穷的范围映射到（0，1）或（-1，1）区间内，具有非线性的放大功能。

BP 神经网络的激励函数必须是可微的。若在输出层使用 S 型激励函数，则网络的输出值会被限定在一个很小的范围内，因此，在本书的网络结构中，输入层选择 S 型激励函数，输出层选择线性激励函数。

2. 方法过程

综上所述，国防科技评估模型是单隐含层的网络结构，即含有 1 个隐含层。将评估指标作为输入层节点。通过试凑法确定隐含层节点数，输出层为评估结果。建立好评估模型如图 3-9 所示。

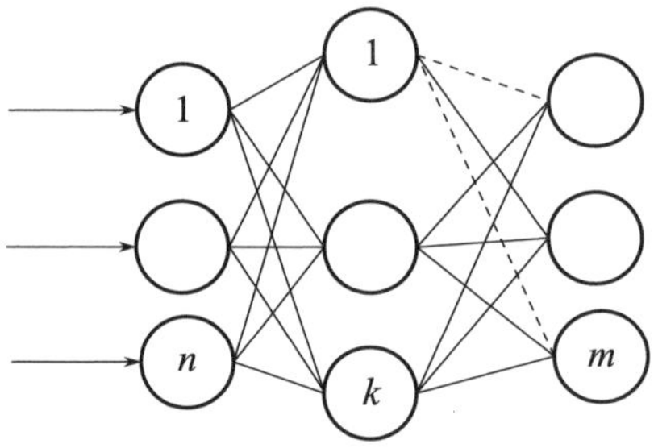

图 3-9 基于 BP 神经网络模型

（1）BP 神经网络模型的学习训练

① 定义变量

在前文研究中已经知道，模型的隐含层和输出层的激励函数分别为 S 型函数和线性函数。假设输入层、隐含层和输出层的神经元个数分别为 M，I 和 J，x_m 为输入层第 m 个神经元，$m \in 1, 2, 3, \cdots$；k_i 为隐含层第 i 个神经元，$i \in 1, 2, 3, \cdots$；y_j 为输出层第 j 个神经元，$j \in 1, 2, 3, \cdots$。从 x_m 到 k_i 的连接权值为 w_{mi}，从 k_i 到 y_j 的连接权值为 w_{ij}。

网络的实际输出为：

$$Y(n) = [v_j^1, v_j^2, \cdots, v_j^J] \tag{3-47}$$

网络的期望输出为：

$$d(n) = [d_1, d_2, \cdots, d_J] \tag{3-48}$$

n 为迭代次数，第 n 次迭代的误差信号定义为：

$$e_j(n) = d_j(n) - Y_j(n) \tag{3-49}$$

② 工作信号正向传播

输入层的输出等于整个网络的输入信号：

$$v_M^m(n) = x(n) \tag{3-50}$$

第 i 个隐含层的神经元的输入等于 $v_M^m(n)$ 的加权和：

$$u_I^i(n) = \sum_{m=1}^{M} w_{mi}(n) v_M^m(n) \tag{3-51}$$

假设 $f(*)$ 为 Sigmoid 函数，则第 i 个隐含层的神经元的输出为：

$$v_I^i(n) = f(u_I^i(n)) \tag{3-52}$$

输出层第 j 个神经元的输入等于 $v_I^i(n)$ 的加权和：

$$u_J^j(n) = \sum_{i=1}^{I} w_{ij}(n) v_I^i(n) \tag{3-53}$$

输出层第 j 个神经元的输出：

$$v_J^j(n) = g(u_J^j(n)) \tag{3-54}$$

输出层第 j 个神经元的误差：

$$e_j(n) = d_j(n) - v_J^j(n) \tag{3-55}$$

网络总误差：

$$e(n) = \frac{1}{2} \sum_{j=1}^{J} e_j^2(n) \tag{3-56}$$

③ 误差信号反向传播

对隐含层与输出层之间的权值 w_{ij} 进行调整。根据最速下降法，应计算误差对 w_{ij} 的梯度 $\frac{\partial e(n)}{\partial w_{ij}(n)}$，再沿着该方向反向进行调整：

$$\Delta w_{ij}(n) = -\eta \frac{\partial e(n)}{\partial w_{ij}(n)} \tag{3-57}$$

$$\Delta w_{ij}(n+1) = \Delta w_{ij}(n) + w_{ij}(n) \tag{3-58}$$

梯度可由求偏导得到。根据微分的链式规则，有

$$\frac{\partial e(n)}{\partial w_{ij}(n)} = \frac{\partial e(n)}{\partial e_j(n)} \cdot \frac{\partial e_j(n)}{\partial v_J^j(n)} \cdot \frac{\partial v_J^j(n)}{\partial u_J^j(n)} \cdot \frac{\partial u_J^j(n)}{\partial w_{ij}(n)} \tag{3-59}$$

由于 $e(n)$ 是 $e_j(n)$ 的二次函数，其微分为一次函数：

$$\frac{\partial e(n)}{\partial e_j(n)} = -e_j(n) \tag{3-60}$$

$$\frac{\partial e_j(n)}{\partial v_J^j(n)}=1 \tag{3-61}$$

输出层传递函数的导数：

$$\frac{\partial v_J^j(n)}{\partial u_J^j(n)}=g'(u_J^j(n)) \tag{3-62}$$

$$\frac{\partial u_J^j(n)}{\partial w_{ij}(n)}=v_J^j(n) \tag{3-63}$$

因此，梯度值为

$$\frac{\partial e(n)}{\partial w_{ij}(n)}=-e_j(n)g'(u_J^j(n))v_J^j(n) \tag{3-64}$$

权值修正量为：

$$\Delta w_{ij}(n)=\eta e_j(n)g'(u_J^j(n))v_J^j(n) \tag{3-65}$$

引入局部梯度定义：

$$\delta_J^j=-\frac{\partial e(n)}{\partial u_J^j(n)}=-\frac{\partial e(n)}{\partial e_j(n)}\cdot\frac{\partial e_j(n)}{\partial v_J^j(n)}\cdot\frac{\partial v_J^j(n)}{\partial u_J^j(n)}=e_j(n)g'(u_J^j(n)) \tag{3-66}$$

因此，权值修正量可表示为：

$$\Delta w_{ij}(n)=\eta\delta_J^j v_J^j(n) \tag{3-67}$$

局部梯度指明权值所需要的变化。神经元的局部梯度等于该神经元的误差信号与传递函数导数的乘积。输出层为线性函数，线性函数的导数为1：

$$g'(u_J^j(n))=1 \tag{3-68}$$

代入式（3-65），可得

$$\Delta w_{ij}(n)=\eta e_j(n)v_J^j(n) \tag{3-69}$$

误差信号向前传播，对输入层与隐含层之间的权值 Δw_{mi} 进行调整：

$$\Delta w_{mi}(n)=\eta\delta_J^j v_M^m(n) \tag{3-70}$$

$v_M^m(n)$ 为输入神经元的输出：

$$v_M^m(n)=x^m(n) \tag{3-71}$$

δ_J^j 为局部梯度，定义为：

$$\delta_J^j=-\frac{\partial e(n)}{\partial u_J^j(n)}=-\frac{\partial e_j(n)}{\partial v_J^j(n)}\cdot\frac{\partial v_J^j(n)}{\partial u_J^j(n)}=\frac{\partial e(n)}{\partial v_J^j(n)}f'(u_J^j(n)) \tag{3-72}$$

$f(g)$ 为 Sigmoid 传递函数。由于隐含层不可见，因此无法直接求解误差对该层输

出值的偏导数 $\frac{\partial e_j(n)}{\partial v_J^j(n)}$。这里需要使用上一步计算中求得的输出层节点的局部梯度：

$$\frac{\partial e_j(n)}{\partial v_J^j(n)} = \sum_{j=1}^{J} \delta_J^j w_{ij} \tag{3-73}$$

故有：

$$\delta_J^j = f'(u_J^j(n)) \sum_{j=1}^{J} \delta_J^j w_{ij} \tag{3-74}$$

至此，三层 BP 神经网络的一轮权值调整就完成了。

网络在学习的过程中，不断根据上述理论进行权值的调整，直至达到期望的误差精度，输出网络值，在本书输出值即评估结果。BP 神经网络之所以复杂，是因为其在调整层级之间的权值时，如隐含层与隐含层之间、隐含层与输入层之间，上一步的计算结果会使用在局部梯度的计算中。前一层的局部梯度是后一层局部梯度的加权和。

（2）基于 BP 神经网络评估方法模型步骤

BP 神经网络方法的国防科技评估步骤，如图 3-10 所示。

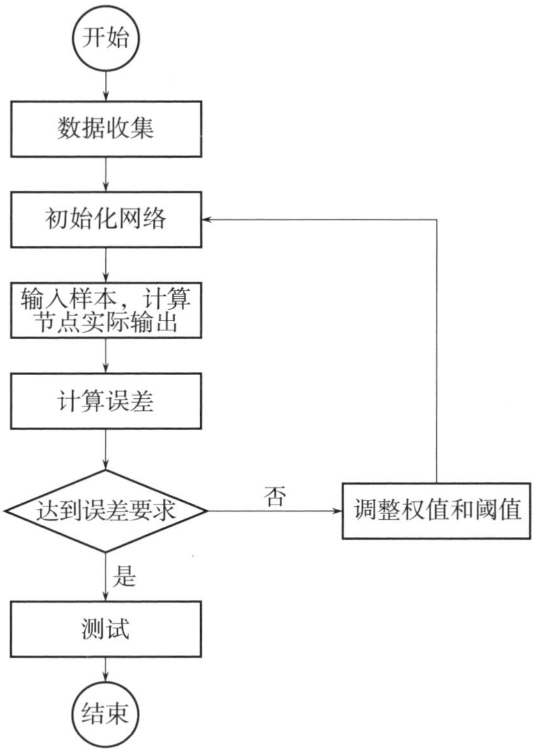

图 3-10　BP 神经网络方法流程图

第一步：读入数据进行数据划分，将数据分为训练集数据和测试集数据。

第二步：初始化网络。

第三步：输入样本，计算隐含层和输出层的实际输出。

第四步：计算各节点权值修正量。计算网络误差，判断是否达到误差要求。若达到要求，则停止迭代，没有达到误差要求，继续下一步。

第五步：根据误差调整权值和阈值，此步为计算反向传播误差的过程。

第六步：将测试集数据用于测试。

第七步：输出结果。

（十二）支持向量机法

该方法主要用于确定国防科技评估单目标评估结果和多目标评估结果。

1. 方法介绍

支持向量机法（Support Vector Machine，SVM），是一种监督式的学习方法，有效解决了小样本、非线性及高维模式识别问题，广泛应用于统计分类以及回归分析，能够有效拟合评估输入和输出之间复杂的非线性关系，从而较好地完成定量化评估工作。该方法本质是解决二分类问题，核心是构造最优超平面，通过非线性映射（核函数）将输入向量映射到高维特征空间，然后在空间寻找最优分类超平面，能够将两类样本点准确地分开。支持向量机法基本原理，如图 3-11 所示。

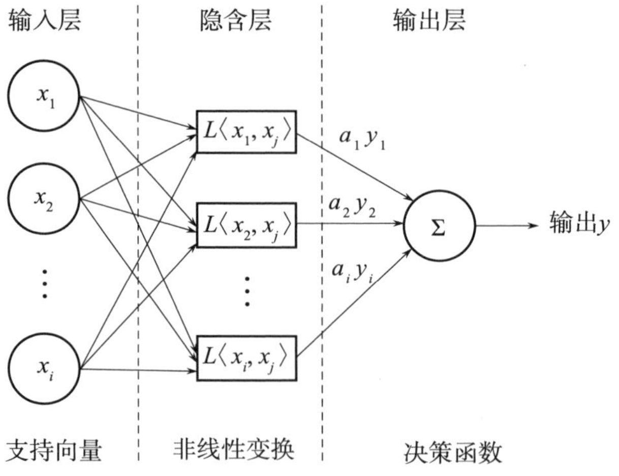

图 3-11 支持向量机法基本原理

图中，$\{x_i, y_i\}$，$i=1, 2, \cdots, k$。其中 x_i 为国防科技评估指标的分值，y_i 为评估结果等级，$L\langle x_i, x_j\rangle$ 表示内积函数。经典的支持向量机法仅能处理二分类问题，为了针对国防科技评估结论（优、合格、不合格）等 3 个等级，统筹运用支持向量机的一对一多分类方法，构建了3个支持向量机子分类器，最后通过投票方式确定待评估对象的等级，即落入相关等级次数最多即为评估结论的等级。该方法针对类别数目为 k 的多分类问题，将其中每两个类别进行组合，构造 $k(k-1)/2$ 个二分类器，分类器的函数形式如下：

$$\begin{cases} \min \frac{1}{2}\|w_{st}\|^2 + C\sum_{i=1}^{l}\xi_i \\ s \neq t, t \in \{1,2,3,\cdots,k\} \\ s.t. \quad w_{st}x_i + b_{st} \geqslant 1 - \xi_i, y_i = s \\ w_{st}x_i + b_{st} \leqslant -1 + \xi_i, y_i = t \end{cases} \tag{3-75}$$

上述公式即为类别 s 与类别 t 所训练的二分类器，其决策函数如下：

$$f(x) = \text{sign}(w_{st} \cdot \varphi(x) + b_{st}) \tag{3-76}$$

（1）基础理论

下面介绍支持向量机分类算法。

① 最优超平面

最优超平面是在两类线性可分问题中最先接触的概念之一，为理解方便，如图3-12所示。

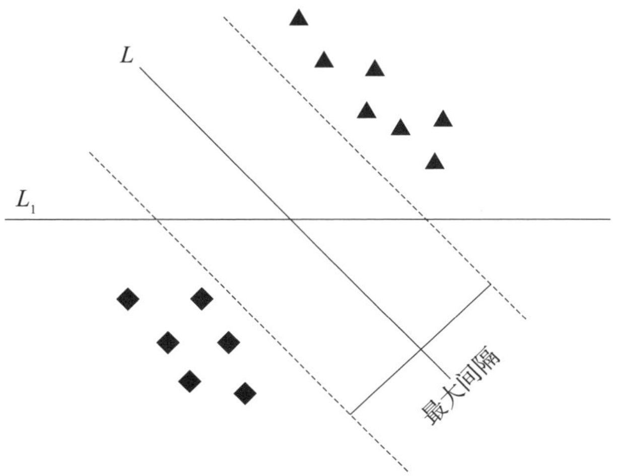

图3-12 SVM最优超平面

如图3-12所示，两类训练样本分别用菱形和三角形来表示，机器学习的目标就是找到一个超平面将这两类样本点能够正确分类（在一维、二维空间中二分类问题分别是一个点和一条直线），很明显平面 L 和平面 L_1 都能将其分开，但是平面 L 不仅能将训练样本正确分开，而且还能使两者之间的距离达到最大，像 L 这样的平面便是最优超平面。

② 线性支持向量机

支持向量机算法最初是从线性可分的情况下提出来的，因此支持向量机理论首先要从线性可分的分类面说起。

假设线性可分的训练样本集合 $S=\{(x_1,y_1),(x_2,y_2),\cdots,(x_i,y_i)\},i=1,2,\cdots,l$，$x_i \in R^n,y_i \in (1,-1)$，算法的目标就是利用训练样本所提供的信息来构造一个分类器，即函数 $f: R^n \to (\pm 1)$。

如果训练点线性可分，那么就如图 3-13 所示，H 能把两类训练样本点无误差地分开，H_1 和 H_2 各自是与分类线距离各分类样本点中离分类面最近的点的直线平行，样本的分类间隔（margin）被表示为 H_1 和 H_2 之间的距离。此时一定具有超平面 $(w \cdot x)+b=0$，使得正负类输入点分别处于超平面的两边，用数学不等式表达即存在参数对 (w, b)，使得 $y_i[(w \cdot x)+b]-1 \geqslant 0$，此时两类样本的间隔等于 $\frac{2}{\|w\|}$，要想得到最大的间隔，等价于找到 $\|w\|^2$ 的最小值，因此以上的最优分类面情况就转化为以下的最优化问题：

$$\begin{cases} \min\limits_{w,b} \dfrac{1}{2}\|w\|^2 \\ s.t. \quad y_i[(w \cdot x)+b]-1 \geqslant 0, i=1,2,\cdots,l \end{cases} \tag{3-77}$$

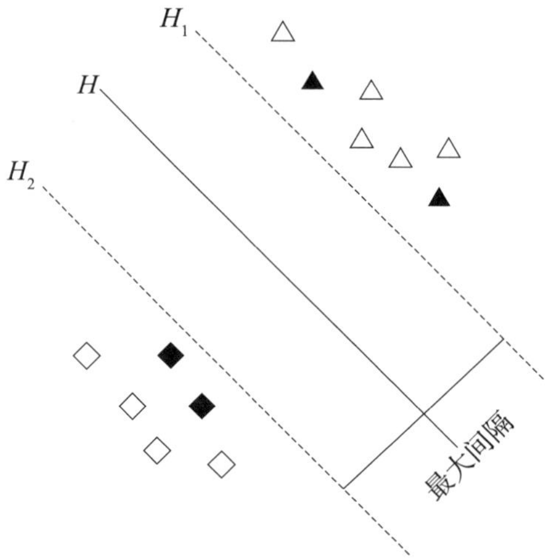

图 3-13 线性可分情况下的最大间隔示意图

由该优化问题得到的分类超平面唯一存在，且能将两类样本完全正确分开。根据求解对 (w, b) 求得最优解为 w^*，b^*，构造决策函数为：

$$f(x) = \mathrm{sgn}(w^* \cdot x) + b^* \tag{3-78}$$

引入拉格朗日函数的目的就是求解以上问题：

$$L(w,b,\alpha) = \frac{1}{2}\|w\|^2 - \sum_{i=1}^{l}\alpha_i[y_i[(w \cdot x) + b] - 1] \tag{3-79}$$

其中 $\alpha = (\alpha_i, \cdots, a_l)$ 。这样二次优化问题的解就可由拉格朗日函数给出，决策函数就变形为：

$$f(x) = \mathrm{sign}\left(\sum_{i=1}^{l} y_i\alpha'_i(x \cdot x_i) + b'\right) \tag{3-80}$$

其中，$b' = y_i - w' \cdot x_i$，$w' = \sum_{i=1}^{l}\alpha'_i y_i x_i$， 而 α'_i 应该是下面对偶二次规划函数的最优解：

$$\text{Maximize } F(\alpha) = \sum_{i=1}^{l}\alpha_i - \frac{1}{2}\sum \alpha_i a_j y_i y_j (x_i \cdot x_j) \tag{3-81}$$

其中，$x_i(i=1, 2, \cdots, l)$ 称为支持向量，在图 3-13 中位于 H_1 和 H_2 的样本点，这也是支持向量机名称的来源。

③ 非线性支持向量机

在实际问题中需要解决的大多数都是线性不可分的，这也是支持向量机算法较别的算法优势所在之处，在处理非线性问题上，支持向量机主要有两种策略，一种是引入松弛变量来软化约束条件，使得 $y_i[(w \cdot x) + b] - 1 + \xi_i \geqslant 0$， 这样一来就允许出现部分样本错误划分，如图 3-14 所示。

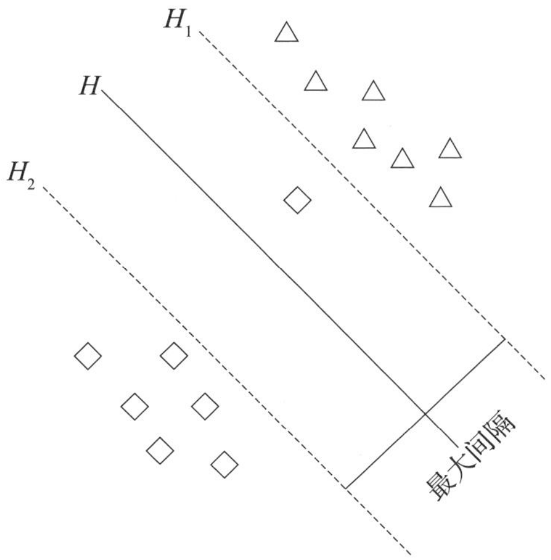

图 3-14　引入松弛变量的最优分类面

松弛变量 $\xi_i = (\xi_1, \xi_2, \cdots, \xi_l)^{\mathrm{T}}$ 代表的是训练集被错误划分的程度，那么松弛变量越大表示错误划分程度越大，目标函数则变成：

$$\begin{cases} \min\limits_{w,b} \dfrac{1}{2}\|w\|^2 + C\sum\limits_{i=1}^{l}\xi_i \\ s.t. \quad y_i[(w \cdot x) + b] - 1 + \xi_i \geqslant 0, i = 1,2,\cdots,l \end{cases} \tag{3-82}$$

其中，C 为惩罚参数，用来表示松弛变量与分类间隔的权重。

支持向量机算法另一种处理非线性的问题的方法是借用核函数的思想。在某高维空间中只需要找到某一核函数满足等式 $K(X, X') = \varphi(X) \cdot \varphi(X')$，就能进行求解得出特征空间的最优超平面。

非线性情况下，最终得到的优化问题：

$$\text{Maximize } F(\alpha) = \sum_{i=1}^{l}\alpha_i - \frac{1}{2}\sum\alpha_i a_j y_i y_j (x_i \cdot x_j)[\varphi(X) \cdot \varphi(X')] \tag{3-83}$$

其中，$\varphi(x)$ 代表训练样本映射到高维空间中的样本。令 $K(x_i, x_j) = \varphi(x_i) \cdot \varphi(x_j)$，则上式转化为：

$$\text{Maximize } F(\alpha) = \sum_{i=1}^{l}\alpha_i - \frac{1}{2}\sum\alpha_i a_j y_i y_j (x_i \cdot x_j) K(x_i, x_j) \tag{3-84}$$

其中，$K(x_i, x_j)$ 就称为核函数。目前使用最广泛的核函数主要有以下几种：

线性核函数：

$$K(x_i, x_j) = x_i^{\mathrm{T}} x_j \tag{3-85}$$

高斯核函数，又叫径向基核函数（RBF）：

$$K(x_i, x_j) = \exp(-\gamma\|x_i - x_j\|^2), \gamma > 0 \tag{3-86}$$

多项式核函数：

$$K(x_i, x_j) = \tanh(\gamma x_i^{\mathrm{T}} x_j + r) \tag{3-87}$$

对于非线性可分问题，支持向量机灵活地使用了核函数思想避开了非线性复杂的映射计算过程，使得求最优超平面只需要在低维空间就能进行。另外，选择不同的核函数得出的计算结果也不一样，但是具体使用哪种核函数没有硬性规定，截止到目前实验结果来看，大部分的分类问题使用径向基核函数（RBF）取得的结果相对满意一些，在本书的后续篇幅中也将选择 RBF。

（2）基于支持向量机的分类算法

支持向量机算法最初应用是解决二分类问题，但是在现实情况中遇到的分类问题大多数是多分类情形，对十多分类问题的解决策略主要分成两种，一种是通过构造多分类器函数一次性对样本进行分类；另一种是将多分类问题分化成二分类问题来解决，通过构造多个二分类函数，来实现多分类问题的解决。第一种策略看似直接快速，但是多分类器函数复杂，求解过程并不简单，反而第二种策略是目前市面上应用比较广泛的。现总结目前常用的几种多分类方法构造如下：

①“一对多”SVM 多分类算法

“一对多”（One Versus the Rest，OVR）SVM 算法的构造思想是支持向量机多分类技术最先使用的。它的构造过程为：将 m 类样本利用一对多方法构造 m 个分类器。对样本进行训练时，第 i 个分类器将第 i 类看作是正类，其余的 $m-1$ 类看作是负类，然后构造决策面。对样本进行测试时，需要将待测样本 n 送至所有的已构造的子分类器，并计算 m 个决策函数值，最后判定 n 属于函数值最大的那一类。图 3-15 就是 OVR 分类算法示意图。

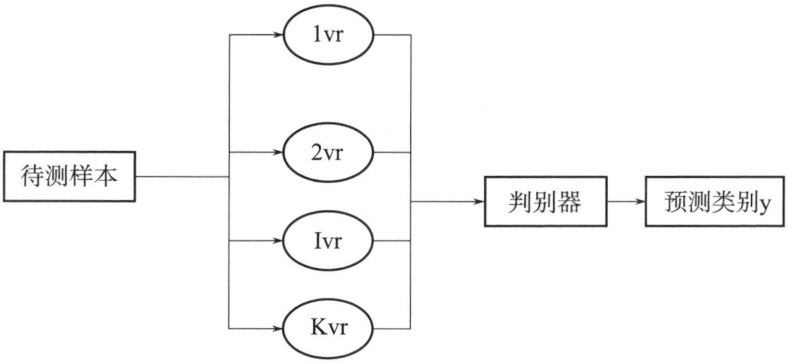

图 3-15　OVR 分类算法示意图

OVR 算法的优点在于分类器的构造数目比较少，对于 m 类可分区域来说，只需要构造 m 个分类器，因此分类速度比较快。但是在训练过程中，对每个分类器的构造所有的样本都要参与进来，所以 OVR 算法的缺点也很明显，那就是推广泛化能力差，并且随着样本规模的变大，训练难度也会相应增加；另外，在每个分类器中，负类样本的数量要远远超过正类样本数量，容易导致数据集偏斜；同时在分类过程中会产生一些不可分的区域，如图 3-16 所示，其中 C1、C2、C3 是可能产生的不可分区域。

②“一对一”SVM 多分类算法

“一对一”（One-Versus-One，OVO）SVM 算法的构造过程很简单：在对样本的训练过程中，每两个类别之间分别构造一个分类器，那么 m 类样本总共需要构造 $\frac{m(m-1)}{2}$ 个分类器，测试时，样本 x 属于第 i 类，则与 x 关联的分类器就有 $m-1$ 个，采用“投票法”判断样本属于哪一类的次数最多，那么该样本就属于哪一类，若出现判断的次数相等时，则任意选择其中的某一类。图 3-17 就是 OVO 算法示意图。

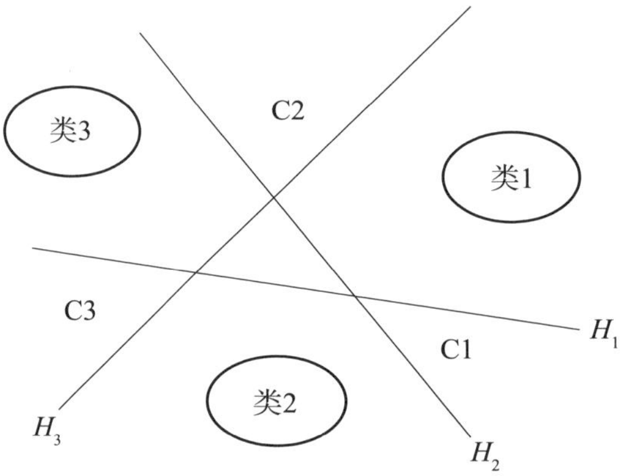

图 3-16　OVR 算法不可分区域

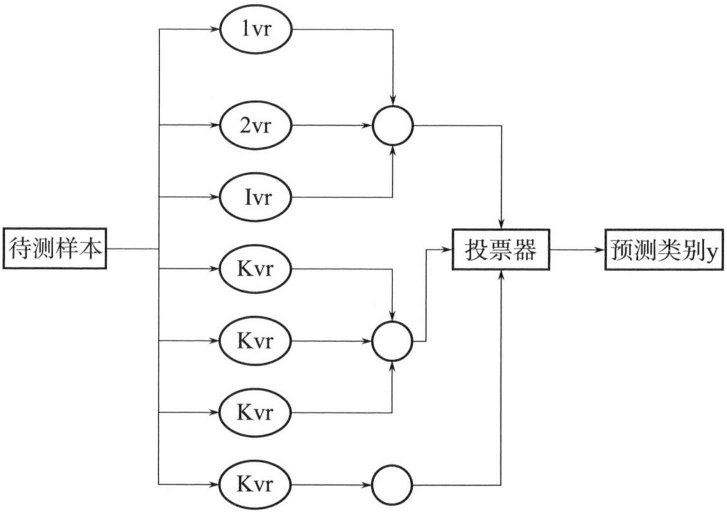

图 3-17　OVO 算法示意图

与 OVR 算法相比较，OVO 算法的优点是每个分类器只涉及两类样本数，因此操作简单，训练时间短，易实现。但是 OVO 算法的缺点也很明显：需要构造的二分类器数目比较多，当分类中的类别很多时，训练时间会很长；在测试阶段，因为所有的分类器都要参与决策，因此分类效率很低。同 OVR 算法类似，OVO 算法也会产生不可分区域，如图 3-18 所示，C1 即是不可分区域。

③“有向无环图”SVM 多分类算法

针对上述多分类方法的缺陷，有学者在此基础上提出了改进算法，比如有向无环图（Directed Acyclic Graph，DAG）SVM 多分类方法就是基于二分类的思想，通过借鉴 OVO 算法的思想，对 m 类训练样本构造 $\frac{m(m-1)}{2}$ 个二分类器，然后将这些分类器

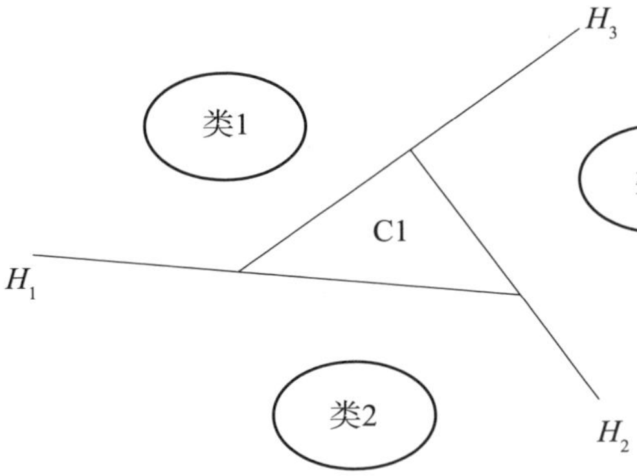

图 3-18 OVO 算法不可分区域

构成一个有向无环图的形状，并且叶子节点数为 m 个，中间节点数为 $\frac{m(m-1)}{2}$ 个，以图 3-19 的 4 分类问题来举例，任何一个未知样本的输入之后，先要凭借根节点分类器的输出值决定样本的下一步输出路径，以此类推，直至到达叶子节点为止，所到达的叶子节点类别即为该样本的类别。

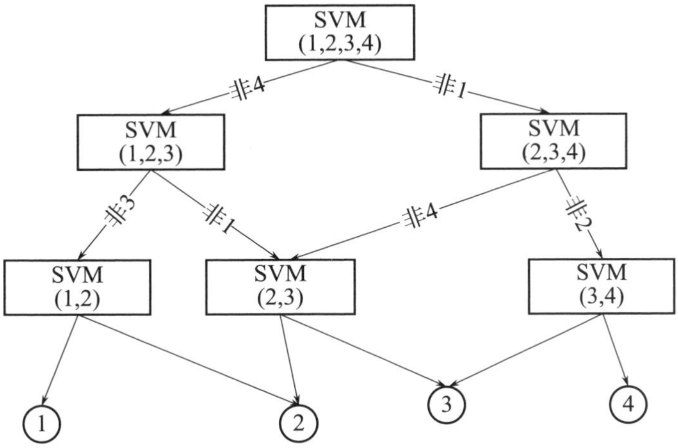

图 3-19 DAG 算法示意图

由于该方法是借鉴 OVO 算法的思想，因此所构造的分类器数目与 OVO 算法所构造的数目相同，但是采用有向无环图策略在样本的测试阶段只需要通过 $m-1$ 个分类器就可以确定待测样本的所属类别，因此该方法比前两种方法具有更高的分类速度。但是由于子分类器的次序不同，分类时所经过的路径也不同，因此子分类器不同次序的位置分布对整个分类器性能的影响也很大。

④“二叉树”SVM 多分类算法

“二叉树”SVM 多分类算法是学者们受二叉树思想的启发，将其与支持向量机相结合成二叉树支持向量机（Binary Tree SVM，BT-SVM）多分类算法。该算法的分类思想是：先要将全部的样本分成两个类别，并将它们分别划分到根节点的左子树和右子树上，其次将左子树和右子树的根节点再利用二分类器进行训练，继续分为两个子类，以此类推，一直到达叶子节点，最终的结果是每个子类只含有一个类别的样本。图 3-20 是 BT-SVM 算法示意图。

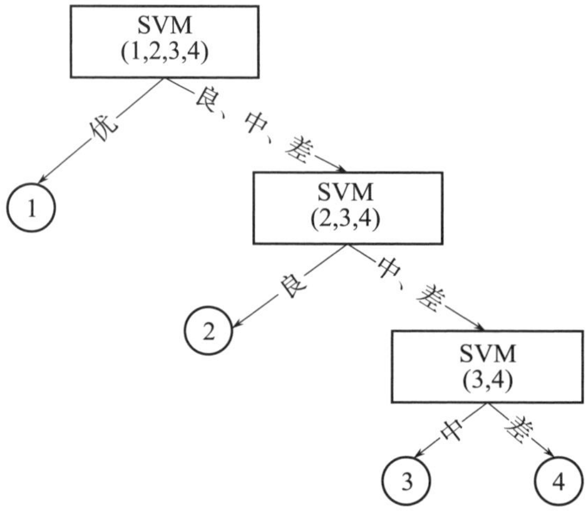

图 3-20 BT-SVM 算法示意图

BT-SVM 算法的步骤是：

基于二叉树 SVM 多分类算法主要由训练阶段和测试阶段组成：

① 训练阶段

步骤 1：首先要建立一个新的二叉树节点。

步骤 2：计算训练样本数据集的类别个数，并记为 N。

步骤 3：如果 $N=1$，则转至步骤 7。

步骤 4：把训练样本数据集随机地分为两个数据子集 A 和数据子集 B，并将数据子集 A 标号为-1 类，数据子集 B 标号为+1 类，用此二类数据子集训练一个分类函数，此处记为 SVM1。

步骤 5：构造以上述分类函数 SVM1 为根节点的二叉分类树。

步骤 6：对数据子集 A 和数据子集 B 重复操作上述步骤 1～步骤 4，并且以训练数据子集 A 作为训练集生成的分类函数，记为 SVM2 作为 SVM1 的左子树。训练数据子集 B 作为训练集生成的分类函数，记为 SVM3 作为 SVM1 右子树。

步骤7：把这个样本数据的类别号看作叶子节点，并加进二叉分类树当中，所输出的类别标号就是要测试的数据进入该点时的分类号，训练结束。

② 测试阶段

步骤1：将需要测试的那些数据拿来输入训练阶段所构造的二叉分类树的根节点处。

步骤2：如果该节点是叶子节点，则转至步骤6。

步骤3：否则，需要计算测试数据的决策函数值，若计算结果是-1，那么跳转至步骤5，否则继续。

步骤4：进入该节点的左子树，并转至步骤2。

步骤5：进入该节点的右子树，并转至步骤2。

步骤6：最后输出并得到的该叶子节点的类别标号就是输入的测试数据的类别，此时测试结束。

二叉树SVM算法对m类的分类问题来说，只需构造$m-1$个分类器，所以要构造的分类器个数相对很少；尤其是当所构造的二叉树结构接近完全二叉树结构的时候，树的深度最小，在对样本进行时更没必要遍历整棵树，那么结果是测试时间相对较短。

有学者在深入研究了SVM多分类算法之后，对上述常用算法进行了科学详细的比较，并总结了表3-7。

表3-7　支持向量机多分类算法比较

方法	分类器个数	训练效率	分类效率	准确率
OVR	K	一般	较低	一般
OVO	$K(K-1)/2$	较好	一般	较高
DAG	$K(K-1)/2$	较好	一般	一般
BT-SVM	$K-1$	较低	较好	较高

从表3-7可以看出，各种方法都有各自的优缺点，不能简单地认定哪种方法好或者哪种方法不好，而是需要根据具体情况具体选择合适的方法。

2. 方法步骤

基于支持向量机的国防科技评估步骤，如图3-21所示。

（1）模型构建

根据国防科技评估结论，依据支持向量机二分类模型，将评估结论划分为3个类型分类器，即支持向量机3个分类器，分别为（优、合格）、（优、不合格）、（合格、不合格）等。其中优对应的评估结论为（0.8，1]，合格对应的评估结论为（0.5，0.8]，不合格对应的评估结论为（0，0.5]。

（2）模型训练与测试

收集以往国防科技评估指标得分和评估结论，得到训练样本集和测试样本集。通过训练样本集导入支持向量机分类器，得到训练好的分类器。然后通过测试样本集，对分类器进行测试，得到模型正确率。

（3）实施评估

针对待评估的国防科技单指标评估值，输入训练好的支持向量机模型，得到隶属于不同评估等级（优、合格、不合格）的次数。根据投票算法，隶属次数多少，得到该产品技术评估等级。

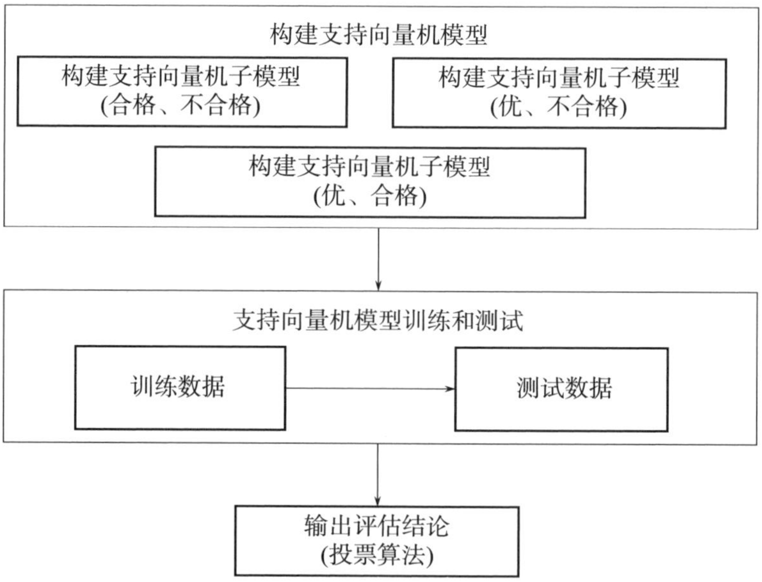

图 3-21 基于支持向量机的国防科技评估步骤

（十三）系统动力学法

国防科技评估中，该方法主要用于开展国防科技发展动态评估。

1. 方法介绍

系统动力学是分析研究信息反馈系统的学科，是一门交叉、综合性的学科。系统动力学理论的基本点鲜明地表明了它的唯物的、系统的、辩证的特征。它突出强调系统、整体的观点，联系、发展、运动的观点。就系统方法论而言，系统动力学的方法是结构方法、功能方法和历史方法的统一。

系统动力学认为，由于系统内部非线性因素的作用和存在复杂的反馈因果关系，高阶次复杂时变系统往往表现出反直观、千姿百态的动力学特性；在一定条件下还可能产生混沌现象。社会、经济、生态等复杂系统问题具有高度复杂性与综合性，往往构成问题群集。系统动力学特别强调系统的整体性和复杂系统的非线性特性。因此，从本质上来说，系统动力学是对线性分析方法的否定相对还原论的批判。系统动力学认为，系统的行为模式与特性主要取决于其内部的动态结构与反馈机制；系统在内外动力和制约因素的作用下按一定的规律发展演化。这就是系统动力学著名的内生观点。

系统动力学研究处理复杂系统问题的方法是定性与定量结合，系统整体思考与分析、综合与推理的方法。这是一种定性、定量、定性、螺旋上升、逐渐深化推进，认识与解决问题的方法。根据系统动力学理论与方法建立的模型，借助计算机模拟可以定性与定量地分析研究复杂系统的各种问题。

系统动力学方法模拟是一种结构—功能模拟，最适用于研究复杂系统的结构、功能与行为之间动态的辩证对立统一关系。系统动力学的研究对象主要是开放复杂系统，也包括简单系统，但其主要研究对象是社会、经济、生态等复杂系统及其复合的各类复杂大系统。

系统动力学方法可作为各类系统的实验室，特别是社会、经济、生态等复杂系统的实验室。系统动力学的建模过程就是一个学习、调查研究的过程，该方法的主要功能在于向人们提供一种进行学习与政策分析的工具，并使决策群体或整个组织逐步成为一种学习型与创造型的组织。

系统动力学以反馈回路来描述系统结构，把一阶反馈回路作为系统的基本结构或称基本单元。所谓反馈回路是系统的状态、速率（或称行动、决策）与信息的闭合通道，对应于系统的三个组成部分：单元、运动与信息。状态变量的改变取决于决策或行动的结果，而决策（行动）的产生可分为两种，一种是依靠信息反馈的自调节，这是普遍存在于生物界、社会和机器系统中的现象；另一种是在一定条件下不依靠信息的反馈，而按照系统本身的某种特殊规律。这种现象存在于非生物界。这时并不是信息不存在，而是信息处于“潜在”状态未被利用。在社会经济系统中，反馈回路就是由以上所述的状态、决策、信息等基本部分组成的结构。反馈回路的极性还有正负之分。而一个复杂系统则由这些基本结构再加上延迟、逻辑等环节，按子系统、层次组织起来，从而组成总的反馈系统结构。这些反馈回路的耦合、交叉、相互作用产生系统的总功能与行为，并对周围环境条件的变化做出自己的反应。

为了构造出有效性高、满足预定要求的系统动力学模型，必须对相应的系统进行严谨的系统分析与结构分析。建模人员必须与用户、有关人员、专家紧密结合，深入地去洞察实际系统诸组成部分之间、整体与局部之间、系统内外之间的种种联系和相互作用，以及这些作用与联系在系统发展的不同阶段在时空上的关联的演变，即其系统全面、发展、辩证的动态反馈因果关系。把系统的动态行为模式与其内部的反馈回路结构联系起来，通过历史的全面的系统动态分析、比较、鉴别，从而获得对系统的反馈结构与机制、功能与行为全面辩证的认识，并把它们反映到模型的结构、主要变量与参数中去。这样一种从系统微观结构入手进行系统的动态分析和建模的过程，也就是剖析系统的结构与功能的对立统一关系的过程。系统动力学从系统微观结构入手建立系统模型的原理，向人们提供了说明系统结构与功能关系的科学方法。

2. 方法过程

系统动力学的主要步骤，如图 3-22 所示。

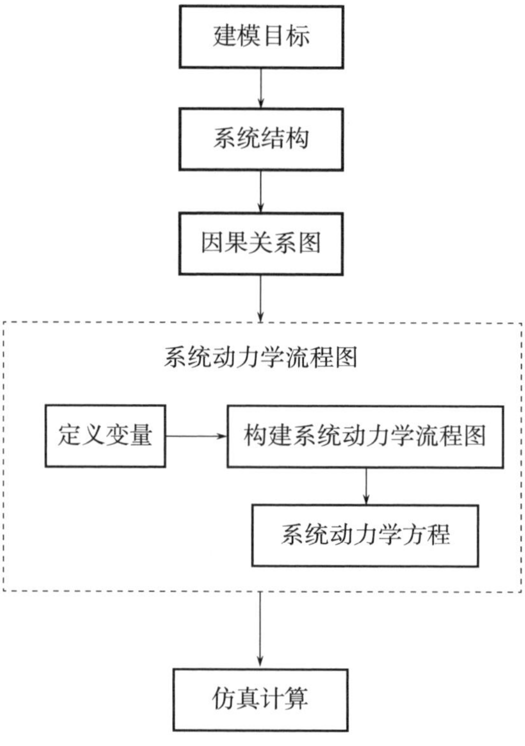

图 3-22 系统动力学的主要步骤

（1）建模目标

无论某个系统采取什么样的策略，总是与该系统的目标紧密相连。因此在应用系统动力学进行仿真时，应该首先弄清系统的目标和仿真的目的。确定系统目标是进行系统动力学建模的首要阶段，也是方法成功与否的先决条件。确定建模目标主要包括：弄清要解决的问题；规划系统的边界、关键变量，初步确定参考模式等。

（2）系统结构

在确定了建模目标之后，就要构建系统结构。分析系统各要素之间的相互关系和作用方式，总结系统整体与局部的反馈机制，构建系统结构图。系统动力学研究的对象是各种各样的复杂系统，描述系统的非线性特点、各个子结构的线性和非线性相互作用。为了清楚地描述系统，需要将其划分成几个互相连接的子系统。描述如下：

$$S = (P, R)$$

$$P = \{P_i \mid i \in I\}$$

$$R = \{r \mid j \in J, k \in K, J = K = I\}$$

其中，S 为系统动力学模型；P 为子系统；R 为子系统之间的变量。

（3）因果关系图

因果关系图，主要描述系统构成要素之间的因果关系。因果关系图是系统内部若干元素的因果链串联而形成的一条闭合回路。因果链，主要通过箭头表示系统内部两元素之间的因果关系。因果关系的特性就是因果链的极性，用正负号表示。由于元素之间的相互关系非常复杂，因此在确定因果链极性时，需要设定其他所有影响变量保持不变。反馈回路，如图 3-23 所示。反馈回路一般包括正反馈回路和负反馈回路。

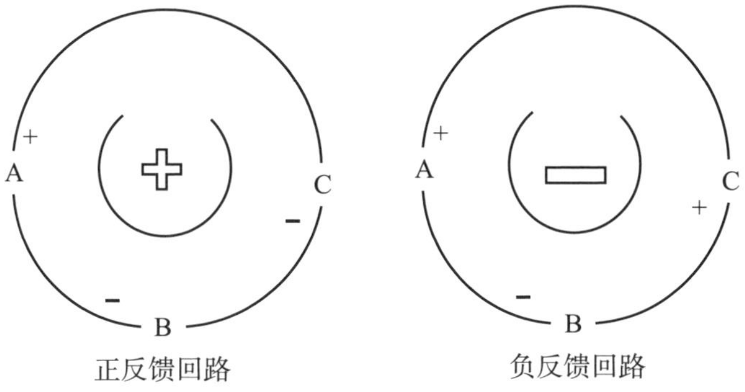

图 3-23 反馈回路

因果关系示意图，如图 3-24 所示。该关系图是一个多重反馈回路，列出了影响系统功能的主要变量。该关系图表示因素 A、因素 B 和因素 C 共同作用对系统效能的影响，通过 3 个因素共同使得系统效能不断趋于期望目标值，差距逐渐逼近于 0。

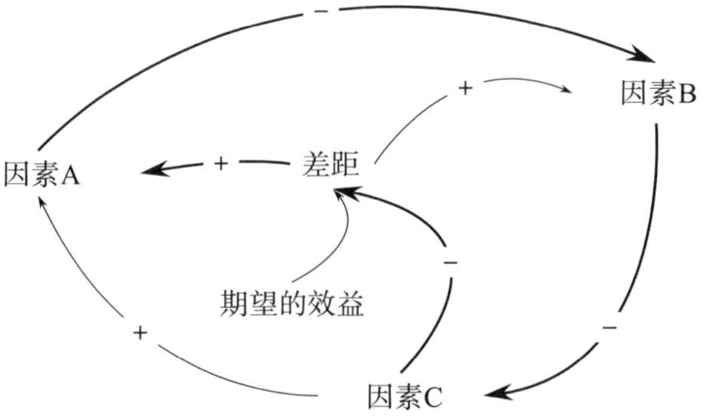

图 3-24 因果关系示意图

其中有一条反馈回路：与期望效益的差距→因素 A→因素 B→因素 C→与期望效益的差距。与期望效益的差距增大必将导致因素 A 提升，因素 A 大小的提升必将导致因素 B 的减少，因素 B 的减少将导致因素 C 的提升，因素 C 的提升将使得与期望效益的差距减少。

（4）系统动力学流程图

流程图是因果关系图的扩展，是系统结构的再现。流程图反映系统中各变量间因果关系和反馈控制网络，正反馈环有强化系统功能，表现为偏离目标的发散行为；负反馈环则有抑制功能，能跟踪目标产生收敛机制。二者组合使系统在增长与衰减交替过程中保持动态平衡，达到预期目标。

① 定义变量

系统动力学中最主要的变量类型有 4 种：

1）流位变量（Level）：系统内部流的堆积量，描述了系统的内部状态。流位的状态受控于输入流与输出流的大小，以及延迟的时间。其流图符号为：

2）流率变量（Rate）：流位的变化速率，流位变量的增加或减少速度。其流图符号为：

3）辅助变量（Auxilary）：在流位变量与流率变量之间的变量。其流图符号为：

4）常量（Const）：始终保持不变的参数。

② 构建系统动力学流程图

原始的系统动力学流程图，如图 3-25 所示。

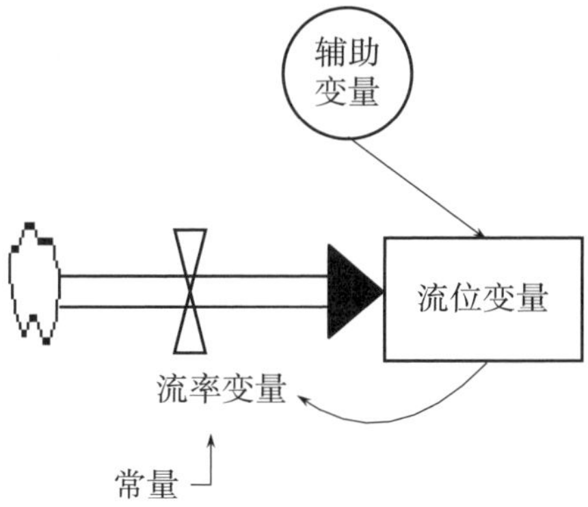

图 3-25　原始的系统动力学流程图

③ 系统动力学方程

建立系统动力学流程图后，根据方法中变量之间的关系建立参数方程，确定和估计有关参数，参数方程可以是线性或非线性函数关系，其一般表达式为：

$$\frac{\mathrm{d}X}{\mathrm{d}t}=f(X_i,V_i,R_i,P_i) \tag{3-88}$$

其差分形式可形成：

$$X(t+\Delta t)=X(t)+f(X_i,V_i,R_i,P_i)\cdot\Delta t$$

式中，X 为状态变量；V 为辅助变量；R 为流率变量；P 为参数；t 为仿真时间；Δt 为仿真步长。

（5）仿真计算

根据上述分析结果，在软件上设计系统动力学流程图，并输入相关参数，通过仿真计算得到结果，并验证结果的可信度。随后改变输入参数，进行多次仿真，对比分析多次仿真结果，得到结论。

（十四）TOPSIS 法

国防科技评估中，该方法主要用于确定国防科技评估多目标评估结果。

1. 方法介绍

TOPSIS 法（Technique for Order Preference by Similarity to an Ideal Solution）是 C. L. Hwang 和 K. Yoon 于 1981 年首次提出，根据有限个评估对象与理想化目标的接近程度进行排序的方法，主要是对评估对象相对优劣进行分析。TOPSIS 法是一种逼近于理想解的排序法，该方法要求各效用函数具有单调递增（或递减）性就行。该方法主要包括“正理想解”和“负理想解”两个基本概念。其中，正理想解是设想的最优解（方案），是指各个属性值都达到评估对象的最好值；而负理想解是设想的最劣的解（方案），是指各个属性值都达到评估对象的最坏值。评估对象排序的规则是把各评估对象与正理想解和负理想解做比较，若其中有一个评估对象最接近正理想解，而同时又远离负理想解，则该评估对象是最优评估对象。

2. 方法过程

运用 TOPSIS 法构建国防科技评估方法的具体步骤如下：

① 计算标准化矩阵

设有 m 个国防科学技术或领域（A_1，A_2，A_3，…，A_m），国防科技评估指标为（f_1，f_2，f_3，…，f_n），方案 A_i 影响因素 f_j 的取值为 r_{ij}，该取值由专家评判得到。构造方案的标准化矩阵：$\boldsymbol{U}=(u_{ij})_{m\times n}$，采用以下公式计算：

如果为取值越大越好的影响因素，标准化公式为：

$$u_{ij}=\frac{r_{ij}}{\max r_i} \tag{3-89}$$

如果为取值越小越好的影响因素，标准化公式为：

$$u_{ij}=\frac{\min r_i}{r_{ij}} \tag{3-90}$$

式中，u_{ij} 为因素量化分值；r_{ij} 为第 i 行第 j 列的量化分值；$\max r_i$ 为第 i 行最大值的 r_{ij}；$\min r_i$ 为第 i 行最小值的 r_{ij}。

采用比重法进行处理，得到归一化矩阵：

$$\boldsymbol{Z}=(z_{ij})_{m\times n} \tag{3-91}$$

其中

$$z_{ij}=u_{ij}/\sqrt{\sum_{i=1}^{m}u_{ij}^2}\ (i=1,2,\cdots,m;j=1,2,\cdots,n)$$

② 计算加权标准化矩阵

$$V=(v_{ij})_{m\times n} \tag{3-92}$$

其中，$v_{ij}=z_{ij}\times w_j$，$w_j(j=1,\ 2,\ \cdots,\ n)$ 是第 j 个影响因素的权重。

③ 确定正理想解和负理想解

$$V^+=(v_1^+,v_2^+,\cdots,v_n^+),V^-=(v_1^-,v_2^-,\cdots,v_n^-) \tag{3-93}$$

其中

$$v_j^+=\max(v_{1j},v_{2j},\cdots,v_{mj}),v_j^-=\min(v_{1j},v_{2j},\cdots,v_{mj})$$

④ 计算距离

距正理想解 v_j^+ 的距离分别为：

$$S_i^+=\sqrt{\sum_{j=1}^{n}(v_{ij}-v_j^+)^2}(i=1,2,\cdots,m) \tag{3-94}$$

距负理想解 v_j^- 的距离分别为：

$$S_i^-=\sqrt{\sum_{j=1}^{n}(v_{ij}-v_j^-)^2}(i=1,2,\cdots,m) \tag{3-95}$$

⑤ 计算每个技术或领域对理想解的相对贴近度

$$C_i^*=\frac{S_i^-}{S_i^++S_i^-}(i=1,2,\cdots,m) \tag{3-96}$$

⑥ 某项国防科技或某个领域国防科技评估大小排序

将 C_i^* 由大到小进行降序排列，最大的 C_i^* 表示最优的国防科技。

（十五）物元分析法

国防科技评估中，该方法主要用于确定国防科技评估多目标评估结果。

1. 方法介绍

物元分析法是 1983 年由蔡文教授创造的介于数学和实验之间的学科，主要用于解决不相容问题的过程形式化问题。物元分析是研究解决不相容问题的规律和方法的新兴学科，是思维科学、系统科学、数学三者的交叉边缘学科。模糊物元是 1995 年肖芳淳教授将物元分析法与模糊集合理论相结合，提出了模糊物元分析法，对具有模糊性的事物和本身影响因素众多且相互之间具有不容性的问题进行综合，然后通过分析融合提炼，得到解决问题的方法。模糊物元将大千世界的万物看作物与物、事与事、事与物相互作用的结果，物又可以用"事物 M、特征 C、量值 V"三个元素来进行描述，将这三个元素组成有序的三元组叫做物元，可以表示为 $R(M,\ C,\ V)$，将最后的量值进行模糊化，就形成了模糊物元。采用模糊物元分析法评估复杂系统，计算过程简单，且结果准确可靠，已在经济社会等领域广泛应用。

2. 方法过程

基于欧氏贴近度的模糊物元国防科技评估方法的步骤如下：

（1）模糊物元方法

给定事物的名称为 M，其关于特征 C 有量值为 V，以有序三元组 $R(M, C, V)$ 作为描述事物的基本元，称之为物元。如果其中量值 V 具有模糊性，则称之为模糊物元，记为：

$$R = \begin{bmatrix} & M \\ C & u(x) \end{bmatrix} \tag{3-97}$$

式中，R 元素表示模糊物元；M 表示事物；C 为事物 M 的特征；$u(x)$ 表示与事物特征 C 相对应的模糊量值，即事物 M 对于其特征 C 相应量值 x 的隶属度。对于国防科技评估，M 就是评估对象（评估样本）；C 就是评估指标；$u(x)$ 则是评估对象 M 对于评估指标 C 相应的定量评估值。

（2）复合模糊物元方法

若国防科技评估对象 M 有 n 项评估指标 C_1，C_2，…，C_n；与其相应的模糊量值分别为 $u(x_1)$，$u(x_2)$，…，$u(x_n)$；则称 R 为 n 维模糊物元。若以 R_{mn} 表示 m 个评估对象 n 维复合模糊物元，并以 M_j 表示第 j 个评估对象，x_{ji} 表示第 j 个样本第 i 项评估指标，与其对应的模糊量值为 $u(x_{ji})$，$i=1, 2, \cdots, n$；$j=1, 2, \cdots, m$；则有：

$$R_{mn} = \begin{bmatrix} & M_1 & M_2 & \cdots & M_m \\ C_1 & u(x_{11}) & u(x_{21}) & \cdots & u(x_{m1}) \\ C_2 & u(x_{12}) & u(x_{22}) & \cdots & u(x_{m2}) \\ \vdots & \vdots & \vdots & \vdots & \vdots \\ C_n & u(x_{1n}) & u(x_{2n}) & \cdots & u(x_{mn}) \end{bmatrix} \tag{3-98}$$

（3）从优隶属度

国防科技各单项评估指标相应的模糊量值，从属于最优样本相应的模糊量值的隶属程度，称之为从优隶属度。从优隶属度可由下式计算：

对于越大越优型评估指标而言，则有

$$u(x_{ji}) = \frac{x_{ji}}{\max x_{ji}} \tag{3-99}$$

对于越小越优型评估指标而言，则有

$$u(x_{ji})=\frac{\min x_{ji}}{x_{ji}} \tag{3-100}$$

式中，x_{ji} 表示第 j 个样本第 i 项评估指标对应的量值；$\max x_{ji}$，$\min x_{ji}$ 分别为评估对象中每一项评估指标所有量值 x_{ji} 中的最大值和最小值，即最优评估对象（理想对象）各评估指标相应的量值。

（4）标准模糊物元与差平方复合模糊物元

由式（3-101）可以构造标准样本 n 维模糊物元 R_{0n}，其中各项由 R_{mn} 内各评估对象从优隶属度中的最大值或最小值加以确定，则可得：

$$R_{0n}=\begin{bmatrix} & M_0 \\ C_1 & u(x_{01}) \\ C_2 & u(x_{02}) \\ \vdots & \vdots \\ C_n & u(x_{0n}) \end{bmatrix} \tag{3-101}$$

以 Δ_{ji} 表示标准模糊物元 R_{0n} 与复合模糊物元 R_{mn} 中各项差的平方，组成差平方复合模糊物元 R_{Δ}，即：

$$R_{\Delta}=\begin{bmatrix} & M_1 & M_2 & \cdots & M_m \\ C_1 & \Delta_{11} & \Delta_{21} & \cdots & \Delta_{m1} \\ C_2 & \Delta_{12} & \Delta_{22} & \cdots & \Delta_{m2} \\ \vdots & \vdots & \vdots & \vdots & \vdots \\ C_n & \Delta_{1n} & \Delta_{2n} & \cdots & \Delta_{mn} \end{bmatrix} \tag{3-102}$$

其中，$\Delta_{ji}=[u(x_{0i})-u(x_{0i})]^2$，$i=1, 2, \cdots, n$；$j=1, 2, \cdots, m$。

（5）评估指标权重的复合物元

ω_i 为第 i 个国防科技评估指标的权重。如果用 ω_i 表示每个评估对象第 i 项评估指标的权重，则可以构造评估指标的权重复合物元 R_{ω}。即：

$$R_{\omega}=\begin{bmatrix} & M_1 & M_2 & \cdots & M_m \\ C_1 & \omega_1 & \omega_1 & \cdots & \omega_1 \\ C_2 & \omega_2 & \omega_2 & \cdots & \omega_2 \\ \vdots & \vdots & \vdots & \vdots & \vdots \\ C_n & \omega_n & \omega_n & \cdots & \omega_n \end{bmatrix} \tag{3-103}$$

（6）基于欧氏贴近度的评估方法

本书将采用欧氏贴近度公式构建国防科技评估方法，计算欧氏贴近度 ρH_j 。

$$\rho H_j = 1 - \sqrt{\sum_{i=1}^{n} \omega_i \times \Delta_{ji}} \tag{3-104}$$

式中，$\rho H_j (j = 1, 2, \cdots, m)$ 表示第 j 个评估对象与标准样本（理想样本或最优样本）之间的相互接近程度，其值越大，表示两者越接近；反之，则相差越大。然后，以此构成欧氏贴近度复合模糊物元 $R_{\rho H}$，即：

$$R_{\rho H} = \begin{bmatrix} & M_1 & M_2 & \cdots & M_m \\ \rho H_j & \rho H_1 & \rho H_2 & \cdots & \rho H_m \end{bmatrix} \tag{3-105}$$

由于欧氏贴近度是表示国防科技评估对象与标准样本之间的贴近程度，根据贴近度值即可对国防科技各评估对象的相对优劣进行排序。

第三节 国防科技评估方法应用

本节从国防科技评估方法可行性、可用性、典型性和可操作性出发，重点选取层次分析法、模糊综合法、BP 神经网络法、系统动力学法和 TOPSIS 法，进行案例分析。

一、层次分析法应用案例

（一）背景介绍

以“××领域国防科技评估指标权重”为例，运用基于层次分析法，计算国防科技评估指标权重的方法步骤，该指标体系权重由 3 名专家给出。

（二）案例分析

1. 邀请专家填写重要程度对比判断表

根据国防科技评估指标层次关系，构建评估指标重要程度对比判断表，邀请专家开展评估指标重要程度对比分析。以“××领域国防科技评估指标权重”为例，得到评估指标重要程度对比判断表，见表 3-8。

表 3-8 专家填写的评估指标重要程度对比判断表

××领域国防科技评估指标权重	同等重要(1)	中值(2)	稍微重要(3)	中值(4)	明显重要(5)	中值(6)	强烈重要(7)	中值(8)	极端重要(9)	××领域国防科技评估指标权重
科学发现能力 A			<							技术创新能力 B
技术创新能力 B					>					工程化应用能力 C
工程化应用能力 C			<							科学发现能力 A
说明	若 A 与 B 比较,A 比 B 明显重要,则在“明显重要”所对应的方格内注“>”号,若 A 与 B 比较,B 比 A 明显重要,则在“明显重要”所对应的方格内注“<”号。同等重要用“=”号表示									

统计专家填写的“评估指标重要程度对比判断表”，得到评估指标判断矩阵，见表 3-9。

表 3-9 评估指标判断矩阵表

××领域国防科技评估指标权重	科学发现能力 A	技术创新能力 B	工程化应用能力 C
科学发现能力 A	1	$\frac{1}{3}$	3
技术创新能力 B	3	1	5
工程化应用能力 C	$\frac{1}{3}$	$\frac{1}{5}$	1

2. 计算矩阵的最大特征值和特征向量

根据表 3-9，得到评估指标的判断矩阵：

$$\begin{bmatrix} 1 & \frac{1}{3} & 3 \\ 3 & 1 & 5 \\ \frac{1}{3} & \frac{1}{5} & 1 \end{bmatrix}$$

计算得到特征向量为：

$$\boldsymbol{W} = (0.26, 0.64, 0.1)$$

3. 判断矩阵的一致性检验

计算得到判断矩阵的一致性检验结果：

$$CR = \frac{CI}{RI} = 0.037 < 1$$

说明该判断矩阵的一致性可以接受。

4. 得到权重值

根据判断矩阵特征向量和一致性检验结果，得到国防科技效益评估指标的权重：科学发现能力评估指标权重为 0.26；技术创新能力评估指标权重为 0.64；工程化应用能力评估指标权重为 0.1。同理得到另外两名专家的评估指标权重打分，综合 3 名专家的打分结果，得到××领域国防科技评估指标权重结果，见表 3-10。

表 3-10 ××领域国防科技评估指标权重

××领域国防科技评估指标权重	科学发现能力 A	技术创新能力 B	工程化应用能力 C
专家 1	0.26	0.64	0.1

续表

××领域国防科技评估指标权重	科学发现能力 A	技术创新能力 B	工程化应用能力 C
专家 2	0.3	0.52	0.18
专家 3	0.22	0.58	0.2
综合	0.26	0.58	0.16

得到科学发现能力评估指标权重为0.26；技术创新能力评估指标权重为0.58；工程化应用能力评估指标权重为0.16。

二、模糊综合法应用案例

（一）背景介绍

以某国某领域的国防科技评估为例，分析国防科技模糊综合评估方法。

（二）案例分析

1. 国防科技评估指标体系

某国某领域的国防科技评估指标为{A，B，C}={科学发现能力，技术创新能力，工程化应用能力}。

2. 建立综合评估的评语集

某国某领域的国防科技评估的评语集应为：

$$V=\{优,合格,不合格\}$$

3. 进行单指标模糊评估，并求得评估矩阵 $\boldsymbol{R}$

已知某国某领域的国防科技评估单指标的数据，见表3-11。

表3-11 国防科技评估指标数据

评估指标	优	合格	不合格
科学发现能力 A	0.52	0.48	0
技术创新能力 B	0.75	0.15	0.1
工程化应用能力 C	0.25	0.6	0.15

4. 建立评估方法，进行综合评估

已知某国某领域的国防科技评估指标的权重，科学发现能力评估指标权重为0.26；技术创新能力评估指标权重为0.58；工程化应用能力评估指标权重为0.16。根据式（3-12），得到国防科技效益评估矩阵。

$$L=(0.26,0.58,0.16)*\begin{bmatrix}0.52 & 0.48 & 0\\0.75 & 0.15 & 0.1\\0.25 & 0.6 & 0.15\end{bmatrix}=(0.61,0.3,0.08)$$

（1）评估结果的定性分析

某国某领域的国防科技评估结果表明：61%的专家认为评估结果为“优”，30%的专家认为评估结果为“合格”，8%的专家认为评估结果为“不合格”。根据最大隶属度原则，某国某领域的国防科技评估结果为“优”。

（2）评估结果的定量分析

根据式（3-14），假设国防科技评估评语等级的评级参数 $\boldsymbol{C}=(1,\ 0.6,\ 0.2)$，则得到某国某领域的国防科技评估结果的定量值为 0.806。

$$P=\boldsymbol{L}*\boldsymbol{C}=(0.61,0.3,0.08)*\begin{bmatrix}1.0\\0.6\\0.2\end{bmatrix}=0.806$$

三、基于 BP 神经网络应用案例

（一）背景介绍

以某国某领域的国防科技评估为例，运用 BP 神经网络的相关理论构建国防科技评估方法，并用 Matlab 7.0 仿真软件进行仿真。

（二）案例分析

1. 模型训练

建立 3 层的某国某领域的国防科技评估的 BP 神经网络模型，输入层的节点数为 3 个，即某国某领域的国防科技评估指标，输出层节点数为 1 个，即评估值，隐含层节点设为 8 个，拓扑结构为 3-8-1，如图 3-26 所示。

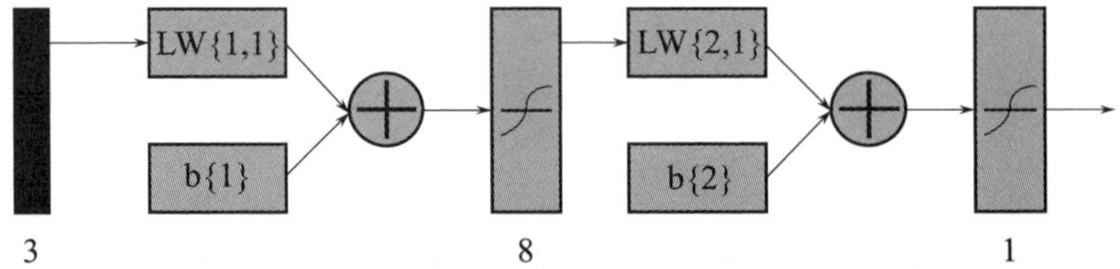

图 3-26　某国某领域的国防科技评估神经网络拓扑结构

总共选取过去某国某领域的国防科技评估的历史样本60组样本，随机选取83%的样本为训练样本（50组样本），17%的样本为测试样本（10组样本）。已知50组训练样本数据，见表3-12（部分）。

表3-12　样本数据表（部分）

评估指标	1	2	3	……	48	49	50
科学发现能力 A	0.84	0.91	0.71	……	0.75	0.74	0.88
技术创新能力 B	0.82	0.87	0.45	……	0.86	0.58	0.75
工程化应用能力 C	0.86	0.86	0.42	……	0.76	0.74	0.82
评估结果	0.83	0.88	0.55	……	0.79	0.66	0.82

2. 模型训练结果

运行BP神经网络模型经过100次迭代训练达到网络允许的误差，模型构建完成。训练性能图，如图3-27所示。

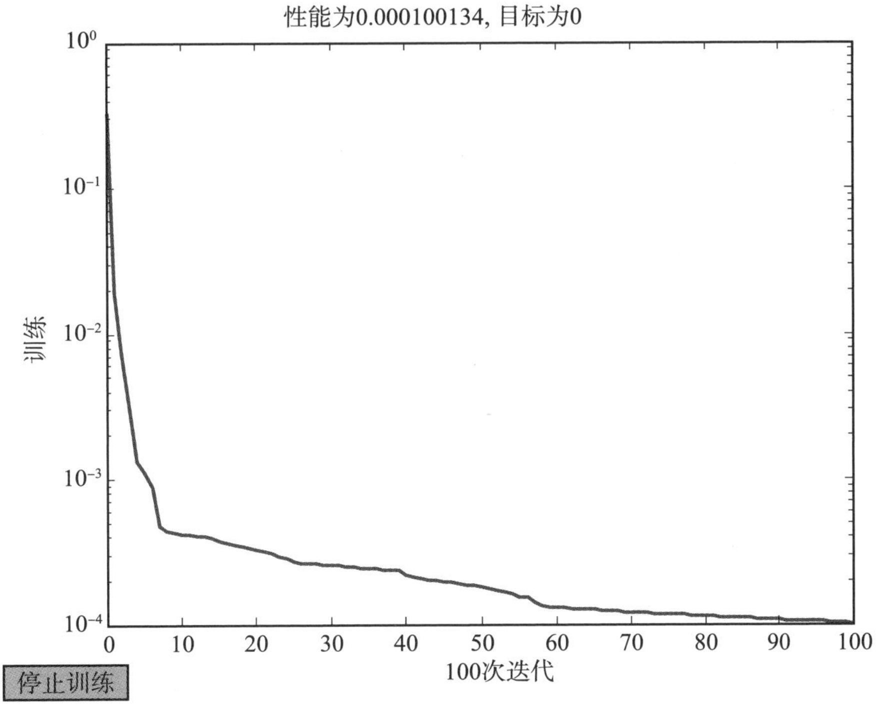

图3-27　训练性能图

3. 模型验证

假定以绝对误差值小于0.06作为标准，准确率达到80%以上，则模型成立。运用10组测试样本，对模型进行验证，得到的验证结果，见表3-13。从表可以看出计算结果与实际值的最大绝对误差为0.099，最小误差为0.002。由表可知，评估方法准确率为90%（仅有1组测试样本超过误差），由此可知评估方法成立。

表3-13　输出结果对比

序号	1	2	3	4	5	6	7	8	9	10
实际值	0.82	0.85	0.73	0.82	0.81	0.83	0.78	0.72	0.61	0.85
计算值	0.829	0.848	0.735	0.858	0.807	0.872	0.745	0.621	0.594	0.841
绝对误差	0.009	0.002	0.005	0.038	0.003	0.042	0.035	0.099	0.016	0.009

4. 评估实施

以某国3个领域的国防科技评估为例，运用训练好的评估模型，得到国防科技评估结论，见表3-14。从表中可以看出，领域1的国防科技评估结果为0.83；领域2的国防科技评估结果为0.78；领域3的国防科技评估结果为0.73。

表3-14　案例分析结果

评估指标	领域1	领域2	领域3
科学发现能力A	0.76	0.78	0.7
技术创新能力B	0.82	0.86	0.75
工程化应用能力C	0.85	0.75	0.72
评估结果	0.83	0.78	0.73

四、系统动力学法应用案例

（一）背景介绍

本书将采用系统动力学方法，通过建立国防科技评估系统动力学方法，模拟国防科技发展动态变化规律，分析评估指标之间的关系，得到国防科技发展动态变化趋势。

（二）案例分析

1. 因果关系图

国防科技发展效果的因果关系，如图3-28所示。该因果关系图是由国防科技评估指标以及多重反馈回路的共同作用，使某领域国防科技整体情况不断趋于期望目标值，差距逐渐逼近于0。

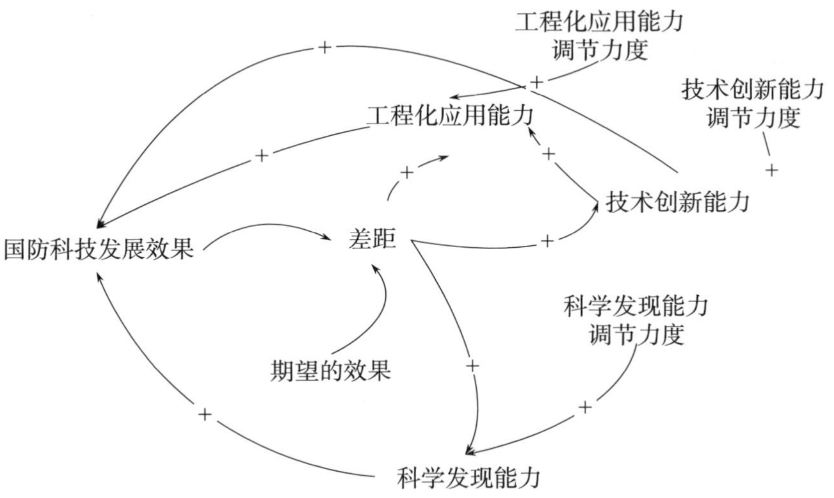

图 3-28 国防科技发展效果的因果关系

（1）主要变量

国防科技系统动力学方法主要变量包括科学发现能力、技术创新能力、工程化应用能力等主要变量。

① 科学发现能力

科学发现能力，主要包括了基础研究能力、学术成果水平、科研实验能力等方面的要素。该变量的数值主要反映国防科技科学发现能力变化情况，最大值为 1，最小值为 0。

② 技术创新能力

技术创新能力，主要包括了技术体系完备性、技术先进性、技术自主可控能力等方面的要素。该变量的数值主要反映国防科技技术创新能力变化情况，最大值为 1，最小值为 0。

③ 工程化应用能力

工程化应用能力，主要包括了成果转化程度、工业生产能力等方面要素。该变量的数值主要反映国防科技工程化应用能力情况，最大值为 1，最小值为 0。

④ 科学发现能力调节力度

科学发现能力调节力度，是指根据国防科技整体情况和差距，以加大资源投入、加大技术支撑等方式，对国防科技科学发现能力进行动态调节，从而提高该能力的整体数值。该变量的数值主要反映对国防科技科学发现能力的干预和影响情况，最大值为 1，最小值为 0。

⑤ 技术创新能力调节力度

技术创新能力调节力度，是指根据国防科技发展整体情况和差距，以加大人力和技术等资源的投入，对国防科技技术创新能力进行动态调节和控制，从而提高整体数值。该变量的数值主要反映国防科技技术创新能力被干预力度，最大值为1，最小值为0。

⑥ 工程化应用能力调节力度

工程化应用能力调节力度，是指根据国防科技整体情况和差距，以加大经费投入、技术投入和政策引导等方式，对国防科技工程应用能力进行动态调节，从而提高整体数值。该变量的数值主要反映国防科技工程化应用能力被干预力度，最大值为1，最小值为0。

（2）反馈回路

本书所构建的国防科技发展因果关系图，主要有4条反馈回路。

① 差距→科学发现能力→发展效果→差距

与期望的国防科技发展效果差距增大，必将改进科学发现能力，从而提升能力分值。能力分值提升将增加发展效果值，从而提高发展效果，减少差距。

② 差距→技术创新能力→发展效果→差距

与期望的国防科技发展效果差距增大，必将改进国防科技技术创新能力，从而提升能力分值。技术创新能力分值提升将增加发展效果值，从而提高发展效果，减少差距。

③ 差距→工程化应用能力→发展效果→差距

与期望的国防科技发展效果差距增大，必将改进国防科技工程化应用能力，从而提升能力分值。工程化应用能力分值提升将增加发展效果值，从而提高发展效果，减少差距。

④ 差距→技术创新能力→工程化应用能力→发展效果→差距

与期望的国防科技发展效果差距增大，必将改进技术创新能力，从而提升能力分值。技术创新能力分值提升将改进工程化应用能力，工程化应用能力分值也随之提升。能力分值提升将增加发展效果值，从而提高发展效果，减少差距。

2. 系统动力学流程图

建立的国防科技评估系统动力学方法的基本变量参数，见表3-15。

表 3-15　基本变量参数表

参数类型	参数名称	含义
流位变量	FXNL	国防科技科学发现能力
	CXNL	国防科技技术创新能力
	YYNL	国防科技工程化应用能力
流率变量	FXNLL	国防科技科学发现能力变化率
	CXNLL	国防科技技术创新能力变化率
	YYNLL	国防科技工程化应用能力变化率
辅助变量	FXNLXS	国防科技科学发现能力对效果影响系数
	CXNLXS	国防科技技术创新能力对效果影响系数
	YYNLXS	国防科技工程化应用能力对效果影响系数
	FXNLLD	国防科技科学发现能力调节力度
	CXNLLD	国防科技技术创新能力调节力度
	YYNLLD	国防科技工程化应用能力调节力度
	XG	国防科技发展效果
	CJ	差距
常数	QWXG	期望的国防科技发展效果

国防科技发展效果系统动力学流程图，如图 3-29 所示。

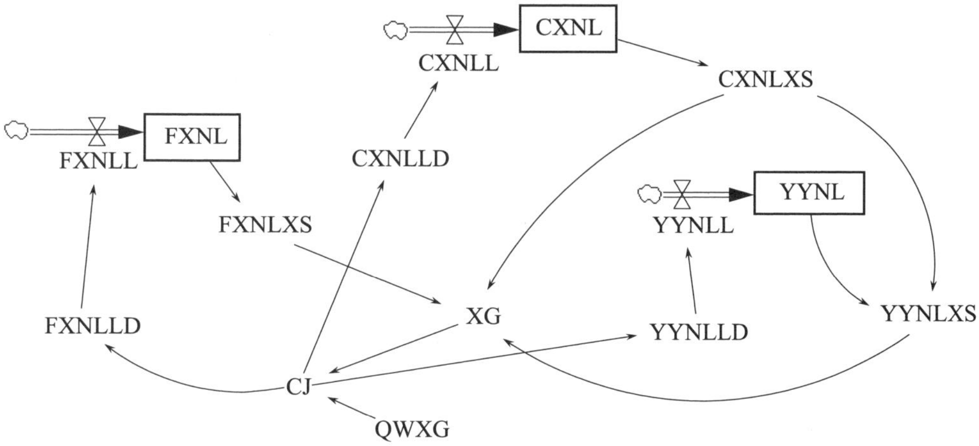

图 3-29　国防科技发展效果系统动力学流程图

3. 系统动力学参数方程

运用 Vensim PLE 软件对国防科技发展效果系统动力学方法进行仿真和模拟。建立的系统动力学参数方程如下（部分）：

CJ=IF THEN ELSE(XG<=1,QWXG-XG,0)。

FXNL=INTEG(FXNLL,A1)，A1 表示国防科技科学发现能力的初始值。

FXNLLD = WITH LOOKUP(CJ,([(0,0)-(1,1)],(0,0),(0.1,0.05),(0.4,0.35),(0.6,0.5),(0.7,0.65),(0.9,0.95)))。

FXNLL=IF THEN ELSE(FXNLLD<1,FXNLLD * 0.5,0)。

FXNLXS=WITH LOOKUP (FXNL,([(0,0)-(1,1)],(0,0),(0.2,0.1),(0.5,0.5),(0.7,0.65),(0.8,0.72),(0.9,0.78)))。

QWXG=1。

XG=FXNLXS * W1+CXNLXS * W2+YYNLXS * W3。W1 表示国防科技科学发现能力评估指标权重，W2 表示国防科技技术创新能力评估指标权重，W3 表示国防科技工程化应用能力评估指标权重。

4. 结果分析

假设某领域国防科技科学发现能力初始值为 0.2，技术创新能力初始评估值为 0.2，工程化应用能力初始评估值为 0.2；科学发现能力评估指标权重为 0.26，技术创新能力评估指标权重为 0.58，工程化应用能力评估指标权重为 0.16。通过仿真得到国防科技发展效果的动态变化情况，如图 3-30 所示。

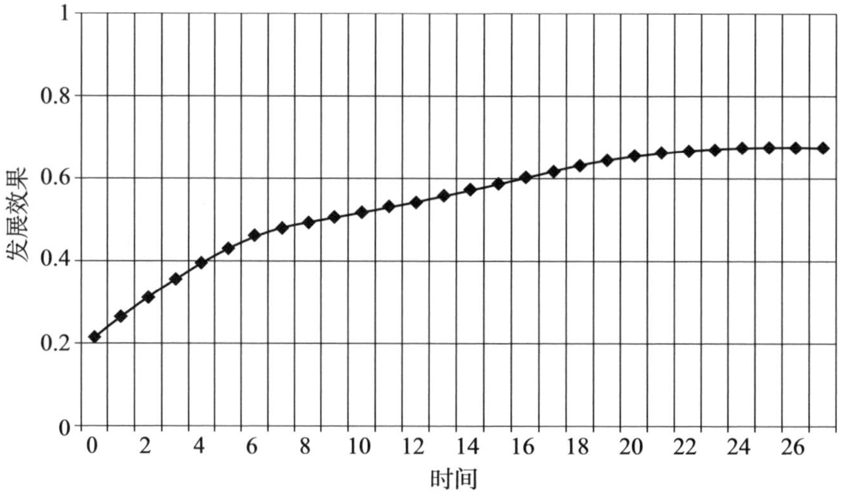

图 3-30　国防科技发展效果的动态变化情况

从图中可以看出，该领域国防科技发展效果在科学发现能力、技术创新能力、工程化应用能力的共同作用下，不断提升，逐步达到峰值，主要经历了三个阶段。第一阶段，快速增长阶段，在 8 个单位时间内，国防科技发展效果呈快速增长趋势；第二阶段，缓慢增长阶段，在 9 个单位时间至 20 个单位时间，由于该领域国防科技科学发现能力、技术创新能力、工程化应用能力发展受限，致使该领域国防科技发展效果保持缓慢增长；第三阶段，平稳阶段，20 个单位时间至 27 个单位时间，由于该领域国防科技科学发现能力、技术创新能力、工程化应用能力发展达到瓶颈，致使该领域国防科技发展效果保持稳定，最终达到峰值（0.67）。

下面分析国防科技科学发现能力、技术创新能力、工程化应用能力的灵敏度，即国防科技科学发现能力、技术创新能力、工程化应用能力对国防科技发展效果的“贡献”。国防科技要素和阶段灵敏度分析，如图 3-31 所示。

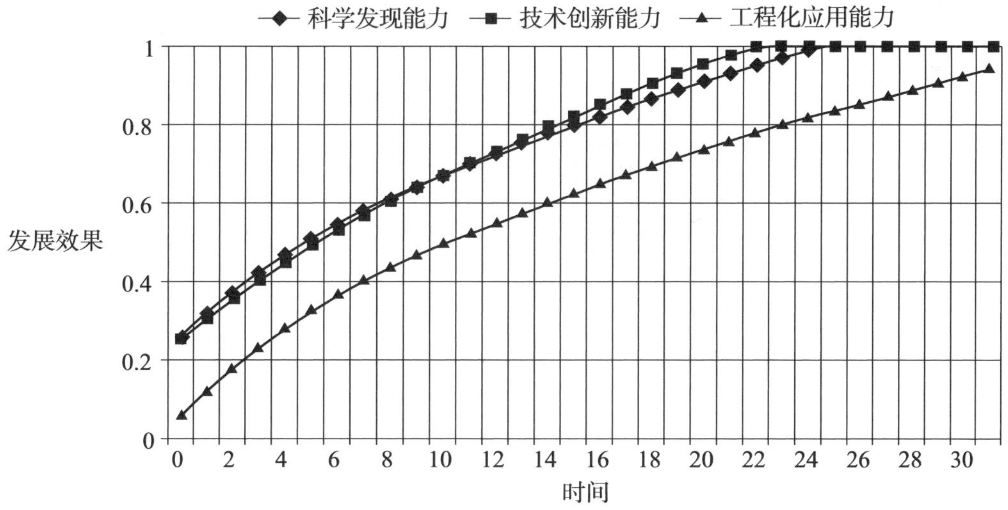

图 3-31　科学发现能力、技术创新能力、工程化应用能力的灵敏度分析

从图中可以看出，国防科技科学发现能力和技术创新能力在国防科技发展初期对效果影响较大，在后期影响较小。国防科技工程化应用能力对国防科技发展效果的影响呈稳步增长趋势，后期影响较大。

五、TOPSIS 法应用案例

（一）背景介绍

运用 TOPSIS 法邀请专家对某领域的 4 个技术进行国防科技评估。

（二）案例分析

专家按照科学发现能力、技术创新能力、工程化应用能力等 3 个评估指标，给出的 4 个技术评估结果，见表 3-16。

表 3-16 专家给出的评估结果

技术	科学发现能力 A	技术创新能力 B	工程化应用能力 C
技术 1	优(1)	优(1)	合格(0.6)
技术 2	合格(0.6)	合格(0.6)	优(1)
技术 3	优(1)	合格(0.6)	合格(0.6)
技术 4	合格(0.6)	优(1)	不合格(0.2)

1. 矩阵处理

按照归一化要求，根据式（3-91），计算得到的归一化后的专家评估结果，见表3-17。

表 3-17 评估对象归一化矩阵表

技术	科学发现能力 A	技术创新能力 B	工程化应用能力 C
技术 1	0.3125	0.3125	0.25
技术 2	0.1875	0.1875	0.42
技术 3	0.3125	0.1875	0.25
技术 4	0.1875	0.3125	0.083

已知科学发现能力评估指标权重为 0.26，技术创新能力评估指标权重为 0.58，工程化应用能力评估指标权重为 0.16，根据式（3-92），计算得到的加权标准化矩阵，见表 3-18。

表 3-18 加权标准化矩阵表

技术	科学发现能力 A	技术创新能力 B	工程化应用能力 C
技术 1	0.081	0.18	0.04
技术 2	0.049	0.11	0.067
技术 3	0.081	0.11	0.04
技术 4	0.049	0.18	0.013

2. 确定正理想解和负理想解

根据表 3-18 和式（3-93），计算得到 4 个技术的国防科技评估的正理想解和负理想解，见表 3-19。

表 3-19 正理想解和负理想解

评估指标	科学发现能力 A	技术创新能力 B	工程化应用能力 C
正理想解	0.081	0.18	0.67
负理想解	0.049	0.11	0.013

3. 计算距离

根据表 3-19，按照式（3-94），计算得到 4 个技术的距正理想解的距离，见表 3-20。

表 3-20 距正理想解的距离

技术	科学发现能力 A	技术创新能力 B	工程化应用能力 C	距正理想解的距离
技术 1	0	0	0.027	0.027
技术 2	0.032	0.07	0	0.077
技术 3	0	0.07	0.027	0.075
技术 4	0.032	0	0.054	0.063

根据表 3-19，按照式（3-95），计算得到 4 个技术的距负理想解的距离，见表 3-21。

表 3-21 距负理想解的距离

技术	科学发现能力 A	技术创新能力 B	工程化应用能力 C	距负理想解的距离
技术 1	0.032	0.07	0.027	0.082
技术 2	0	0	0.054	0.054
技术 3	0.032	0	0.027	0.042
技术 4	0	0.07	0	0.07

4. 计算相对贴近度

根据表 3-21，按照式（3-96），计算得到 4 个技术的理想解相对贴近度，见表 3-22。

表 3-22 相对贴近度计算结果

技术	正理想解	负理想解	贴近度
技术 1	0.027	0.082	0.75
技术 2	0.077	0.054	0.41
技术 3	0.075	0.042	0.34
技术 4	0.063	0.07	0.53

5. 计算结果

根据表 3-22，得到 4 个技术国防科技评估排序，将 C_i^* 由大到小进行降序排列。

$$C_1^* =0.75, C_2^* =0.41, C_3^* =0.34, C_4^* =0.53$$

由于 $C_3^* < C_2^* < C_4^* < C_1^*$，所以技术 3 < 技术 2 < 技术 4 < 技术 1。由此可知，由于技术 1 的科学发现能力和技术创新能力分值较高，所以其国防科技发展态势最好；由于技术 3 的技术创新能力和工程化应用能力分值一般，所以其国防科技发展态势较低。

参考文献

［1］ 鞠桂玲，杜健，孙炜海．评估理论及建模应用［M］．北京：北京理工大学出版社，2023.

［2］ 王立国，等．项目评估理论与实务［M］．5 版．北京：首都经济贸易大学出版社，2019.

［3］ 刘俊先，高岚岚，陈涛，等．体系评估理论与方法［M］．北京：科学出版社，2023.

［4］ 黄昱方，刘嫦娥．绩效管理与评估［M］．南京：南京大学出版社，2022.

［5］ 毛伟．创新发展的理论与评价［M］．杭州：浙江工商大学出版社，2020.

［6］ 孙利荣．动态综合评价方法的研究［M］．杭州：浙江工商大学出版社，2019.

［7］ 周桂，王航，彭敏俊．混合神经网络的核电站故障程度评估方法［J］．哈尔滨工程大学学报，2023，44（12）：2128-2134.

［8］ 陈力，杨方柳，冯彬，等．基于模糊综合评判的油库毁伤评估方法［J］．东南大学学报（自然科学版），2023，53（5）：794-802.

［9］ 李迎博，谭黎立，梁卓，等．一种基于灰色理论的制导系统评估方法研究［J］．计算机仿真，2023，40（9）：13-17，48.

［10］ 李静，张丽丽，杜润泽．层次分析法的建筑工程造价管理绩效评估方法［J］．建筑结构，2023，53（14）：190-191.

［11］ 李子豪，顾淑燕．基于熵值法的我国省级突发公共卫生事件应急能力评估研究［J］．医学与社会，2023，36（7）：46-51.

［12］ 智恺，苏鹏丽，刘骏，等．基于德尔菲法的中药人用经验评估核心指标研究［J］．中国新药杂志，2023，32（12）：1201-1205.

［13］ 骆正清，李梦可．基于 BP 神经网络法的科创板企业价值评估［J］．会计之友，2023（13）：19-26.

［14］ 马峰．基于灰色理论的船舶溢油风险评估方法［J］．舰船科学技术，2023，45（9）：75-78.

［15］ 喻谦花，霍继超，仝妍彦．基于支持向量机的开封市内涝评估模型研究［J］．灾害学，2023，38（3）：87-91，99.

［16］ 李蒙，王海峰，汪小勇，等．基于FMEA和模糊TOPSIS的波浪能发电装置风险评估方法［J］．船舶工程，2023，45（1）：6-16.
［17］ 杨耀鑫，杨永强，杨游，等．基于神经网络的结构震后快速损伤评估［J］．世界地震工程，2023，39（1）：49-58.
［18］ 张振，张以晨，张继权，等．基于熵权法和TOPSIS模型的城市韧性评估：以长春市为例［J］．灾害学，2023，38（1）：213-219.
［19］ 张振中．基于改进AHP-熵值法的地铁车站深基坑施工风险评估［J］．现代隧道技术，2022，59（S2）：13-21.
［20］ 陆绮荣，梁雅雯，丁昕．基于模糊综合层次分析法的城镇排水管道状况定量评估［J］．桂林理工大学学报，2023，43（3）：507-514.
［21］ 蔡青，关志军，赵若言．基于灰色模糊综合评价法的网络防御作战效能评估［J］．中国电子科学研究院学报，2022，17（10）：991-996.
［22］ 刘文辉，贺晓宇，罗二娟，等．基于双层支持向量机的污水处理系统健康状态评估［J］．科学技术与工程，2022，22（29）：13090-13095.
［23］ 刘方．基于加权求和法的城市地下管线普查综合质量评价［J］．新型工业化，2022，12（9）：108-110.
［24］ 王俊杰，焦柯，彭子祥．基于神经网络的建筑结构安全评估模型研究［J］．建筑科学与工程学报，2022，39（4）：174-182.
［25］ 方国华，陆洋洋，叶晓晶，等．基于改进物元分析法的岸线开发利用风险评估［J］．水利水电科技进展，2022，42（4）：1-6，20.
［26］ 蔡德雨，吴嘉莘，杨红娟．基于熵值法的云南少数民族地区农户生计能力评估［J］．昆明理工大学学报（自然科学版），2022，47（3）：172-183.
［27］ 杨敏慧，袁培炎，罗天烈，等．基于层次分析法评估长江上游宜宾段工业园区环境风险［J］．环境工程技术学报，2022，12（2）：624-632.
［28］ 陈致远，沈堤，任天威，等．基于群决策赋权TOPSIS的军航空域使用效能评估［J］．火力与指挥控制，2022，47（3）：56-61，68.
［29］ 周治国，马文浩，刘杰强，等．小卫星健康状态自主模糊综合评估方法［J］．电子与信息学报，2022，44（10）：3553-3565.
［30］ 李全根，周中良，张晓杰，等．基于综合集成赋权法和TOPSIS法的空中目标威胁评估［J］．电光与控制，2022，29（5）：39-42，47.
［31］ 郭盛杰，董欣，曾思育．基于数据包络分析的中国城镇污水处理厂综合效能评估

[J]. 给水排水，2021，57（10）：33-38.

[32] 陈娟，王晓昕. 基于层次分析法的农业用水水平评估［J］. 水电能源科学，2021，39（9）：50-53.

[33] 李海君，徐廷学. 基于组合赋权-改进灰色关联的导弹状态评估决策［J］. 现代防御技术，2021，49（4）：91-98，114.

[34] 陈娟，王晓昕. 层次分析法在工业用水水平评估中的运用［J］. 人民黄河，2021，43（S1）：50-53，56.

[35] 赵洪山，李静璇. 基于 PSR 和改进灰色 TOPSIS 的园区客户能效评估模型［J］. 中国电力，2022，55（3）：203-212.

[36] 郭清，常偎宇. 基于模糊综合评价法的地块海绵城市建设效果评估［J］. 给水排水，2021，57（S1）：167-171.

[37] 张军涛，李尚生，王旭坤. 基于灰色关联-模糊综合评判的雷达抗干扰性能评估方法［J］. 系统工程与电子技术，2021，43（6）：1557-1563.

[38] 王刚，周华任，刘炳男，等. 基于 AHP-熵值法的摩托化机动演训效果评估［J］. 火力与指挥控制，2020，45（11）：130-135.

[39] 潘星，左督军，张跃东. 基于系统动力学的装备体系贡献率评估方法［J］. 系统工程与电子技术，2021，43（1）：112-120.

[40] 谢文静，鲍新中，张楠. 基于粗糙集理论的专利价值评估及其实证研究［J］. 情报杂志，2020，39（8）：76-81.

[41] 崔利杰，曹志远，陈浩然，等. 基于物元分析法的航空事故应急预案评估方法［J］. 火力与指挥控制，2020，45（4）：115-119，124.

[42] 黄迎春，牟鑫明. 指挥信息系统应用层攻击效能模糊综合评估方法［J］. 兵工学报，2020，41（5）：932-940.

[43] 李志强，袁婷玉，孙涛，等. 基于模糊综合评价法的包装方案评估［J］. 包装工程，2019，40（23）：189-195.

[44] 吴鹏，夏海波，吴建军，等. 基于模糊 Petri 网的易流态化货物海上运输风险评估［J］. 上海海事大学学报，2019，40（3）：63-68.

[45] 王亮，卢湛夷，李卓禹. 基于粗糙集和证据理论的设备状态评估方法［J］. 系统工程与电子技术，2020，42（1）：141-147.

[46] 刘潇雅，王应明. 基于支持向量机集成的个人信用评估研究［J］. 计算机工程与应用，2020，56（14）：272-278.

[47] 王双，李志平，辛倩，等. 模糊综合评价法的整体安全评估 [J]. 现代电子技术，2019，42（11）：82-86.

[48] 狄靖月，徐辉，许凤雯，等. 基于逆推法和德尔菲法的地质灾害气象服务效益评估 [J]. 气象，2019，45（5）：705-712.

[49] 宁鹏飞. 基于数据包络分析法的快递废弃包装循环再利用效率评估 [J]. 科学技术与工程，2019，19（4）：173-178.

[50] 林春荣，杨晓英. 基于熵值法和序关系分析法的产品质量评估 [J]. 组合机床与自动化加工技术，2018（10）：156-160.

[51] 武永乐，刘铁林，李三群，等. 基于模糊综合评判的武器装备体系运用风险评估 [J]. 火力与指挥控制，2018，43（10）：74-78，82.

[52] 张宝，孙金海. 基于德尔菲法的办公室工作者静态行为评估体系构建 [J]. 环境与职业医学，2018，35（5）：434-437.

[53] 陆秋琴，王雪林. 基于模糊 Petri 网的气象灾害应急能力评估 [J]. 河南理工大学学报（自然科学版），2018，37（3）：32-37.

[54] 唐振鹏，黄双双，陈尾虹. 基于支持向量机的银行系统重要性评估研究 [J]. 系统科学与数学，2018，38（1）：57-77.

[55] 王广泽，杨桂芝，胡楠楠，等. 证据推理方法在供应商评估中的应用 [J]. 哈尔滨理工大学学报，2017，22（6）：76-81.

[56] 周志杰，刘涛源，李方志，等. 一种基于证据推理的装备保障资源评估方法 [J]. 控制与决策，2018，33（6）：1048-1054.

[57] 班丽丽，纪二娟. 支持向量机的远程教学质量评估模型 [J]. 现代电子技术，2017，40（13）：126-129.

[58] 丛瑞雪. 基于多分类支持向量机的评估模型研究 [J]. 数学的实践与认识，2017，47（1）：291-296.

[59] 樊巧利，王建忠，王斌，等. 系统动力学应用于收益法评估的探讨 [J]. 黑龙江畜牧兽医，2016（20）：53-55.

[60] 杨满，汪传旭，徐朗. 基于加权求和算法的多目标订货决策模型 [J]. 工业工程，2016，19（5）：138-145.

[61] 郭保平，程建. 基于云物元分析法的军事云计算安全评估研究 [J]. 微电子学与计算机，2016，33（7）：49-53.

[62] 柴鹏飞，孙雅娟，沈可，等. 基于数据包络分析的电能质量综合评估方法研究

［J］. 电测与仪表，2016，53（4）：124-128.

［63］ 刘鑫蕊，付倩，孙秋野，等 . 直觉模糊粗糙集理论在电网灾害评估中的应用［J］. 中国电机工程学报，2015，35（22）：5692-5702.

［64］ 曹翊天，李彦彬，吴振亚，等 . 基于灰色物元分析法的导弹装备采办风险评估［J］. 火力与指挥控制，2015，40（10）：129-132.

［65］ 罗爱静，罗京亚，谢文照，等 . 基于加权求和法的我国中药知识产权现状分析［J］. 中草药，2015，46（9）：1405-1409.

［66］ 罗庆，丁震，徐正龙，等 . 德尔菲法在国家卫生镇效果评估指标体系中的应用［J］. 环境卫生学杂志，2013，3（4）：364-368.

［67］ 高翔，祝跃飞，刘胜利，等 . 基于模糊 Petri 网的网络风险评估模型［J］. 通信学报，2013，34（S1）：126-132.

［68］ 李婳，许晓东 . 基于数据包络分析的省级电子政务绩效评估研究［J］. 现代情报，2013，33（8）：73-78，97.

［69］ 张洪涛，朱卫东，王慧，等 . 多维框架证据推理的科研项目立项评估方法［J］. 科研管理，2013，34（6）：122-128.

［70］ 曹萍，陈福集 . 基于证据推理的软件项目投标风险评估［J］. 科研管理，2012，33（7）：106-111，128.

［71］ 苏汉民，张勇，王章龙 . 基于系统动力学方法的毁伤效率评估［J］. 系统工程理论与实践，2008，28（12）：166-169.

第四章　国防科技评估指标体系

本章首先从科技评估指标的类型、类型特征的概念谈起，进一步阐述了设定国防科技评估指标体系的一般步骤，以及常用的方法，包括德尔菲法、案例分析法、头脑风暴法等，最后，设计了综合评价指标和单项评价指标案例，并就典型领域科技发展评估指标体系给出示例。

第一节 国防科技评估指标类型

科技评估是指将科技研究作为评估客体，将科研机构、人才与科研成果作为其主要评估对象的活动。国防科技评估指标类型上，从评估指标的性质来看，可分为定量指标与定性指标，或分为静态指标与趋势指标；从评估内容涉及的科研要素来看，也可分为科技人才、科研资金、设备、科研成果等要素指标。

一、按照指标性质划分

（一）定量指标与定性指标

国防科技评估指标从性质上可分为定量指标与定性指标两大类。

1. 定量指标

定量指标是指可以准确数量定义、精确衡量并能设定国防科技目标的考核指标。定量指标以数值来刻画，可以测量、计算，通常不受人的主观因素影响，在测量方法科学的前提下，能够较好地反映客观情况。

定量指标的五要素包括：指标定义、计算方法、数据来源、指标量纲、指标极性。其中，指标定义是对指标的详细解释及如何计算的说明；计算方法是如何计算出指标值的方法步骤和计算公式；数据来源指计算指标值的数据来自何处，统计口径是否一致等；指标量纲是指标的单位，例如万元/年、万人等，在指标计算过程中要注意量纲的统一；指标极性一般分为正向指标（越大越好）、逆向指标（越小越好），以及适度指标（越接近某个值越好）。如果定量指标与评价目标的方向一致，则越大越好，否则，则越小越好，例如技术指标落后时间；五要素的合理设计对于定量指标的有效性是非常关键的，尤其需要注意指标定义与计算方法之间、指标极性和评价目标之间的紧密程度。此外，要选择合适的评价方法，以使考核结果公正、公平，实现有效激励。

有效的定量指标必须满足以下四个前提条件：

一是定量指标可以明确定义、精确衡量，数据信息准确、可靠并且获取成本有限；

二是定量指标一定要符合国防科技发展战略导向；

三是定量指标的目标值确定要科学、合理，充分考虑内部条件、外部环境等多方面因素；

四是定量指标的完成不会降低国防科技发展质量，如果以质量的降低来满足数量的要求，对国防科技的损害将是长期和深远的。例如片面强调SCI、ESI等引文指数的发文数量，而忽略了知识和技术对我国国防战斗力的形成的贡献，势必导致国防科技研发水平的降低。

定量指标还可分为绝对量指标和相对量指标，绝对量指标就是以直接观测或者测量出来的数量作为指标值，不与其他对比；相对量指标是将观测出来的数量与其他量做对比之后得出数值作为该指标的指标值，例如与去年同期的数据相对比的同比指标等。

国防科技评估的定量指标主要围绕国防科技投入、国防科技产出与成果转化、自主创新能力三个方面。例如，国防科技投入方面包括，R&D投入强度（%）、R&D人员占比（%）、R&D人员人均课题数（项/人）、R&D人员人均经费（万元/人）等；国防科技产出方面包括，科技专利批准强度［件/（人·年）］等；自主创新能力方面包括，高级科研人员占技术人员的比重、专利申请数量占全国专利申请数量的比重、政府扶持占R&D经费的比重等。由于国防领域的敏感性与特殊性，部分成果转化信息无法向社会披露，这也给国防科技评估带来困难。

2. 定性指标

定性指标是指不能直接量化而需通过其他途径实现量化的评估指标。定性指标通常无法直接测量，需要通过专家的观察和认识，进而对程度做出判断，其缺点是容易带进评估者的主观因素，由于定性指标的区分度和信度较差，可能影响到评估的客观性。

定性指标的五要素包括指标定义、评价标准、评价证据、赋值表述、评价者要求。

指标定义是对指标概念的具体而明确的阐述，指标定义是评价专家准确理解和把握评价目标、赋分尺度的重要基础，指标定义应清晰明了，不容易导致专家的误解。

评价标准，与定量指标不同的是，定性指标的评价目标通常是描述性的而非精确的数字，在设置定性指标时，需要制定明确具体的评价标准，使得定性指标的考核尽量客观公正、易于操作。评价标准一般应包括评价该指标应当考虑到的评价维度，各个评价维度上，达到不同范围上的建议的评价等级等，例如“科研管理水平”指标，可提示从科研项目立项、中期、验收、成果管理等环节，考察相应文件制定的数量和质量，并给出建议的评价等级。

评价证据是指专家为某项定性指标赋值时，采用的案例、观察现象等支撑性材料；评价证据可以作为评价专家对定性指标赋值的提醒。

赋值表述是对定性指标得分的描述形式。赋值表述可以分为量化表述和模糊表述，量化表述如设定 1~7 级分值，十分制或者百分制等；模糊表述例如采用“非常好、较好、一般、较差、非常差”等。如果在指标体系中，既有定量指标，也有定性指标，为了后期综合得分的计算，一般会采用定性指标量化赋分的形式。需要提醒的是，即便是定性指标的量化赋分，其实质依然是定性指标，不是定量指标。

评价者要求是指对为定性指标赋分的评价者的相关经验、资质提出的最低标准。例如在国防科技评估中，评价者需要参与国防科研项目的实际经验，了解和掌握国防相关专业技术领域的实际动向等。

国防科技评估的定性指标涉及科研人员的专业知识水平、解决问题能力和科研经验，科研项目的完成情况、完成质量和项目管理水平，科研队伍的质量和科研竞争力，军政素养、科研态度和学术道德等。

（二）静态指标与趋势指标

国防科技评估指标从性质上还可分为静态指标与趋势指标。

静态指标是指在某一时期内或时点上，在一定空间范围内，按统一口径计算出来的统计指标，是观测时点的指标值，反映系统在某个时刻的该指标属性上的状态。现有静态指标如论文数量、专利数量、专家数量、科研经费投入规模、成果转化率等。静态指标只能反映出国防科技在某一时刻的情况，难以评估其未来发展。

趋势指标应当反映系统在某一属性上的未来发展方向，以及可能的状态。趋势指标一般无量纲，并且有时间范围限制。常用的趋势指标包括同比、环比、定基比等。

同比一般情况下是指今年第 n 月与去年第 n 月之比。同比发展速度主要是为了消除季节变动的影响，用以说明本期发展水平与去年同期发展水平对比而达到的相对发展速度。在实际工作中，经常使用如某年、某季、某月与上年同期对比计算的发展速度。同比发展速度与同比增长速度的计算公式如下：

同比发展速度=本期发展水平/去年同期发展水平×100%；

同比增长速度=（本期发展水平-去年同期发展水平）/去年同期发展水平×100%。

环比是表示连续两个统计周期（如连续的两个月）内的统计量的变化比。环比发展速度是报告期水平与前一时期水平之比，表明现象逐期的发展速度，反映现象在前后两期的发展变化情况。环比发展速度与环比增长速度的计算公式如下：

环比发展速度＝本期数/上期数×100%；

环比增长速度＝（本期数-上期数）/上期数×100%。

定基比发展速度也叫总速度，是报告期水平与某一固定时期水平之比，表明这种现象在较长时期内总的发展速度。定基比是环比指数的乘积。

二、按照系统要素类型来划分

所谓系统是指由一些相互关联、相互作用、相互影响的组织部分构成并具有某些功能的整体。在科学技术进入指数发展时代的背景下，国防科技“协同创新”成为最具活力、最具潜力且能代表当前发展趋势的组织形式，其概念是指创新资源和要素有效汇聚，通过突破创新主体间的壁垒，充分释放彼此间“人才、资本、信息、技术”等创新活力而实现深度合作。按照国防科技创新生态系统要素类型，可将国防科技评估指标分为投入指标和产出指标，其中，投入指标又可进一步划分为人力指标、资金指标、政策指标、设施设备指标，产出指标可根据具体的产出物形式进行细分。

（一）投入指标

1. 人力指标

人力资源是科学研究活动的核心要素，人力指标包括质量指标、规模指标和结构指标。人力指标既有定性指标，如专业水平，又有定量指标，如人才规模；既有静态指标，如人才规模在某个时间点上的状态值，又有趋势指标，如人才规模的同比、环比发展速度、增长速度等。此外，根据所从事工作的性质，可将国防科技人才分为科技管理人才和科技研发人才，其中，科技管理人才又可细分为人事管理人才、项目管理人才、后勤管理人才，科技研发人才又可细分为研究型人才、工程实践型人才和技能型人才。

2. 资金指标

科学研究活动需要大量的资金投入，即科研经费投入，其规模在一定程度上反映了一个国家或地区的科技水平、创新能力以及经济增长的潜力。科研经费投入指标一般包括经费规模、投入强度、资金投入结构等，例如“十三五”以来，我国全社会研发投入从 2015 年的 1.42 万亿元增长到 2020 年的 2.4 万亿元左右，研发投入强度 2020 年达到 2.4%左右，其中基础研究经费比 2015 年增长近一倍，2020 年超过 1500 亿元。

资金投入结构上又可分为基础研究经费和应用研究经费等。

3. 政策指标

科技政策是政府宏观调控科研活动的一种主要手段，对科学研究活动具有导向性作用，它指引并规范着科研活动的内容，推动科研活动在国防重点领域的积极开展，促进、带动国防科技的发展。通过制定合理的国防科技政策，如国防科技人才、资金、创新、成果转化等方面的政策，能够使科研资源得到合理配置，推动国防科技的全面发展，最大程度地提升国防科技水平。政策指标包括政策数量、政策性质（比如法律、法规、规章制度、规划、指导意见等），以及政策结构（如主管部门分布、覆盖领域分布、年度分布）等。

4. 设施设备指标

设施设备指标是指专业设施设备的投入规模，例如超级计算的计算能力，重大科研基础设施的建设规模等。

（二）产出指标

科技产出是科技投入及相关活动所产生的结果，产出类型包括技术、产品、知识，表现形式有论文、科技著作、科技报告、软件著作权、专利、设备等。产出指标一般包括产出数量、产出质量、产出成本、产出时效、产出潜力，其中，产出潜力是指各种表现形式的产出的增幅。

科技论文及著作是对研究成果、生产研发技术经验和知识的总结，在一定程度上可以反映出科技水平、研究动态和知识水平的发展程度。科技论文指标包括论文数量，以及论文质量，其中，论文数量包括论文总数、国外发表论文数量等，关于论文质量，可参考是否被国际公认的三大权威检索工具——科学引文索引（SCI）、工程索引（EI）和科技会议录索引（ISTP，现 CPCI-S）收录。科技著作指标主要采用著作数量。

科技报告是在科研活动的各个阶段，由科技人员按照有关规定和格式撰写的，以积累、传播和交流为目的，能完整而真实地反映其所从事科研活动的技术内容和经验的特种文献。它具有内容广泛、翔实、具体、完整，技术含量高，实用意义大，而且便于交流，时效性好等其他文献类型所无法相比的特点和优势。做好科技报告工作可以提高科研起点，大量减少科研工作的重复劳动，节省科研投入，加速科学技术转化为生产力。按科技报告反映的研究阶段，大致可分为两大类：一类是研究过程中的报告，如：现状报告、预备报告、中间报告、进展报告、非正式报告；另一类是研究工作结束时的报告，如：总结报告、终结报告、试验结果报告、竣工报告、正式报告、公开报告等。按报告的使用范围可划分为：绝密报告、机密报告、秘密报告、非密限制发行报告、非密报告、解密报告等。我国国防科技报告制度建设起步较早，目前已形成了规范化的管理机制。科技报告指标主要包括报告数量，以及报告结构。

软件著作权是指软件的开发者或者其他权利人依据有关著作权法律的规定，对于软件作品所享有的各项专有权利。软件经过登记后，软件著作权人享有发表权、开发者身份权、使用权、使用许可权和获得报酬权。软件著作权指标主要包括数量、质量、结构、价值。软件著作权数量通常是指一定统计周期内完成计算机软件著作权登记的件数。软件著作权质量是指软件是否实现了需求规格说明书提到的所有功能，是否达到了系统的性能要求，是否足够健壮能够抵御一般的安全性攻击，是否适应用户环境等。

专利是指为了保护、鼓励发明创造，推动科学技术进步和经济发展，法律授予发明创造者的一种独占性的知识产权。专利可以分为三种类型，包括发明专利、外观设计和实用新型，分别衡量申请专利的知识含量、技术含量和应用创新水平情况。发明专利科技含量最高，是新产品和新工艺的核心，能够在很大程度上反映技术开发能力和核心竞争力。专利指标包括专利数量、专利分布、专利价值、专利密度。其中，专利数量可细分为申请数、授权数；专利分布包括专利类型的分布、申请机构的分布等；专利价值包括专利所有权转让及许可数、专利所有权转让及许可收入等；专利密度可采用每万人专利申请量、每万人专利授权量、每百亿元国内生产总值专利申请量、每百亿元国内生产总值专利授权量等指标。

以上产出类型指标为通用领域常规指标，在国防科技评估中，产出类型指标还应当考虑从形成战斗力的角度出发，按照有形与无形产出来划分，可划分为新军事思想、新型作战概念等无形产出，以及新武器、新装备的有形产出。

第二节 国防科技评估指标设计原则

从科学性、系统性、完备性、独立性、可观测等一般指标设计的原则，结合国防科技评估目的的特征，阐述指标设计原则。

一般的科技评估体系的构建需要遵循相关原则，国防科技评估体系也不例外。在构建国防科技评价指标体系的过程中，常见的需要遵循的原则有科学性原则、系统性原则、完备性原则、独立性原则、可观测原则。

一、科学性原则

所谓科学性原则是指评价维度要反映国防科技自身的科学规律，选择的评价维度必须影响国防科技评估目标的关键因素；指标设定过程必须在决策科学理论的指导下，遵循科学决策的程序。科学性原则是指标设定的首要原则，只有指标体系充分反映影响国防科技工业发展的因素，才能够得出科学的综合评价结果。

二、系统性原则

系统性原则是管理学术语，现代管理理论认为组织是一个开放的社会技术系统，不仅包括组织结构和技术的因素，而且包括管理、心理和社会方面的因素。所谓系统性原则就是将评价对象视为一个相互联系、相互影响的要素结合，任何一个评价目标的实现，都是这些要素相互作用的结果。国防科技评估是一个系统工程，自上而下涉及国防科技领域相关的政府和军队主管部门、大专院校、研究院所、军工企业及其专家或科技人员等隶属不同单位、不同利益取向的主体，统筹实施难度大、任务重。所以，要围绕评价目标，从系统的角度，全面综合反映被评价对象的整体情况。

三、完备性原则

完备性是指在数学及其相关领域中，一个对象不需要添加任何其他元素，这个对象也可称为完备的或完全的。在不同领域，完备性有不同的含义。在国防科技领域中是指：技术标准、工艺规范、操作指南等技术文件齐全、准确、规范的程度，以及与国际标准的吻合程度，具备的推广基础等。

四、独立性原则

独立性原则在很多方面都有不同的含义，从国防科技评估角度来说，在建立评估指标体系的过程中，应使各项指标因素与选用标准和评价目标始终保持一致，并尽量使各项评估指标既相互独立又涵盖总体，力求减少各单个指标之间的相关程度，以压缩冗余，提高综合评价的科学性。

五、可观测原则

可观测原则是指对国防科技体系进行评价过程中，指标的选取应能反映国防科技体系能力的各个方面，指标应概念正确、边界清楚、含义清晰、可测量，指标系统应具有相对的稳定性，以便于用一个共同的比较合理的标准，对不同的国防科技体系方案进行评价，使之具备可观测性和可操作性。

第三节 国防科技评估指标设置方法

本节根据评估指标设计原则，阐述设计指标的一般步骤，结合步骤需要，提出常用的定性和定量方法，最后，给出几个常用的指标体系示例。

一、指标设置的一般步骤

（一）明确评估目的

国防科技评估是一项系统性工程，在建立国防科技评估体系之前需要明确国防科技评估的目的是什么，明确国防科技评估的目的才能确定国防科技评估指标的选取的方向，继而建立合适的国防科技评估指标体系。关于国防科技评估的目的，大体可以总结为以下三点：

一是评估国防科技发展水平，该目的更多关注国防科技的产出成果规模，支撑国防科技发展水平的国际比较，支撑国防科技发展水平的纵向比较，为制定国防科技发展政策、国防科技发展规划提供决策支撑。

二是评估国防科研创新能力，该目的更多关注国防科技创新效率，支撑国防科技创新效率的国际比较，国防科技机构科研能力评比，为制定国防科技投入政策，设计国防科研计划组织模式提供决策支撑。

三是评估国防科技发展实力，该目的为前两者的综合，从产出规模、产出效率、投入能力等方面，全面系统地反映国防科技的综合实力。支撑国防科技国际比较，支撑国防科技水平发展趋势研判，为国家国防科技政策制定，军民融合战略实施，提供决策支撑。

（二）明确评估目的的影响因素

明确影响国防科技评估目的的因素，是选取国防科技评估指标的基础工作。评估目的设定后，要从国防科技体系运行机理出发，系统分析影响因素。一般而言，国防科技体系依然符合科技体系运行的一般规律，其发展水平、创新能力，或者发展实力，均是这个体系中的各个组成部分，相互作用的结果，可以概括为投入要素、产出要素、管理要素，以及相关配套产业要素。

投入要素一般包括国防科技人才、国防科研资金、重大科研基础设施和设备。产出要素包括科研成果、国防科技转移、国防科技人才等。管理要素包括国防科技管理体制，国防科技计划、规划、法律，以及相关管理制度等。相关配套产业要素包括围绕国防科技核心工作的制造业配套、基础理论研究、国家高等教育体系等。

（三）建立刻画影响因素属性的指标

数量和质量是刻画人、财、物三类投入要素的一般维度。人才要素主要从规模、质量和结构等三个维度来刻画，主要有人员数量、领军人才的占比、不同技术水平的比例结构、相关研究领域的比例结构等。资金要素主要从资金投入数量、资金投入的强度，以及投入科研方向的结构等维度来刻画。重大科研基础设施和设备主要从设施先进程度、学科布局，以及基础设施配套产业链的安全程度等维度来刻画。

同样，数量和质量在刻画产出要素中同样重要。科技成果一般包括基础理论重大突破、重大技术突破、军事思想创新、作战概念和战法创新等，表现形式有科研论文、发明专利、军事标准等；科技转移表现为科研成果转化为新型装备；同时，培养出来的国防科技人才也是重要产出形式。常用来衡量人才培养这一因素的指标有人才的规模数量、人才的职称、人才的结构、人才的专业领域等。常用来衡量国防科技产出的指标，在知识层面往往有论文的数量、专著的数量等；在技术层面，往往有武器装备的列装情况、专利的数量、武器出售的收入等。

一般采用制度的完备性、先进性来刻画管理要素。近几年来，中央也制定了多项国防科技发展政策来支持我国国防科技的发展，如《国防法》《政府采购法》《武器装备科研生产许可管理条例》等。这些相关政策与制度在一定程度上为我国国防科技发展提供了制度保障，但仍然需要不断改革和优化。除了上述影响因素之外，国防科技创新文化也影响着我国国防科技评估指标的选取。国防科技创新文化往往决定着一个国家的科技创新环境，良好的创新文化环境有利于开展创新活动，为创新活动提供文化上的支撑。

国防科技实力同样离不开国家整体工业和科技发展水平，与国防科技相关的制造业整体的先进性和完备性，基础理论研究的先进性和发展水平，国家高等教育体系的发达水平等，均会深刻地影响国防科技实力。

（四）评估指标构建质量，确定评估指标体系

指标体系构建后，逐一对指标的定义、计算方法、数据来源、评价标准、执行人员要求等进行详细说明。

指标体系构建之后，要从科学性、完备性、独立性、可观测等方面评估指标体系的质量，对指标体系进行调整和完善。

二、常用方法

（一）德尔菲法

德尔菲法是一种采用通信方式分别将所需解决的问题单独发到各个专家手中，征询意见，然后回收汇总全部专家意见，并整理出综合意见。随后将该综合意见和预测问题再分别反馈给专家，再次征询意见，各专家根据综合意见修改自己原有意见，然后再汇总，这样多次反复，逐步取得比较一致的预测结果的决策方法。主要步骤为：

1. 问卷设计

根据初步设计的指标体系，设计问卷的问题。调查问卷的设计必须坚持“全面、简洁、准确、可行”原则。“全面”指问卷问题设计之前要有完整的逻辑分析框架并且紧扣国防科技发展现状，从整体上考虑调查问卷中的问题以及问题之间的逻辑性。“简洁”指问卷问题设计应该在满足调查需要的情况下，选择尽可能少的问题。“准确”指问卷问题设计必须用词明确，避免专家判断时产生歧义，确保调查质量。“可行”指问卷问题设计必须保证能够准确描述被调查问题，并且易于统计。

问卷一般包括两大部分，一是专家的基本情况；二是调研问题。调研问题部分又根据国防科技发展影响因素的数量，相应地划分为多个模块；每个模块均包括刻画该影响因素属性的全部指标。

2. 专家遴选

根据结构合理原则、专家数量原则与随机原则，确定参与国防科技评估指标体系构建的专家名单。

结构合理原则是指专家背景组成结构要合理，即专家的选择要充分考虑其背景的多样性，尽量选择国防科技领域的专家，也要兼顾其他领域的军事专家，从而为国防科技评估指标选取给予多角度的看法和观点；其次，专家年龄结构要合理，兼顾知识的快速更新、专家经验积累，以及专家的精力问题，合理选择专家，使不同年龄段专家人数保持适当比例。

专家数量原则是指选取的专家数量要合适，既不能太多也不能太少。有研究表明，当专家人数达到15人规模后，随着人数的增加，对结果精度的提升作用已经不明显，因此专家人数在15人左右为宜。

随机原则是指参与国防科技评估指标体系构建的专家一般应根据国防科技成果的特点和评估指标的要求，从研究机构的咨询委员会或专业组等专家库中随机遴选。

3. 问卷发放

选择合适的方式，将问卷发放给专家进行评判。由于专家组成员之间存在身份和地位上的差别以及其他社会原因，有可能使其中一些人因不愿批评或否定其他人的观点而放弃自己的合理主张。为防止这类问题的出现，应避免专家们面对面的集体讨论，而是由专家单独提出意见，因此，可用的问卷发放形式主要为：邮件方式与面对面访谈方式。

组织者将设计好的问卷通过邮件或者面对面访谈的形式分别发放给各位专家，根据科学性、系统性、完备性、独立性、可观测原则，请专家就问卷所列影响因素是否为影响国防科技水平的主要因素进行评判。保留合理因素，对不合理因素进行修改、删除，补充自己认为缺少的因素，并列出刻画该因素属性的指标。之后，对于保留下来的影响因素，专家需要判断对应模块的指标是否可以较好地刻画该因素的属性。保留合理的指标，对不合理的指标进行修改、删除，补充自己认为缺少的指标。此外，专家还要说明自己做出判断的主要理由。

4. 问卷回收

回收专家填写的问卷，并对问卷结果进行整理。很多专家的主要视野大都局限在自己的专业范围内，对国防科技水平的整体情况了解不足。许多专家为保障所填内容的准确性，仅对自己熟悉领域的问题进行评判，这是一种负责任的态度，所填信息具有较高的可信度。对于此类情况，不能将其视为无效问卷，而应将专家意见作为相关条目的有效选项予以考虑。

根据专家评判结果，补充新的影响因素与评估指标，但不剔除专家认为可以剔除的影响因素与评估指标（若所有专家一致认为某影响因素或评估指标需要剔除，则将其剔除），归并同类影响因素与评估指标，用准确术语总结出新的评估指标体系。此外，组织者还要对每个专家关于每个影响因素、评估指标的评判结果及判断理由进行整理、汇总。

5. 结果反馈，开展下一轮调查

将根据第一轮问卷结果整理得到的新评估指标体系，每位专家对每个影响因素、评估指标的评判结果及判断理由反馈给所有专家。请所有专家结合其他专家的意见，再次做出自己的评判，并注明做出判断的主要理由。

再次回收问卷，统计专家意见，若专家意见与上一轮不同，则重复第三步、第四步，直到专家意见与上一轮相同为止。若专家意见与上一轮相同，专家意见收集过程在此轮结束。针对每个影响因素与评估指标，整理并计算专家同意保留该影响因素与评估指标的比例，若同意保留的比例超过一定阈值，则保留该指标；若同意保留的比例低于一定阈值，则剔除该指标，形成最终的国防科技评估指标体系。

（二）文献分析法

文献分析法是指通过对收集到的某方面的文献资料进行研究，以探明研究对象的性质和状况，并从中引出自己观点的分析方法。文献分析法构建国防科技评估指标体系，可以超越时间、空间限制，还可以避免口头调查可能出现的种种记录误差，是一种非常方便、自由、安全的分析方法。具体步骤如下：

1. 相关文献检索

检索相关文献的方式包括直接搜索、间接搜索两种。直接搜索是指以“国防科技评估指标体系”“科技评价指标体系”“科技评估指标体系”等为关键词，在知网、web of science 等平台进行检索；间接搜索是对直接搜索结果的拓展和补充，它是指通过对直接搜索得到文献的参考文献进行浏览，筛选得到与“国防科技评估指标体系”相关的文献。

除了对公开发表的论文进行检索，还可以对现有相关研究报告进行整理、阅读，找出其中的有用信息。

2. 文献筛选

阅读文献的摘要、结论部分，对文献进行初步筛选。阅读文献的摘要、结论等关键信息，了解每篇文献的评估时间、评估目的、评估对象，结合目前的国内外国防科技发展环境、国家政策、国防科技发展趋势等，筛选出评估时间接近、评估目的相似、评估对象类似的文献。

3. 评估指标统计

精读筛选出的文献，统计其评估指标。仔细阅读第二步筛选出的文献，整理文献评估指标体系中各指标定义，汇总成表（如表 4-1 所示），对同一指标在不同文献中的定义进行比较分析，并且统计不同指标出现的频次。

表 4-1　文献计量表格

指标	指标 1	指标 2	指标…	指标 n
文章 1	定义	定义	/	/
文章 2	/	定义	定义	/
文章…	/	定义	定义	定义
文章 m	/	定义	定义	定义
合计				

4. 国防科技评估指标体系构建

根据对现有文献中评估指标的分析，构建国防科技评估指标体系。基于表 4-1 对现有文献中评估指标的分析、汇总，设置合理的频次标准，将出现次数达到频次标准的指标纳入国防科技评估指标体系中。

通过对表 4-1 中各指标定义的分析，结合国防科技评估目的、国防科技发展的自身特征等，明确每个指标的具体含义，构建出国防科技评估指标体系。

（三）头脑风暴法

“头脑风暴法”又称为“智力激励法”，是一种激发思维的方法。采用头脑风暴法构建国防科技评估指标体系时，要集中有关专家召开专题会议，主持者明确提出构建国防科技评估指标体系的目的，说明会议的规则，尽力创造融洽、轻松的会议氛围。会议过程中，专家们“自由”提出尽可能多的指标体系方案，主持者不发表意见，以免影响会议的自由气氛。具体流程包括：

1. 议题确定

为了便于专家们在合理的范围内自由提出方案，避免时间的浪费，需要首先明确会议要解决的问题。此次会议的目标是“构建国防科技评估指标体系”，具体可分为两个阶段，第一阶段的议题是明确影响国防科技发展的因素，第二阶段的议题是明确刻画影响因素属性的指标。

2. 专家遴选

根据结构合理原则、专家数量原则与随机原则，确定参与国防科技评估指标体系构建的专家名单。

3. 会前准备

为了使头脑风暴会议的效率较高，效果较好，需要选择恰当的会议形式，做好会前准备。统计各位专家的时间安排，协调、明确会议召开的具体时间。会议形式包括：线下会议、线上语音会议、线上视频会议等。其中，线上会议可以减少专家被其他权威专家影响的可能，保证参加者不受限制，放松思想，从不同角度、不同层次、不同方位大胆地展开想象，尽可能地标新立异，与众不同，提出独创性的想法。会前准备时，还需要收集一些国防科技发展的相关资料给专家参考，以便与会专家提前了解与议题有关的背景材料和外界动态。

4. 会议召开

召开会议时，要推定 1 名主持人，1～2 名记录员。主持人的作用是在头脑风暴会议开始时重申讨论的议题，在会议进程中启发引导，掌握进程。如通报会议进展情况，归纳专家发言的核心内容，提出自己设想的国防科技评估指标体系方案，活跃会场气氛，或者让大家静下来认真思索片刻再组织下一个发言高潮等。记录员应将专家设想的所有方案都及时编号，简要记录，最好写在黑板等醒目处或进行实时的网络共享，让所有专家都能够看清。记录员也应积极参与设想，切忌持旁观态度。

为了保证头脑风暴会议顺利、高效进行，应该明确两点会议规则，要求与会专家遵守。第一是延迟评判原则。头脑风暴会议必须坚持当场不对任何设想做出评价的原则。既不能肯定某个国防科技评估指标体系方案，又不能否定某个方案，也不能对某个方案发表评论性的意见。一切评价和判断都要延迟到会议结束以后才能进行。这样做一方面是为了防止评判约束与会专家的积极思维；另一方面是为了集中精力先开发设想，避免把应该在后阶段做的工作提前进行，影响创造性方案的大量产生。第二是追求数量原则。头脑风暴会议的目标是获得尽可能多的方案，追求数量是它的首要任务。参加会议的每位专家都要抓紧时间多思考，多提方案。至于方案的质量问题，可留到会后的方案处理阶段去解决。在某种意义上，方案的质量和数量密切相关，产生的方案越多，其中的创造性方案就可能越多。

此外，会议时间由主持人掌握，不宜在会前定死。一般来说，以几十分钟为宜。时间太短，与会专家难以畅所欲言；时间太长，与会专家容易产生疲劳感，影响会议效果。经验表明，创造性较强的方案一般要在会议开始 10～15 分钟后逐渐产生。美国创造学家帕内斯指出，会议时间最好安排在 30～45 分钟之间。倘若需要更长时间，就应把议题分解成几个小问题分别进行专题讨论。

5. 方案处理

通过组织头脑风暴会议，往往能获得大量国防科技评估指标体系方案，至此任务只完成了一半。更重要的是对已获得的方案进行整理分析，以便选出有价值的、创造性的方案来加以完善，这就是头脑风暴法的方案处理。头脑风暴法的方案处理通常安排在头脑风暴会议的次日进行。方案处理的方式有两种，一种是专家评审，可聘请头脑风暴与会专家代表若干人（5 人左右为宜）或其他相关专家承担这项工作。另一种是二次会议评审，即由头脑风暴会议的参与专家共同举行第二次会议，集体进行方案的评价处理工作。

第四节 评估指标体系应用案例

本节主要对评估指标体系案例进行分析。按照指标体系的属性，分别对综合性指标、单项指标进行分析，并对国防科技评估三个典型领域：定向能武器、量子技术和高温超导的指标体系进行了举例说明。

一、综合性指标

（一）国防科技发展水平

一般领域的发展水平又称“发展量”，是指时间数列中的每一项具体指标值。国防科技发展水平是一个综合指标，整体反映国防科技的发达程度，不仅有规模指标，同时也有质量指标。国防科技发展水平由产出水平来衡量，二级指标包含科研队伍发展水平、科技成果发展水平、科技成果转移水平，如表 4–2 所示。

表 4–2 国防科技发展水平指标体系

一级指标	二级指标	三级指标	属性
国防科技发展水平	国防科研队伍发展水平	国防科技研发队伍规模	定量
		国防科技领军人才规模	定量
		国防科技研发队伍在全国研发队伍的占比	定量
	国防科技成果发展水平	达到世界先进水平的成果数量	定量
		发明专利数量	定量
	国防科技成果转移水平	科技成果转化战斗力平均时间	定量
		科技成果转化率（发明专利应用数/发明专利总数量）	定量

国防科技研发队伍规模是指从事国防科技研制与发明的人员的总数量，用国防科技研发人员全时当量表示。统计口径包括：国防科研机构的专业技术人员，以及参与国防科研项目的专业技术人员的全时当量，该指标的单位为万人·年。该指标为正向指标，即越大越好。计算公式如下：

$$\text{国防科技研发人员全时当量（万人·年）} = \sum \text{每个专业技术人员的年工作时长（人·年）}/10000 \qquad (4-1)$$

国防科技领军人才规模是指具有引领本领域科技发展方向能力的专业技术人员数量。统计口径包括：专业从事国防科技研究的院士、国家重大计划项目负责人、总师、国际知名专家等的数量。该指标单位为万人，为正向指标。

国防科技研发队伍在全国研发队伍的占比是指从事国防科技研制与发明工作的专业技术人员占全国所有从事研制与发明工作专业技术人员的比例。统计口径为：国防科研机构的专业技术人员与参与国防科研项目的专业技术人员的全时当量之和，与我国研发人员全时当量的比值。该指标无量纲，为正向指标。计算公式如下：

国防科技研发队伍在全国研发队伍的占比＝国防科技研发人员全时当量(万人·年)/我国研发人员全时当量(万人·年)

(4－2)

达到世界先进水平的成果数量是指先进成果的规模大小。对于硬技术而言，其与国际领先技术的性能指标差距是衡量该硬技术否达到世界先进水平的标准；对于软科学而言，科技成果是否在实战中得到验证，是否可以有效发挥作战效果是评价其是否处于世界先进水平的标准。统计口径包括：我国国防科技研发项目的产出中，达到世界先进水平的硬技术成果与软科学成果的数量。该指标单位为万件，为正向指标。

发明专利数量是指我国在国防科技领域已经获得授权的发明专利数量。统计口径包括：国内授权的发明专利数量与国际授权的发明专利数量。该指标单位为万件，为正向指标。

科技成果转化战斗力平均时间是指我国国防科技研发成果转化为可实际使用的武器装备、战术战法所需要的平均时间。统计口径为：我国国防科技研发项目产出的硬技术成果与软科学成果分别转化为武器装备、战术战法所需时间的均值。该指标单位为年/件，为逆向指标，即取值越小越好。计算公式如下：

科技成果转化战斗力平均时间(年/件)＝(∑每件硬技术成果转化为武器装备的时间(年)+∑每件软科学成果转化为战术战法的时间(年))/(完成成果转化的硬技术成果数量(件)+完成成果转化的软科学成果数量(件))

(4－3)

科技成果转化率是指转化为武器装备、战术战法的发明专利数量占国防科技领域发明专利总数的比例。统计口径为：已经转化为武器装备、战术战法的国内、国际发明专利数量与我国在国防科技领域已经获得授权的全部国内、国际发明专利数量的比值。该指标无量纲，为正向指标。计算公式如下：

$$\text{科技成果转化率} = (\text{完成成果转化的国内发明专利数量(万件)} + \text{完成成果转化的国际发明专利数量(万件)}) / (\text{已经获得国内授权的发明专利数量(万件)} + \text{已经获得国际授权的发明专利数量(万件)}) \quad (4-4)$$

（二）国防科技创新能力

能力是完成一项目标或者任务所体现出来的综合素质。国防科技创新能力是国防科技系统不断提供具有国防价值、军事价值、社会价值的新思想、新理论、新方法和新发明的能力，是衡量国防科技系统的综合指标（见表4-3）。

表4-3 国防科技创新能力评估指标体系

一级指标	二级指标	三级指标	属性
国防科技创新能力	创新投入能力	国防科技研发队伍规模	定量
		国防科技领军人才规模	定量
		国防研发经费占国防总经费的比重	定量
		国防科技研究基础设施先进水平	定性
	创新产出能力	军事装备成新率	定量
		国防科技发明专利数量	定量
		技术指标达到世界先进水平的成果数量	定量
		国防高端武器装备产业链自主可控水平	定性
	创新管理能力	科技成果转化战斗力平均时间	定量
		科技成果转化率	定量
		国防科技经费投入政策保障水平	定性
		国防科技激励机制水平	定性

国防研发经费占国防总经费的比重是指国防总经费中，用于国防科技研发部分的经费比例。统计口径为：国防科技研发经费支出与全部国防经费的比值。该指标无量纲，为正向指标。计算公式如下：

$$\text{国防研发经费占国防总经费的比重} = \text{国防科技研发经费(亿元)} / \text{全部国防经费(亿元)} \quad (4-5)$$

国防科技研究基础设施先进水平是指我国用于国防科技研究的基础设施与世界顶尖国防科技研究基础设施主要技术指标的差距程度。邀请具有国防科研项目实际经验、了解和熟悉我国国防科技研究基础设施与国际国防科技研究基础设施的专家对该指标进行评价。专家需要综合考虑我国国防科技研究各个领域（如：陆、海、空、天、网络等）的基础设施与国际国防科技研究顶尖基础设施技术指标的差距，在1~7之间进行打分。其中，1分表示我国国防科技研究基础设施远远落后于世界平均水平，4分表示与国家先进水平持平，7分表示我国国防科技研究基础设施在世界上处于领先水平。

军事装备成新率是指军事装备的新旧程度，即军事装备的现行价值与其全新状态重置价值的比率。由于影响成新率的因素较多，涉及装备的设计制造、使用维护、修理改造等。装备的成新率不仅是由其使用时间长短所决定，还应通过现场对装备的观察和检测，判定其现时的技术状态，综合考虑有形损耗和无形损耗多种因素科学合理地测定。因此，军事装备成新率的统计口径为：军事装备尚可使用年限与总使用年限的比值。该指标无量纲，为正向指标。计算公式如下：

$$\text{军事装备成新率} = \text{军事装备尚可使用年限(年)} / (\text{军事装备尚可使用年限(年)} + \text{军事装备已使用年限(年)}) \tag{4-6}$$

国防高端武器装备产业链自主可控水平是指我国生产国防高端武器装备各个环节所需资源可由自身掌控，不受他国控制、制约的程度。邀请具有我国国防科研项目实际经验，了解和熟悉国防高端武器装备生产流程、生产技术的专家对该指标进行评价。专家需要综合考虑我国在国防高端武器装备的技术研发、原料供应、生产加工等方面所拥有人员、设备、原料、技术的情况与实际需求的差距，在1~7之间进行打分。其中，1分表示我国国防高端武器装备产业链完全受制于其他国家，7分表示我国国防高端武器装备产业链实现了完全自主可控。

国防科技经费投入政策保障水平是指我国已出台的政策保证国防科技研发经费足额、顺畅投入的程度。邀请具有我国国防科研项目实际经验、了解国防科技经费投入情况与使用流程的专家对该指标进行评价。专家需要综合考虑国家政策在保证国防科技研发经费占全部国防经费比例、国防科技研发经费报销流程顺畅等方面的作用，在1~7之间进行打分。其中，1分表示我国国防科技经费投入政策保证水平极低，7分表示我国国防科技经费投入政策保证水平极高。

国防科技激励机制水平是指我国现有国防科技激励机制发挥促进国防科技发展作

用的程度。邀请具有我国国防科研项目实际经验、了解国防科技激励机制、获得过国防科技激励的专家对该指标进行评价。专家需要综合考虑国防科技激励评选标准、评选流程、激励效果等，在1~7之间进行打分。其中，1分表示我国国防科技激励机制水平极低，评选标准、评选流程均存在严重问题，无法实现促进国防科技发展的作用；7分表示我国国防科技激励机制水平极高，评选标准、评选流程非常完善，完全实现了促进我国国防科技发展的作用。

表4-3中与表4-2中相同的指标定义和属性不变。

（三）国防科技发展实力

实力是指实在的力量，一般分为硬实力和软实力。硬实力是指支配性实力，通常是看得见摸得着的物质力量；软实力则是一种无形的影响力，通常与制度、文化、历史有关。国防科技发展实力指标体系如表4-4所示。

表4-4 国防科技发展实力指标体系

一级指标	二级指标	三级指标	属性
国防科技发展实力	国防科技投入能力	国防科技研发队伍规模	定量
		国防科技领军人才规模	定量
		国防研发经费占国防经费综合的比重	定量
		国防科技研究基础设施先进水平	定性
	国防科技产出能力	军事装备成新率	定量
		国防科技发明专利数量	定量
		技术指标达到世界先进水平的成果数量	定量
		国防高端武器装备产业链自主可控水平	定性
		高科技装备在全球武器市场份额排名	定量
	国防科技管理水平	科技成果转化战斗力平均时间	定量
		科技成果转化率	定量
		国防科技经费投入政策保障水平	定性
		国防科技激励机制水平	定性
	国防科技发展潜力	创新文化感染力	定性
		国防科技体系开放水平	定性
		配套产业的自主可控水平	定性
		国家教育发展水平	定性

其中，国防科技投入能力、国防科技产出能力、国防科技管理水平中的指标与表4-2和表4-3中的相同指标的定义与属性不变。

高科技装备在全球武器市场份额排名是指我国自主研发、生产的具有先进技术与卓越性能的武器装备在全球武器交易市场中所占份额的排名。统计口径为：我国自主研发、生产的具有先进技术与卓越性能的武器装备在全球武器交易市场中所占份额的排名。该指标无量纲，为逆向指标。

创新文化感染力是指我国国防科技创新文化氛围吸引公众学习国防科技创新知识、提升公众国防科技创新能力、增强公众参与国防科技创新工作意愿等的能力。邀请具有我国国防科研项目实际经验、了解我国国防科技人员变动情况的专家对该指标进行评价。专家需要综合考虑国防科技创新文化在吸引公众学习国防科技创新知识、提升国防科技创新能力、增强参与国防科技创新工作意愿等方面的能力，在1~7之间进行打分。其中，1分表示我国国防科技创新文化感染力极弱，无法带动公众参与国防科技创新工作；7分表示我国国防科技创新文化感染力极强，有力带动公众积极参与国防科技创新工作。

国防科技体系开放水平是指我国在国防领域基础科学、技术科学、工程技术等的研究过程中，对外宣传我国科研成果、学习世界先进科学技术的程度。邀请具有国防领域基础科学、技术科学、工程技术等项目研发经验，了解其他国家国防领域先进科学技术的专家对该指标进行评价。专家需要综合考虑我国国防领域基础科学、技术科学、工程技术研究成果的宣传力度，以及我国学习其他国家国防领域基础科学、技术科学、工程技术先进科学技术的力度，在1~7之间进行打分。其中，1分表示我国国防科技体系开放水平极低，没有积极宣传我国国防领域的科研成果，也没有学习其他国家国防领域的先进科学技术；7分表示我国国防科技体系开放水平极高，对外积极宣传我国的国防科技成果，同时学习世界先进的国防科学技术。

配套产业的自主可控水平是指我国国防科技装备研发、生产、使用所需要配套设备在研发、生产、使用过程中所需资源可由自身掌控，不受他国控制、制约的程度。邀请具有我国国防科研项目实际经验、具有我国国防配套产业科研项目实际经验的专家对该指标进行评价。专家需要考虑我国在国防科技装备研发、生产、使用所需要配套设备的研发、生产、使用等方面所拥有人员、设备、原料、技术的情况与实际需求的差距，在1~7之间进行打分。其中，1分表示我国国防科技配套产业完全受制于其他国家，7分表示我国国防科技配套产业完全实现了自主可控。

国家教育发展水平是指国家的人均受教育程度。邀请我国教育领域专家对该指标进行评价。专家需要综合考虑我国公众接受初等教育、中等教育、高等教育的比例，在 1~7 之间进行打分。其中，1 分表示我国教育发展水平极低，远远落后于世界平均水平；7 分表示我国教育发展水平极高，处于世界领先水平。

二、单项指标评估

（一）技术先进度

技术先进度包括绝对先进度和相对先进度，绝对先进度是指评估对象的所有技术性能指标全面优于其他评估对象。相对先进度是指评估对象的某些指标的技术性能值优于其他评估对象，在某些场景中，该评估对象的技术先进度优于其他评估对象，而在某些场景中，评估对象不一定优于其他参评对象。

"技术先进度"一般为定性指标，评价时要有明确的应用场景，同时要给出评价对象的技术性能指标值，评价专家综合技术性能指标和应用场景，给出综合评价意见。

（二）技术成熟度

技术成熟度是指科技成果的技术水平、工艺流程、配套资源、技术生命周期等方面所具有的产业化实用程度。根据相关标准，一般有九个等级，如表 4-5 所示。

表 4-5 技术成熟度等级划分与定义

等级	定义
第一级	提出基本原理并正式报告
第二级	提出概念和应用设想
第三级	完成概念和应用设想的可行性验证
第四级	以原理样品和部件为载体完成实验室环境验证
第五级	以模型样品或部件为载体完成相关环境验证
第六级	以系统或子系统原型为载体完成相关环境验证
第七级	以系统原型为载体完成典型使用环境验证
第八级	以实际系统为载体完成使用环境验证
第九级	以实际系统为载体完成使用任务

技术成熟度的九个等级中涉及科学与技术知识成果、实验、模拟与工程化、产品

化等问题，一般认为第五级以后的成果具备一定的实用性，适合于进一步开发应用与转化。

（三）技术转化度

技术转化是指科技成果在知识的生产到最终生产力的形成这一创新链条中各个环节的转化，如基础研究所产生的新知识、新理论的传播、共享与普及可以视为转化，应用研究及实验发展环节所产生的新技术、新装置的应用，形成新产品并产生经济社会效益可以视为转化，软科学的研究成果被政府部门采用也可以视为转化；而从狭义的角度看，科技成果转化主要侧重于创新链的末端，即应用技术成果向能实现经济效益的现实生产力的转化。国防科技领域的科技成果转化是指研究成果被实际应用，转化为战斗力的过程。具体而言，硬技术的科研成果被转化为武器装备，软科学的科研成果被转化为战术战法，均可视为完成了科研成果转化。

技术转化度是一个常用来衡量科技成果转化绩效的指标，它表示被转化的成果数与成果总数的比率。该指标没有量纲，技术转化度越高越好。

三、典型领域国防科技评估指标体系

（一）定向能武器

定向能武器又叫“束能武器”，是一种利用某种方式在物体表面产生极高的能量密度，从而使敌方的人员和电子设备、武器等受到伤害，产生强大杀伤力的武器。依其发射的能量的载体不同，定向能武器可以分为激光武器、微波武器、粒子束武器、声波武器、射频武器等。它利用激光、微波、粒子束、声波等的能量，产生高温、电离、辐射、声波等综合效应，从而对目标造成毁伤。

定向能武器以其巨大的优势展现在人们面前，定向能武器技术的不断发展和突破，将推动定向能武器在军事领域的加快应用，越来越多的定向能武器将出现在战场上，使攻防双方的战略战术都面临新的挑战，将从根本上改变未来战争的作战样式、战场形式和作战理念。未来精确武器和其他非对称能力的扩散将改变战争的游戏规则，定向能能力很有可能会带来新的作战优势。

激光武器将成为防空防天和导弹攻防作战的利器，高功率微波武器将成为攻击敌方信息链路或节点的主要手段，粒子束武器将广泛运用于防空、反导、反卫和近程防御作战。

高能激光武器技术研究取得突破性进展，向着高功率、多波长、紧凑化方向发展。高功率微波武器技术研究取得重大突破，向高功率、高重复频率和小型化方向发展。粒子束武器技术尚处在原理或实验室研究阶段，向着能实战应用的方向发展。

定向能武器科技发展水平评估指标体系见表4-6。

表4-6 定向能武器科技发展水平评估指标体系

一级指标	二级指标	三级指标	属性
定向能武器科技发展水平	科研队伍发展水平	定向能武器研发的队伍规模	定量
		定向能武器科技领军人才规模	定量
		定向能武器科技研发队伍在全国研发队伍的占比	定量
	科技成果发展水平	定向能武器研发成果达到世界先进水平的数量	定量
		定向能武器发明专利数量	定量
	科技成果转移水平	定向能武器科技成果转化战斗力平均时间	定量
		定向能武器科技成果转化率	定量

（二）量子技术

量子技术（Quantum Technology）作为一门新兴的技术方向，它的应用领域包括量子通信、量子计算、量子雷达、量子传感器、量子密码学、量子模拟、量子计量和量子成像等。

量子通信技术对现代战争可能产生的影响：一是实现安全通信，可确保军事通信信息内容安全。二是实现通信隐蔽，可确保军事通信双方安全。数据显示，我国实用化光纤量子保密通信网络总长度已达7000多公里，其中6000多公里处于实际运行状态，主要包括京沪干线（光纤皮长1979公里）、北京城域网（光纤皮长1160公里）、上海城域网（光纤皮长1100公里）等。

量子计算技术对现代战争可能产生的影响：提高网络空间作战能力、提高作战规划能力。2020年年底，中国科学技术大学宣布，科研团队成功构建了76个光子的量子计算机原型机“九章”，求解数学算法“高斯玻色取样”只需要200秒。从技术成熟度等级划分上，为“第四级”，量子计算机实现通用计算能力还有很大距离。

量子雷达技术对现代战争可能产生的影响：探测隐身目标、发挥制导武器作战潜能、提高雷达生存能力。

量子技术发展实力评估指标体系见表4-7。

表 4-7 量子技术发展实力评估指标体系

一级指标	二级指标	三级指标	属性
量子技术发展实力	科技投入能力	科技研发队伍规模	定量
		科技领军人才规模	定量
		研发经费占国防经费综合的比重	定量
	科技产出能力	科技发明专利数量	定量
		技术指标达到世界先进水平的成果数量	定量
	科技管理水平	科技经费投入政策保障水平	定性
		科技激励机制水平	定性
	科技发展潜力	创新文化感染力	定性
		科技体系开放水平	定性
		配套产业的自主可控水平	定性
		国家教育发展水平	定性

（三）高温超导

高温超导已经在超导材料、超导强弱电等方面应用广泛，特别是在武器军事装备上，超导材料应用在超导薄膜、超导磁体、超导带材、超导线材等方面。在军事领域，如用在预警飞机、雷达、电子战设备、导弹制导部件等现代信息战武器装备中；磁特种传感器（超导量子干涉 SQUID）主要用于潜艇探测、反潜和潜艇导航、红外成像、仪器仪表、医学系统等。

计算机应用，使用超导 A/D 转换器、超导高速数据开关（后），可大大提高性能；超导强电主要应用在限流器、变压器、磁储能系统、电动机等。高温超导发电机可作为舰船的电力推进系统；将高温超导限流器用于舰船电力系统的过电流保护；高温超导磁体可以制造磁悬浮列车；高温超导磁储能器（SMES）可用于新型高能脉冲（激光、微波、粒子束）武器及电磁发射器的储能器，并且可用于舰船电力调节系统，具有重要军事应用价值。

目前，我国高温超导技术的应用与发达国家相比还有着一定的差距，落后 15~20 年，但我国已高度重视其在军事上的应用。高温超导科技发展水平评估指标体系见表 4-8。

表 4-8 高温超导科技发展水平评估指标体系

一级指标	二级指标	三级指标	属性
高温超导科技发展水平	科研队伍发展水平	科技研发队伍规模	定量
		科技领军人才规模	定量
		科技研发队伍在全国研发队伍的占比	定量
	科技成果发展水平	达到世界先进水平的成果数量	定量
		发明专利数量	定量
	科技成果转移水平	科技成果转化战斗力平均时间	定量
		科技成果转化率	定量

参考文献

[1] 全国科技评估标准化技术委员会．科技评估分类：GB/T 42776—2023［S］．北京：中国标准出版社，2023.

[2] 胥佳美．面向特定领域的科技发展态势评估研究［D］．西安：西安电子科技大学，2022.

[3] 李家深．面向科技评估的专家评审系统研究与实践［J］．情报工程，2022，8（2）：119-125.

[4] 全国科技评估标准化技术委员会．科技评估通则：GB/T 40147—2021［S］．北京：中国标准出版社，2021.

[5] 全国科技评估标准化技术委员会．科技评估基本术语：GB/T 40148—2021［S］．北京：中国标准出版社，2021.

[6] 任孝平，杨云，南方．新时期国际科技合作评估方法研究［J］．科技管理研究，2020，40（22）：56-61.

[7] 王海涛，刘瀚龙，侯思微．国防科技评估指标体系构建及相关研究综述［J］．今日科苑，2020（10）：4-10.

[8] 黄崇江，刘霞．科研院所科技评估体系的实证分析探讨［J］．科研管理，2018，39（S1）：57-60.

[9] 顾笑迎，熊泽泉，宋振世，等．科研机构科技评估指标体系研究：以上海市环境类科研机构为例［J］．情报探索，2016（2）：30-33.

[10] 夏慧，韩毅．一个新的综合性科技评价指标：p 指数研究综述［J］．图书情报工作，2014，58（8）：128-132.

[11] 沈丹．关于构建重庆市科技评估工作体系的思考和建议［J］．科学咨询（科技·管理），2013（9）：4.

[12] 张卉卉．工程中心验收评估方法研究［J］．江苏科技信息，2011（6）：10，30.

[13] 张婧．基于 AHP 的星火计划实施效果评估研究［D］．北京：首都经济贸易大学，2011.

[14] 吴洪．福建省科技项目经费评估指标体系研究［D］．福州：福州大学，2010.

[15] 郝震冬．交通建设科技项目后评价研究［D］．长沙：中南大学，2009.

[16] 马仙．科技计划项目中期评估方法与应用研究［D］．成都：西南交通大学，2010.

[17] 徐华. 科技评估专家信用评价指标体系及模型构建 [J]. 科技管理研究，2009，29（7）：512-515.

[18] 崔永华，白玉祥. 中长期科技规划指标体系建立与评价研究 [J]. 情报杂志，2009，28（3）：89-92，107.

[19] 崔永华，柏菊. 基于 FDAHP 方法的科技规划评价体系构建与指标赋权研究 [J]. 情报杂志，2009，28（2）：7-10.

[20] 汪毅. 企业研发项目优选评估系统的建立 [D]. 贵阳：贵州大学，2008.

[21] 苏宁. 省级科技计划项目评价指标体系系统化分析及实证研究 [J]. 河南省科学技术信息研究院，2007-12-30.

[22] 李峰. 财政 R&D 项目投入产出绩效评估体系研究 [D]. 上海：同济大学，2007.

[23] 王金祥，吴育华. 科技评估的公正性研究 [J]. 科学管理研究，2004（S1）：17-19.

[24] 吴冬冬，胡宝珊. 国有高新技术企业股权激励试点科技评估指标体系设计研究 [J]. 内蒙古科技与经济，2004（23）：21-22.

[25] 唐晶晶. 科技项目实施过程评估和绩效评估 [J]. 江苏科技信息，2004（12）：22-23.

[26] 闫佳晖，李庆伟. 高校科技评估指标体系的科学化探析 [J]. 辽宁师范大学学报（自然科学版），2003（3）：316-319.

[27] 马其慧. 科技指标研究是地方科技管理的基础平台 [J]. 科学学与科学技术管理，2003（1）：18-20.

[28] 项勇. 多指标综合评估法的局限性 [J]. 河南科技，2002（11）：26-27.

[29] 徐耀玲，唐五湘，吴秉坚. 科技评估指标体系设计的原则及其应用研究 [J]. 中国软科学，2000（2）：48-51.

[30] 国家科技评估中心“国家重点新产品评估”课题组. 多人选多指标综合评价模型及其在国家新产品评估中的应用 [J]. 中国软科学，1999（5）：92-95.

[31] 刘书雷，沈雪石，刘长利. Delphi 调查方法在国防科技预见中的应用研究 [J]. 科技管理研究，2010，30（9）：208-211.

[32] ROY C. Nursing Knowledge Development and Clinical Practice [M]. New York：Springer Publishing，2007：213-214.

[33] 杨天信，谢毅立. 高温超导技术在国外军事装备中的应用综述 [C] //第十届中国科协年会论文集（四）. 中国科学技术协会学会学术部，2008：983-989.

[34] 左涛. 超导电子技术在国防工业中的应用需求与应用现状分析 [J]. 中国电子科学研究院学报，2010，5（5）：441-446.

第五章　国防科技评估设计与实施

本章主要介绍国防科技评估的流程，包括评估设计、评估实施、评估报告撰写、评估结果的使用和扩散。

第一节 国防科技评估设计

国防科技评估设计关系到评估实施是否顺利，主要包括建立评估团队、选取评估方法、设计评估指标、制定评估流程等方面（见图 5-1），最终形成实施方案。

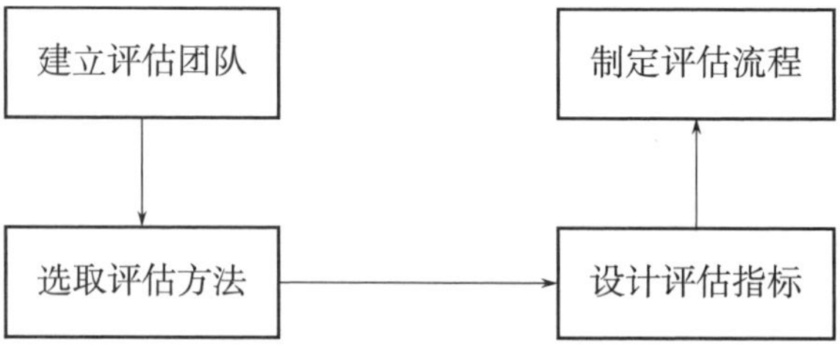

图 5-1 国防科技评估设计流程

一、建立评估团队

在决定开展国防科技评估之后，评估的发起人应该对所需的评估专业知识具有明确的认识。评估团队一般包含评估设计者、管理者、领域专家、数据采集人员、数据分析专家等角色。单一科技领域评估可由本评估团队承担，涉及科技领域较多的评估需要与其他一个或多个机构展开合作。对于评估团队成员，要进行必要的培训，包括评估方法、评估工具的使用、相关法规政策等，确保团队成员对评估流程和标准有清晰的认识，并能够熟练运用评估工具和方法。要建立有效的团队协作和沟通机制，鼓励团队成员之间的交流和合作。定期组织团队会议和研讨会，分享评估经验和案例，提高团队成员的专业水平和评估能力。

二、选取评估方法

在实际的评估过程中，由于评估种类繁多、评估证据收集困难、评估对象复杂、评估时间和经费预算有限等，评估人员应根据评估目的、方法的可实现性、方法的可操作性、方法的经济性，以及数据的可获取性来选择合适的评估方法。

（1）评估目的

评估方法是实现评估目的的技术手段，评估目的与方法的匹配是体现评估科学性的重要方面。科技评估的实践表明，评估目的与方法的匹配，并不是指评估的特定目的与单个方法之间的一一对应，而是指为了完成特定的评估目标，选择高效、相对准确合理的评估方法。

（2）方法的可实现性

由于客观条件的限制，有些方法在实现上并不具备可行性，此时应尽量考虑合理替代原则。例如，变革理论应用的门槛较高，在操作时具有较大的复杂度，成本效益分析法需要深厚的经济学知识支撑等。

（3）方法的可操作性

有些方法耗费的时间比较长，如德尔菲法、问卷调查法等，在时间不允许的情况下，应酌情考虑。

（4）方法的经济性

文献计量、专家座谈、实地调研都需要一定的资金成本，需根据预算选择合适的方法。

（5）数据的可获取性

有些方法对数据的依赖性强，需切实考虑所需数据是否可以有效获取。例如，文献计量法需要数据库的支撑，技术就绪度评价法需要了解项目的详细资料才可以准确评定等级，数据包络分析法的投入和产出数据也需要准确的数据支撑等。

科技评估方法从技术层面可以分为三大类，分别是定性评估方法、定量评估方法和综合评估方法。

① 定性评估方法

定性评估方法是指依靠评估者、专家、科技活动执行者的经验进行判断和评价的方法。典型的定性方法包括案卷研究、利益相关方座谈/访谈、调查（问卷调查）、实地调研、同行评议、案例研究、德尔菲法等。其特征主要体现在专家意见征询及利益相关方观点的调查。目前定性评估方法广泛应用在各类科技评估活动中，已经成为科技评估方法最为重要的基础支柱。在定性评估方法中，同行评议、德尔菲法属于依靠专家的专业知识进行评价和判断的方法，这两种方法以专家的权威意见为基础，在一定程度上保障了结果的可信度。其不足之处在于执行过程中主观成分占有很大比重。

② 定量评估方法

定量评估方法是通过把评估指标量化，并采用数学、统计学、经济学、运筹学等理论，对评估对象做出定量价值判断的方法。目前国际上已经开发出种类繁多的可应用于科技评估的定量法，这些方法机理复杂、各有千秋。近年来，针对各类定量评估方法的改进和研究已经成为学界的研究热点。现今，定量评估方法已达百种之多，学者个人或者一个研究团队很难精通所有方法，因此方法间往往缺乏比较。将不同的定量评估方法结合使用，以避免某种方法的弊端，已成为研究热点。

③ 综合评估方法

综合评估方法是指评估人员采用各种定性和定量的分析，对评估对象做出全局性、整体性评价的方法。典型的综合评估方法有指数法、标杆分析法以及元评价方法等。其中，指数法是指把各种评价指标综合成一个或多个指数的方法，其应用于科技评估领域往往与国家竞争力有关，例如世界经济论坛发布的《全球竞争力报告》、瑞士洛桑国际管理学院发布的《世界竞争力年鉴》、世界知识产权组织发布的全球创新指数、中国科学技术发展战略研究院发布的国家创新指数等。标杆分析法是指将评估的各项活动与从事该项活动最佳实践者进行比较，从而发现优势与不足的方法。元评价方法是“对评估的评估”，即对评价活动、方法及其结果优势与不足的再评估。

在国防科技评估活动中，单一定性或定量方法一般很难满足对科技战略与规划、科技政策、科技计划等对象的评估需求，因此，需要在评估过程中综合运用多种评估方法。由于各种评估方法都有其自身的特点和局限性，适用于不同的科技评估对象和场景。在科技评估过程中，评估人员应根据评估对象选择合适的方法。表 5-1 对部分主要评估技术方法优缺点、局限性以及适用对象与场景进行了比较和总结。

表 5-1　主要科技评估方法总结

序号	方法名称	优点	局限性	主要适用对象与场景
1	案卷研究	成本低;可从现有资料获得大量信息;非介入性,不会对评估对象带来任何影响	很难呈现具有前因后果的完整资料;信息的客观真实性难以核实	广泛应用于各类科技评估研究中,是最基础和用途最广泛的资料收集方法之一
2	访谈	利于收集到丰富、完整的信息;利于全面听取不同利益相关方的观点和建议	受到人员规模的限制;专家权威性会影响讨论倾向;专家观点带有主观倾向性	适用于科技战略/规划、政策、计划、机构与基地评估等宏观和中观层面的评估活动
3	问卷调查	可以获得大量结构化数据,覆盖面广	材料收集式调查仅适用于政府部门开展的评估活动;观点统计式调查的问卷回收率较低以及问卷回收时间较长	适用于科技战略/规划、政策、计划、机构与基地评估等宏观和中观层面的评估活动

续表

序号	方法名称	优点	局限性	主要适用对象与场景
4	同行评议	保证了评估结果的权威性和可靠性;可操作性强、灵活度高	高水平专家选择困难;公平公正性无法得到保证;缺乏有效的对评审专家的监督和评价机制	适用于科技计划/项目评估、人才评估、科技成果评估、学位与职称评估、科技奖励评估、机构/基地评估等活动
5	德尔菲法	匿名和信息保密性强;个体回答,独立性强;通过反馈实现统计收敛	专家单独提供个人意见,有时会出现不切合实际的情况;征询周期长	适用于长远技术规划或大趋势技术预测,同时还适用于对各类科技评估活动中指标体系及指标权重的设计
6	文献计量	普适性;易于理解;结果具有较高的可信度;结果具有广泛的可比性;数据获取方便	成本高;需要专业数据库支持;容易忽略其他产出和成效;多领域间不可比;成果统计上有滞后效应	适用于科技战略/规划、政策、计划等宏观和中观层面的科技评估
7	数据包络分析法	不需要预先估计参数,具有绝对客观性;运算量小	需要获取详细的投入产出数据;将所有的产出都一视同仁	适用于科技计划、项目、机构、成果的产出效率评估
8	层次分析法	将主观判断与数学模型结合起来,具有精确性、简洁性和可靠性的特点	元素较多时耗时耗力;过于依赖人的主观判断;计算复杂	适用于科技战略与规划评估、政策评估、计划评估等大型、复杂的科技评估活动
9	标杆分析法	便于直观看出评估对象与行业内领先者的差距,确认在行业中的位置	制定的改进方案跟随性较强;易失去对被评估者本身特征的关注	适用于科技项目、成果、机构评估

在实际应用过程中，由于评估种类繁多、评估证据收集困难、评估对象复杂、评估时间和经费预算有限、评估涉及的利益相关方众多、评估过程易受人为因素干扰等，并不是每一种适用的方法均必须得到应用。在实际的评估过程中，评估人员应根据评估目的、评估对象和评估活动的性质、方法的可实现性、方法的可操作性、方法的经济性以及数据的可获取性来选择合适的评估方法。

与此同时，在评估方法的综合运用过程中，应避免以下两种倾向：一是仅采用传统的、容易实现的定性评估方法，从而放弃了对各类定量评估方法的探索和应用。在评估过程中，针对某些特定的评估对象，引入定量方法可以有效提高评估的科学性和客观性。二是过度使用定量评估方法，认为方法越复杂越好，只有运用数学模型的定量方法才是先进的方法。实际上，对于一些简单的科技评估对象和活动，没有必要一定要引入复杂的定量方法。虽然定量方法以其可度量性为科学、系统的管理和决策提供了全新的方向，然而具体的评估活动是多样而复杂的，科学活动面临的因素存在众多不确定性，采用单一的定量方法会带来诸多问题。在科技评估过程中，将定性与定量方法相结合是提高评估质量的有效途径。

三、设计评估指标

国防科技评估指标是定量或定性的因素或变量，是用来衡量科技成果、反映科技活动变化，或用来评估活动主体的一种简明和可靠的手段。国防科技评估指标的作用在于：一是评价是否达到了预期的结果。如立项目标完成情况，目标是否变更，阶段目标完成情况，目标完成的及时性。二是分析发展趋势。关键评估指标的设计要符合“SMART”原则，即具体的（Specific）、可衡量的（Measurable）、可获得的（Attainable）、相关的（Relevant）、在限时条件下可实现的（Time-bound）。

设计的指标应该具有明确的定义和计算方法，以确保可以量化评估。同时，确保所需的数据和信息可以方便地获取和收集，以便进行实际评估。设计指标时，要注意指标间的平衡和互补性。避免过于强调某一方面的指标而忽略其他方面。例如，在评估技术创新项目时，既要关注技术指标，也要关注经济效益和社会效益。科技领域发展迅速，新的技术和应用不断涌现。因此，设计的指标体系应该具有一定的灵活性和可扩展性，以便根据需要进行调整和更新。

对于每个指标，制定明确的评估标准和权重。评估标准用于确定指标的具体表现是否达到预期目标，而权重则用于反映各指标在整体评估中的重要性。在正式评估之前，可以进行试评估，以检验指标的有效性和实用性。根据试评估的结果，对指标进行必要的调整和优化，以确保评估结果的准确性和可靠性。

四、制定评估流程

国防科技评估的流程一般包括前期准备、设计、实施、报告评估结果、评估结果的使用和扩散五个步骤。通过科学合理地制定评估流程，可以确保评估工作的有效性和可靠性，为科技项目、政策或成果的决策提供有力的支持。

1）前期准备。前期准备包括确定国防科技评估任务、评估任务的实施模式、建立评估团队等。这一步骤主要由国防科技评估的委托者或相关管理部门负责。评估人员或机构根据上述要求开展评估设计、实施、报告评估结果等环节。

2）评估设计。根据评估需求设计详细的评估实施方案，包括开发评估框架，选择证据收集方法，设计面访、座谈会和实地调研等的问题清单，进行人员、时间和经费安排。

3）评估实施。按照评估实施方案开展评估活动，包括证据收集，证据分析，形成评估结论、经验教训和建议等。

4）报告评估结果。按照事先确定的评估结果形式和报告格式要求编写评估报告。

5）评估结果的使用和扩散。管理部门利用评估结果解决问题、改进管理或为决策提供依据。

第二节 国防科技评估实施

科技评估的实施包括证据采集、证据整理、证据分析、形成结果、撰写报告五个环节（见图 5-2）。

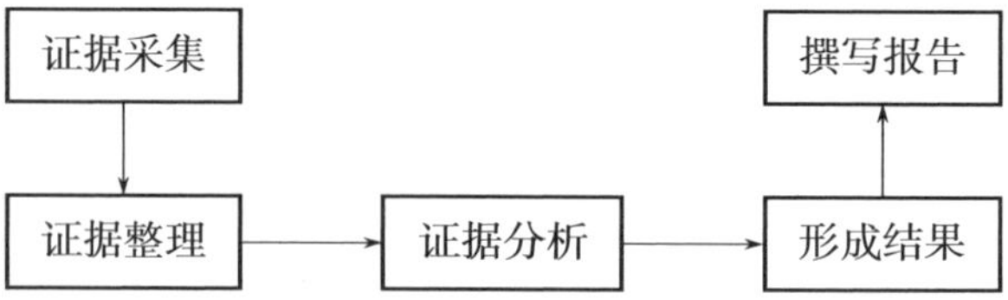

图 5-2 国防科技评估实施流程

一、采集评估证据

在国防科技评估中，采集评估证据是确保评估结果准确、客观和可靠的关键步骤。评估证据是指用于测量关键评估指标或回答关键评估问题的数据、事实和观点等。证据采集是利用不同证据采集工具从不同来源采集评估证据的过程。常用的证据来源包括国内外相关科技报告、公开发表的文献资料、统计数据等。

评估证据应满足真实性、相关性、准确性、可靠性的特征。真实性指评估证据必须是客观存在的，是通过适当方法从现实的渠道采集获得的，而不是人为捏造的。相关性要求评估证据必须与被评的国防科技活动相关。准确性指评估证据必须清晰准确，没有歧义，且不会引起别人误解。可靠性指用来评价相同指标或关键问题的证据可以通过相同方法进行采集并验证。

采集评估证据的基本步骤如下：

（1）文献回顾和资料收集

回顾相关的政策文件、研究报告、技术文档、项目报告等文献资料，以获取关于国防科技项目或技术的背景信息、历史数据和技术细节。收集项目计划书、合同、预算、进度报告等管理文件，以了解项目的执行情况和管理效率。

（2）实地调研和考察

对国防科技项目或技术的实施现场进行实地调研和考察，观察项目的实际运作情况，了解技术的实际应用效果。与项目参与人员、技术人员、管理人员等进行深入交流，获取他们的观点、经验和反馈。

（3）数据收集

采集与国防科技项目或技术相关的数据，包括技术指标、性能指标、成本数据、时间数据等。

二、整理评估证据

在国防科技评估中，整理评估证据是确保评估结果准确性和有效性的关键步骤。针对关键问题或评估指标进行证据整理。证据整理需要对不同来源的证据进行交叉比对，综合分析研究和采信证据。不能仅仅采信一种倾向、观点的证据，特别是不能仅仅采信对被评估方有利的证据。要综合分析不同观点和来源的证据，要在评估报告中反映得到的不同观点和证据。

整理评估证据的步骤如下：

（1）数据分类与编号

首先，对收集到的评估数据进行分类，如按照数据类型（定量数据、定性数据）、评估阶段（前期、中期、后期）、来源（实地调研、文献资料、专家咨询等）等进行分类。为每类数据分配唯一的编号或标签，以便于后续的数据检索和分析。

（2）数据清洗与校验

检查数据的完整性、准确性和一致性。删除重复、错误或无效的数据。对于缺失的数据，尝试通过其他途径进行补充或进行插值处理。对于异常值，进行校验和确认，确定是否需要调整或剔除。

（3）数据格式化

将数据转换为统一的格式，以便于后续的数据分析和处理。对于定性数据，可以通过编码、分类或标签化的方式进行处理。对于定量数据，确保数据的单位和精度一致，并进行必要的转换或标准化处理。

（4）数据存储与管理

建立数据管理系统或数据库，将清洗和格式化后的数据存储起来。使用适当的数据结构（如表格、数据库表等）来组织数据，以便于后续的数据检索和分析。确保数据的安全性和保密性，采取适当的备份和恢复措施以防止数据丢失或损坏。

（5）数据整合与汇总

将不同来源、不同类型的数据进行整合，形成完整的数据集。对于相同指标或相同问题的数据，进行汇总和合并，以便于后续的综合分析和评价。

三、分析评估证据

证据分析过程中，定量证据和定性证据要结合使用。定量证据是指用数量表达的各种证据。典型的定量证据包括各种技术参数、技术推广情况等。定性证据是指反映被评对象质量、性质、水平等的证据，不以数量为表达形式。

证据分析主要有三种方法，即变化分析、归因分析和贡献分析。

变化分析：评估中最常用的分析方法。它分析指标在经过一段时间后是否达到预期值。

归因分析：评价观察到的变化有多大比例是由科技活动实施产生的。它一般通过建立反事实场景来进行分析。

贡献分析：分析科技活动的实施是否是产生变化的原因之一，或者是否对产生变化发挥了促进作用。

在进行分析时，需要注意以下几点：

一是要确保数据的可靠性：评估证据应来自可靠和可验证的来源。

二是要考虑数据的局限性：评估结果可能受到数据质量、样本大小、调查偏差等因素的限制。

三是要使用适当的分析方法：根据评估目标、数据类型和评估问题的性质选择合适的分析方法。通常，单一的分析方法可能不足以全面揭示评估问题的本质，因此需要结合多种方法进行综合分析。

四、形成评估结果

在国防科技评估中，形成评估结果是一个系统化和综合化的过程，它涉及对评估证据的全面分析、综合判断以及结论的提炼。评估结果包括评估结论、问题与建议。

评估结论：评估结论包括被评对象的总体评估结论和评估准则或关键评估问题的结果。形成评估结论一定要有充足的证据支撑。

问题与建议：针对发现的问题分析其原因并提出相关建议。建议要与评估结论和经验教训联系起来，要具体阐明建议是针对谁提的，应该在什么时候实施，最重要的是要阐明为什么提出这些建议。

五、撰写评估报告

根据评估形成的结果撰写报告，评估报告应客观正确，具体见第三节。

第三节 国防科技评估报告撰写

撰写国防科技评估报告是一个系统且严谨的过程。

一、国防科技评估报告撰写规则

国防科技评估报告由前置部分、正文、结尾三部分组成。前置部分包括封面、题名页、辑要页、序或前言、致谢、摘要、目次、插图和附表清单、符号和缩略语说明等内容；正文部分包括引言、主体、结论、建议、参考文献等内容；结尾部分包括附录、索引、发行列表、封底等内容。

（一）摘要

摘要属于报告的前置部分，摘要应该简明，2~3 页为宜，一般不超过 4 页。摘要可以分节描写，也可以不分节描写。

（二）引言

引言是主体报告的第一部分。引言要描述评估的目的。引言的描写要具有吸引力，要能引起读者阅读整个报告的兴趣。引言中应该包含以下几个方面：1）评估的背景、目的等；2）评估的对象、内容、范围等。

（三）评估概述

评估概述是主体报告的第二部分。它使读者对评估的设计和实施有清晰的了解。读者能够从评估概述中判断评估本身的质量，从而判断评估主要发现、结论、经验总结和建议的可信度。评估概述应该包含以下内容：评估设计过程、评估框架、证据采集方法、评估实施过程、评估的局限性。

（四）评估分析

评估分析是主体报告的第三部分。应该注意以下两点：1）按评估准则及其关键问题的顺序分别描述。2）要阐述支持评估分析的证据（包括事实和/或观点）。

（五）评估结论

评估结论是主体报告的第四部分。对评估结果进行简要综述，并突出描述每个准则或关键评审问题好的方面和存在的问题。

（六）经验、问题与建议

经验、问题与建议是主体报告的第五部分，目的是为管理部门改进管理和决策提供参考依据。对于经验教训要总结哪些方面在将来有参考价值；对于问题要分析原因；对于建议要具体阐明是针对谁提出的，应该在什么时候实施，最重要的是要阐明为什么提出这些建议。

（七）附件

附件是对主体报告的补充说明，主要包括一些技术文件和评估过程文件。附件包括但不限于以下几类文件：评估实施方案，评估框架，调查问卷、面访、座谈会和实地调研人员名单，评估委托者对评估报告的反馈意见，评估小组认为必须附上的其他文件。

国防科技评估报告的撰写主要遵循以下几个原则：一是客观性原则。报告应该基于事实和数据，避免主观臆断和偏颇之见，真实反映科技成果的实际情况和价值。二是专业性原则。报告应运用专业的方法和标准，采用专业的语言和术语，体现科技成果评价的专业水平和水准。三是简明性原则。报告应简明扼要，清晰明了，避免冗长累赘和模糊含糊，突出科技成果评价的重点和结论。四是规范性原则。报告应遵循统一的格式和规范，符合科技文献的写作要求和规范，保证科技成果评估报告的质量和效果。

同时，要注意以下几个问题。报告主要针对科研人员或同行，而非管理部门。报告要按照科学技术论文的体例撰写，而非总结、汇报。报告的内容主要针对研究对象、研究过程、研究方法和研究结果进行描述，而不是针对本项目或本课题任务完成情况。科技报告的内容应完整、真实、准确、易读，有一定的技术含量和保存、利用价值。

二、评估报告撰写流程

国防科技评估报告撰写流程通常经过四个阶段，包括撰写评估报告初稿、与评估委托者沟通、专家审阅提出修改意见、修改形成评估报告终稿（见图 5-3）。

根据数据分析和比较的结果，开始撰写科技评估报告的初稿。报告应包括封面、目录、概述、研究方法、研究结果、结论以及附录等部分。确保报告内容清晰、准确、全面，并符合学术规范和道德要求。完成初稿后，将报告提交给同行或专家进行审查

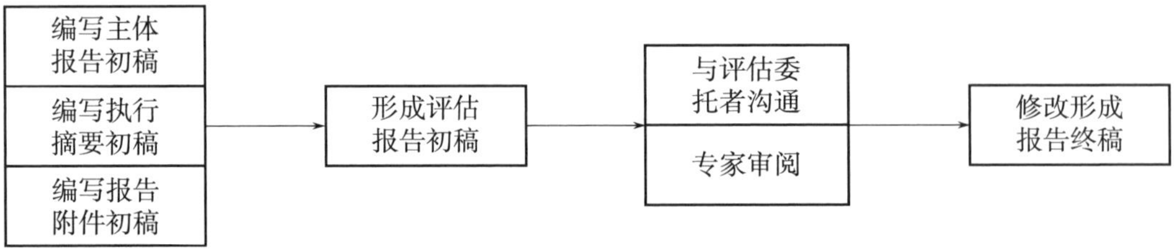

图 5-3　国防科技评估报告撰写流程

和修改。根据他们的反馈意见，对报告进行相应的修改和完善。经过多次修改和完善后，形成最终的科技评估报告。确保报告的格式、结构、语言和图表等都符合规范和要求。最后，将报告提交给相关部门或决策者。

撰写评估报告应注意以下几点：一是围绕评估目的和关键评估问题来组织报告；二是把主要观点放在前面，每一段前面要有观点性论述；三是用证据来支撑结论和建议。

第四节　国防科技评估结果使用与扩散

国防科技评估结果的使用形式包括直接使用、间接使用、提示作用等；使用范围包括内部使用、外部使用、选择性公开。

一、评估结果的使用

评估的价值就在于它的使用。评估结果提供了三个层次的信息。一是战略层次，即是否在做正确的事，科技活动目标任务是否正确，设计是否清晰并符合逻辑；二是操作层次，即是否在正确地做事，包括在实现预期成效方面是否有效果，资源是否得到优化利用；三是学习层次，即是否有更好的方法来实施活动，包括是否有其他方法、最佳实践、经验教训等。

评估结果可以有以下六个方面的实际用途。

1）为资源分配的决策提供支撑。评估信息可以告诉管理者，就效果而言哪些政策或计划、项目更加成功或不太成功，哪些资源投入更有价值。评估信息可以对一些重要决策提供参考，例如，项目任务是否应调整，试点是否要扩大，活动是否需要重新设计或完全取消等。

2）帮助思考问题产生的原因。如果科技活动并没有对解决现实问题发挥显著的作用，原因之一可能是设计或实施存在缺陷，还可能是因为所要解决的问题已经发生了变化。评估信息可以促进对问题进行重新研究。

3）发现新问题。评估信息能够突出那些目前还没有引起全社会的普遍关注，但有关政府部门必须重视的问题。

4）支持优选政策。政府通常会尝试几种策略和方法来解决一个问题。评估信息有助于判断哪种方法更容易成功，哪种方法更值得支持或减少支持。

5）支持部门改革和创新。评估信息能够向公众提供改革努力正在发挥作用的证据。例如，科技资源分配效率得到提高，科研人员申报项目更加积极等，这些证据说明政府的工作是可信的。

6）在问题原因和如何应对问题方面达成共识。评估信息有助于政府管理部门讨论问题产生的原因，以及如何采取适当的应对措施。评估信息还可以提供问题产生的因果关系方面的证据。

在具体使用中，还需要注意以下几点：

一是确保评估结果的客观性和准确性：评估结果的使用必须建立在客观、准确的基础上。因此，在评估过程中，需要采用科学、合理的方法和技术，确保评估结果的可靠性和有效性。

二是注重评估结果的时效性：国防科技是一个快速发展的领域，评估结果需要具有时效性。因此，在使用评估结果时，需要关注其时间背景和适用范围，避免使用过时的评估结果。

三是结合实际情况使用评估结果：评估结果的使用需要结合实际情况进行具体分析。不同领域、不同项目的实际情况可能存在差异，因此在使用评估结果时需要根据具体情况进行灵活应用。

二、评估结果扩散

国防科技评估结果的扩散是指将评估结果有效地传达给相关利益方，并促进其在国防科技领域内的广泛应用和持续改进。对于国防科技评估，评估结果的扩散对象包括军队科技管理部门、国防科技研究人员等。

国防科技评估结果扩散的作用主要包括以下几个方面：

（1）内部共享与决策支持

评估结果首先应在国防科技领域内部进行共享，包括政府部门、军事机构、科研机构等。这有助于内部决策者根据评估结果调整科技战略、优化资源配置，确保国防科技发展的方向正确、效益显著。

（2）政策制定与调整

评估结果可以作为制定和调整国防科技政策的重要依据。政府部门可以根据评估结果来识别科技发展的瓶颈和优先领域，制定相应的政策措施，以推动国防科技的进步。

（3）科研机构与企业的应用

科研机构和企业是国防科技发展的重要力量。将评估结果扩散给这些机构，有助于他们了解国防科技领域的现状和发展趋势，进而调整研究方向、开发新产品或改进现有技术。

（4）学术交流与合作

国防科技评估结果的扩散有助于加强学术交流与合作。通过在国际学术会议、研讨会等场合分享评估结果，可以吸引更多的国际同行关注和参与国防科技的研发工作，促进国际的科技合作与交流。

（5）提升公众国防科技意识

国防科技评估结果的扩散还有助于提升公众对国防科技的认识和意识。通过媒体宣传、科普活动等方式，向公众普及国防科技的重要性和成果，增强公众的国防意识和科技意识。

第六章　国防科技评估数据建设

本章主要围绕国防科技评估任务需求，讨论评估数据建设的内容和方法。内容包括国防科技评估数据采集、国防科技评估数据处理，以及国防科技评估数据使用。

第一节 国防科技评估数据采集

本节介绍国防科技评估数据采集所涉及的数据来源、采集方法和手段，并对基于大数据环境进行数据采集的系统架构及流程进行说明。

一、知识图谱构建概述

知识图谱构建子系统包括知识录入、样本采集、信息采集、实体挖掘、本体构建及校正、信息抽取、ETL、实体对齐、解决不一致以及知识图谱库等模块。

知识图谱主要有三个来源：一是人工通过知识录入模块向系统提交知识，特别是通过知识自动理解模块，直接用自然语言向系统描述知识。二是利用信息抽取工具，从非结构化文本中自动抽取。三是利用 ETL 工具从现有的结构化数据中导入。

本方案的优点在于，在人工录入知识的过程中，可以自动跟踪用户输入的内容，主动形成标注样本，达到“在用户录入知识时自动学习”的效果。

在标注样本的基础上，可以利用信息抽取工具，自动从非结构化文本中，识别出有价值、有意义的信息，以结构化形式保存下来，从而完成文本信息结构化抽取。在实体挖掘基础上，提供本体构建及校正模块，为信息抽取提供本体词库支持。

在上述成果基础上，进一步提供实体对齐、实体重要性排序、实体关系挖掘、解决不一致性等知识融合功能，形成高质量的知识图谱，完整地管理 JQ 知识，为评估研判、智能搜索、多元模糊查询、知识推理等任务提供有力支撑。

二、知识的自动理解及加载执行（AKULE）

用户录入知识的方式包括直接在知识图谱管理界面根据 Schema 录入三元组形式的知识，也可以通过提供文本的方式，通过信息抽取模块向知识图谱提供知识。此外，用户还可以直接用自然语言向系统描述知识，系统自动理解用户的知识后，可以自动加载执行这些知识，并利用这些知识实现语义推理、自动报告等功能。

知识图谱中以三元组形式表示的结构化数据，都是可以直接加载到推理引擎中的。但是上述数据主要是事实性知识，对于以文本形式表示的规则、流程等概念性知识、程序性知识，还需要先经过一个自然语言理解过程，翻译成系统能够执行的脚本，然后再由系统加载执行。原理及过程如图 6-1 所示。

首先，通过信息抽取或人工录入的方式，向知识图谱中添加“玖龙纸业是生产纸箱的”这样的事实性知识。

接着以人工方式录入规则“如果某个企业生产产品 X，并且产品 X 的价格上涨，则企业 A 的收入将上升”，系统将自动理解这个规则，并加载执行。

然后，系统将从新闻中抽取出来的事实“纸箱价格大幅上涨”（也可以是根据结构化数据计算出来的），提交给推理引擎，则引擎将自动根据最新信息“纸箱价格大幅上涨”和已知的规则“如果某个企业生产产品 X，并且产品 X 的价格上涨，则企业 A 的收入将上升”以及知识图谱中已知的事实“玖龙纸业是生产纸箱的”，产生推理结果“玖龙纸业的收入将上升”。系统会进一步将推理结果作为相关新闻的意义推送给用户，起到提示的作用。

这样就达到了将知识加载到系统中自动执行，从而大幅减少简单重复的脑力劳动的效果。

将知识加载到系统中自动执行，可以帮助组织解决以下难题：

1）提高知识工作效率，减轻知识工作负担。现有的知识工作中存在大量简单重复的脑力劳动，但所有的信息必须由人脑感知、认知后才能在决策中起作用，导致知识工作耗时费力，不仅知识工作者个人负担较重，也制约了知识工作者进一步提升认知水平、决策水平，甚至导致不能及时决策而引发延误风险。

2）规避知识工作中的决策失误或延误风险。知识工作的一个主要特点是需要大量决策，以往这些决策都需要人脑完成，而人脑工作是一个主观的过程，除了经验、认知等主观因素外，人脑还很容易受自身心理情绪、生理健康以及外界环境等客观因素影响，导致决策质量不稳定，或由于前后不一致引发混乱等。如果是高层决策，还可以通过沟通协商审核等方式设法规避，但具体知识工作中的决策就由于时间、人力的局限，只能主要依靠知识工作者个人的经验和努力。这就导致知识工作中由于决策失误造成损失或隐患的风险较大。

3）规避知识流失风险，知识流失风险具体表现为知识不能有效沉淀、不能重复利用，人员流失，知识也流失，导致重复试错成本高、学习成本高、成长进步慢等。

在本方案中，经过自动理解、加载并执行的知识将在其他模块的支持下，用于实现自动写稿、语义推理、知识推理等重要的认知计算。

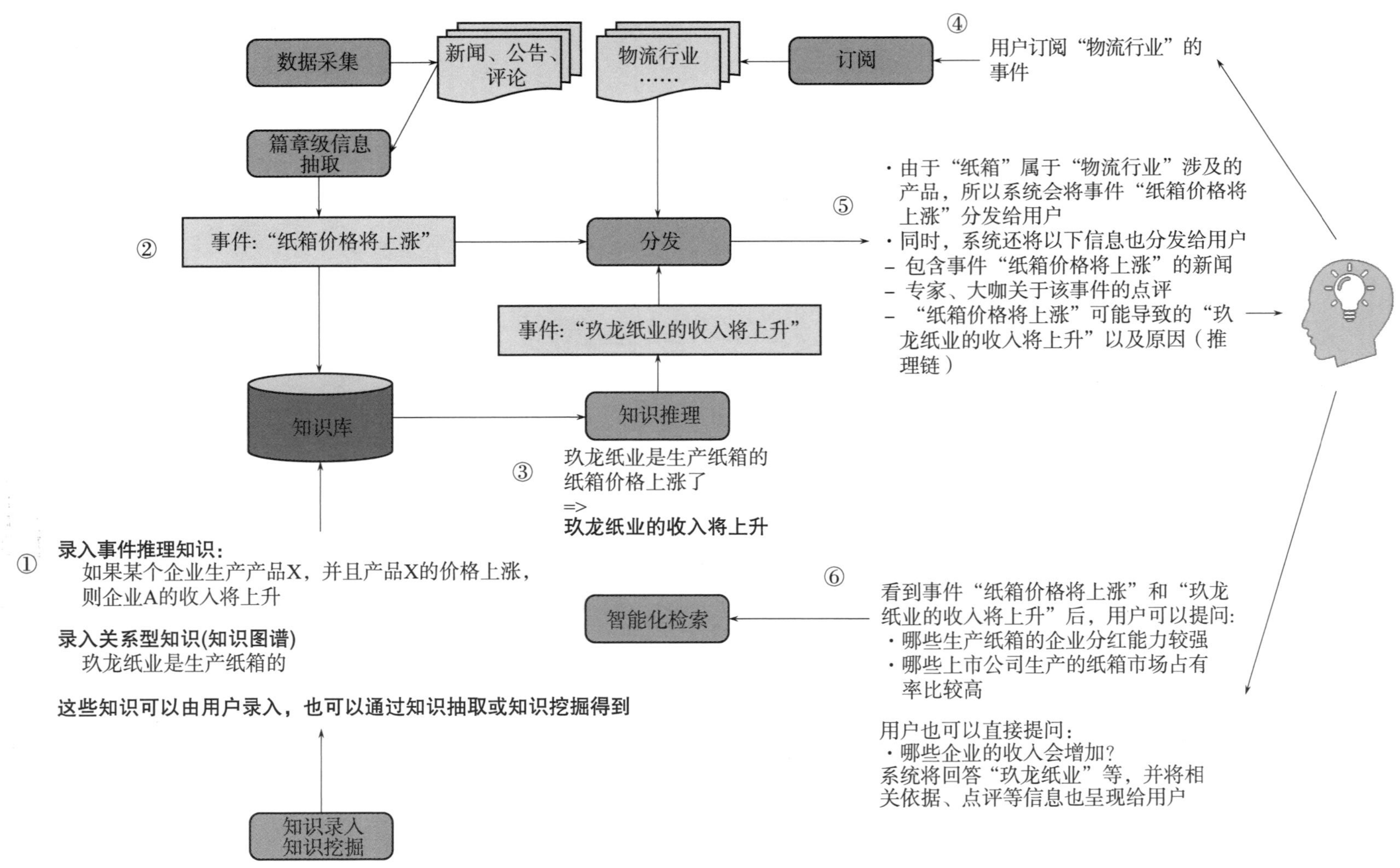

图 6-1　知识自动理解及加载执行原理示意图

三、样本采集

样本采集模块用于在用户录入知识的同时系统自动学习，逐渐形成文本信息结构化抽取能力。

在系统投产初期，需要一定的人工对指定文档进行手工编辑，在此过程中，系统将自动从用户的知识编辑过程中学习相关的知识。当系统积累的知识达到一定程度后，绝大部分的知识图谱构建工作可由系统自动完成，实现知识编辑工具从“人工”到“自动”的逐步过渡。

四、信息抽取

知识关联工具根据用户录入的知识形成信息抽取样本的过程如下：

用户选择录入属于特定 Schema 的知识。

系统提示用户按照 Schema 补充完整的数据。

系统根据用户录入的知识来源对输入的信息进行自动核对，如果存在歧义，则请用户确认。

系统自动根据用户录入的知识和作为知识来源的文本生成端到端信息抽取样本，并提交给后台的启发式学习系统。

下次在用户提交的文本中，只要包含相同核心语义结构、相似的上下文背景，系统就可以自动从文本中按照 Schema 完成信息抽取。

信息抽取模块主要用于处理书面文字。由于行文中可能会出现语序变化、低频词等情形，导致基于语义模式的信息抽取失效，因此本方案采用基于语义模式结合深度学习的语义分析技术实现信息抽取。在实际工作时，同时将目标文本提交给基于语义模式的层次语义分析模块和基于深度学习的语义分析模块，优先采用层次语义分析模块的输出，从而确保较高的准确率。当基于语义模式的层次语义分析模块的输出置信度较低时，转为采用基于深度学习的语义分析模块的输出，利用深度学习的拟合预测能力处理输入文本不规范情况较严重的情形，从总体上达到在小样本基础上，获得较高的准确率和召回率。

虽然深度学习模型需要大量的样本，但是可利用层次语义分析模块为深度学习提供高质量的样本，从而实现增强学习。原理如图 6-2 所示。

这意味着在信息抽取系统工作的初期，主要是依靠层次语义分析模块的输出，当

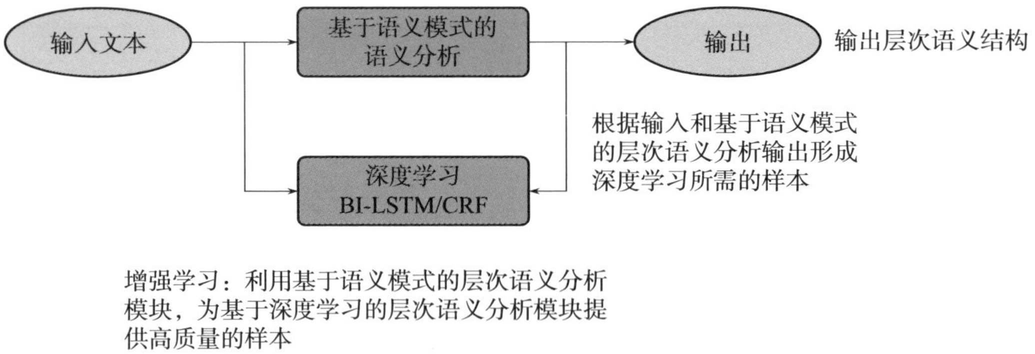

图 6-2 利用基于语义模式的层次语义分析实现增强学习

样本积累到一定程度后，基于深度学习的语义分析模块将发挥作用，此时信息抽取系统将达到最佳工作状态。原理如图 6-3 所示。

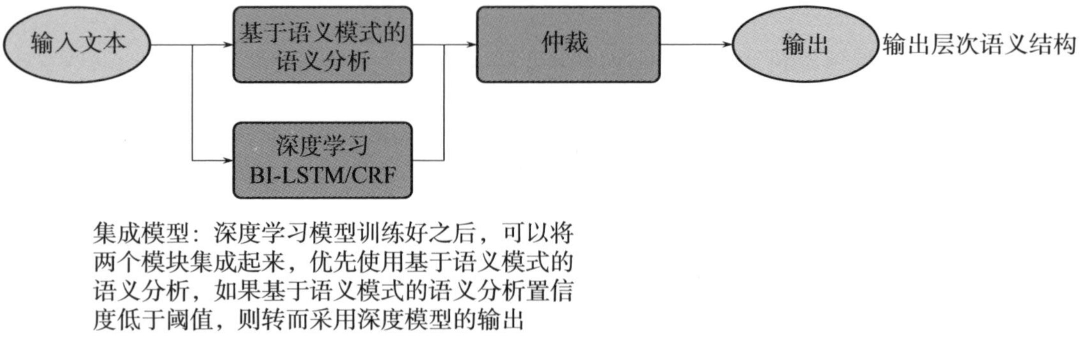

图 6-3 基于语义模式集成深度学习实现层次语义分析

表 6-1 反映了基于语义模式集成深度学习的层次语义分析架构的标注率、拦截率和准确率比较。可见，采用集成架构的标注率远远低于常规的深度学习模型，拦截率、准确率分别提升 18%和 11%。

表 6-1 主要指标对照表

算法模型	标注率	拦截率	准确率
深度学习模型 BI-LSTM/CRF	X	0.7	0.75
基于语义模式的层次语义分析	$\ll 0.01*X$	0.6	0.96
基于语义模式集成深度学习的层次语义分析	$\ll 0.01*X$	0.88	0.876

基于语义模式优先的拦截率=1-(1-深度模型的拦截率) * (1-基于语义模式的拦截率)

基于语义模式优先的准确率=基于语义模式的拦截率 * 基于语义模式的准确率+（1-基于语义模式的拦截率）* 深度模型的准确率

五、ETL 工具

ETL 工具负责将分布的、异构数据源中的数据如关系数据、平面数据文件等抽取到临时中间层后进行清洗、转换、集成，最后融合到知识图谱中，从而将原本分散、零乱、标准不统一的数据整合到一起，为企业的决策提供分析依据。

本方案拟集成目前成熟的开源 ETL 工具 Kettle，通过可视化图形配置界面即可快速部署实时数据管道，并提供丰富的管理功能：数据的批流一体处理、API 数据接入、数据质量管控、数据任务流管理、可视化运维管理、错误队列管理、用户管理、元数据管理等，帮助客户实现高效地连接复杂的异构数据源和目的地，大数据量下的高并发数据同步，可视化实时监测保障数据质量等价值，为客户灵活的数据消费需求提供强有力的技术驱动。

（一）Kettle 的体系结构

Kettle 分为 kettle 平台、各类插件。其中 kettle 平台是整个系统的基础，包括 UI、插件管理、元数据管理和数据集成引擎。UI 显示 Spoon 这个核心组件的界面，通过 xul 实现菜单栏、工具栏的定制化，显示插件界面接口元素。元数据管理引擎管理 ktr、kjb 或者元数据库，插件通过该引擎获取基本信息。插件管理引擎主要负责插件的注册。数据集成引擎负责调用插件，并返回相应信息（见图 6-4）。

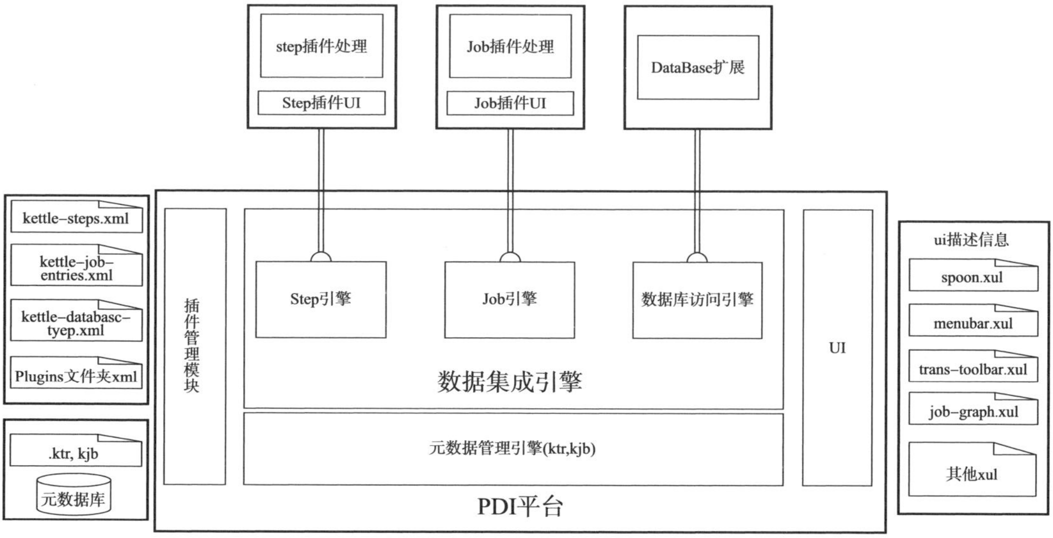

图 6-4　Kettle 体系结构图

（二）元数据管理引擎

元数据管理引擎管理 ktr、kjb 或者元数据库，插件通过该引擎获取基本信息，主要包括 TransMeta、JobMeta 和 StepMeta 三个类。

TransMeta 类，定义了一个转换（对应一个 . ktr 文件），提供了保存和加载该文件的方法。

JobMeta 类，同样对应于一个工作（对应一个 . kjb 文件），提供保存和加载方法。

StepMeta 类，保存的是 Step 的一些公共信息的类，每个类的具体的元数据将保存在显示了 StepMetaInterface 的类里面。

（三）数据集成引擎

数据集成引擎包括 Step 引擎、Job 引擎和数据库访问引擎三大部分，主要负责调用插件，并返回相应信息。

（四）Spoon 工作界面

UI 显示 Spoon 这个核心组件的界面（见图 6-5），通过 xul 实现菜单栏、工具栏的定制化，显示插件界面接口元素，其中的 TransGraph 类和 JobGraph 类是用于显示转换和 Job 的类。

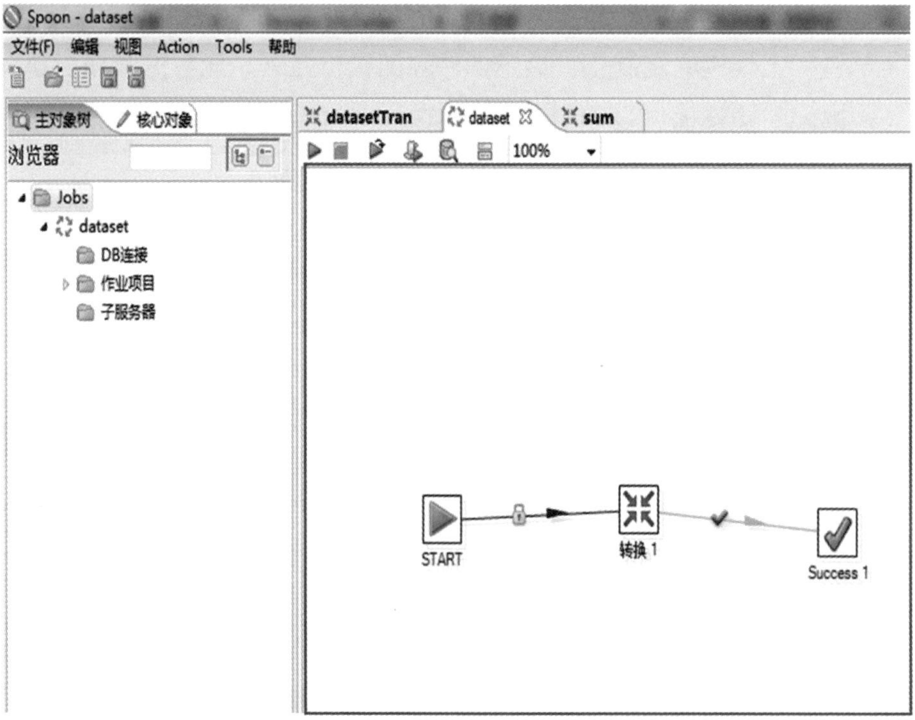

图 6-5　Spoon 工作界面

（五）插件管理模块

Kettle 是众多“可供插入的地方”（扩展点）和“可以插入的东西”（扩展）共同组成的集合体。在我们的生活中，电源接线板就是一种“扩展点”，很多“扩展”（也就是电线插头）可以插在它上面。

插件管理引擎主要负责插件的注册，在 Kettle 中不管是以后的扩展还是系统集成的功能，本质上来讲都是插件，管理方式和运行机制是一致的。系统集成的功能点也均实现了对应的扩展接口，只是在插接的说明上略有不同。

Kettle 的扩展点包括 step 插件、job entry 插件、Database 插件、Partioner 插件、debugging 插件。

（六）Kettle 的功能模块

Chef——工作（job）设计工具（GUI 方式）。

Kitchen——工作（job）执行器（命令行方式）。

Spoon——转换（transform）设计工具（GUI 方式）。

Span——转换（transform）执行器（命令行方式）。

第二节 国防科技评估数据处理

国防科技评估数据的处理，主要包括实体挖掘、本体构建及自动校正、实体对齐、解决不一致性、构建知识图谱库等步骤。

一、实体挖掘

实体挖掘包括以下情形：

1）从文本语料中识别出新的实体。

2）按照一定的条件从知识图谱中找出符合条件的实体。

（一）实体挖掘方法

为了实现从文本语料中识别新的实体，大致有以下方法：

1）基于规则的方法。

2）无监督方法。

3）基于特征的监督学习方法。

（二）利用深度学习实现命名实体识别

考虑到深度学习方法需要大量的样本，基于规则的方法又失之于繁琐，本方案建议采用半监督的方法。具体来说，包括以下两种做法：

1）自动生成命名实体识别规则。通过自动识别已知命名实体的组成结构特征，从而自动生成命名实体识别规则。

2）文本挖掘。根据已知的语言知识，包括语义模式、本体词库等，利用文本挖掘技术从语料中识别出新的实体及其分类。

上述两种做法正好可以相互补充，达到较好的实体挖掘效果。自动生成命名实体识别规则，需要预先获得尽可能多的本体词库知识。而文本挖掘方法恰好可以在已知语言知识的基础上，自动识别新的实体及其分类。识别出来的实体有两种用途：一是作为自动识别命名实体识别规则的输入，用来生成新的命名实体识别规则；二是在新生成命名实体识别规则的基础上，识别更多的命名实体，反过来促进文本挖掘算法识别更多的语义模式、实体及其分类。其原理如图 6-6 所示。

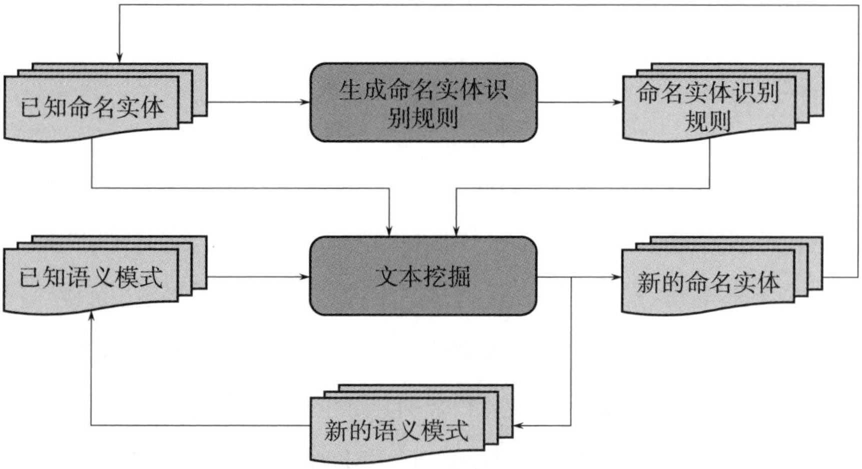

图 6-6　多轮迭代的实体挖掘

二、本体构建及自动校正

为了能让知识图谱更好地支持分析推理，同时便于对知识图谱进行准确地查询检索，还需要构建或校正本体。本体由概念节点和概念分类层次构成，本体层次关系反映了实体的分类层次。由于不同的数据源通常是由不同的人员在不同的时期建模的，所以模型泛化程度、范围会有所不同，因此还需要对本体结构进行归一化，建立对知识图谱的本体层次的明确约定，并将采集、抽取的信息中包含的实体准确关联到相应的本体节点。

本方案采用“术语-节点映射”的方式来解决本体构建问题。

所谓“术语-节点映射”是指，在本体层次结构中，仅包括概念节点，例如“@人”“@事”“@物”，以及下位节点，例如“@员工”“@股票”等（“@”前缀是本体节点助记符）。这样得到的本体结构基本上是一个树形层次结构。然后再将术语根据“类属（is kind of）”关系或“实例（is a）”关系映射到本体节点上，为了表达一词多义的特性，我们允许同一个术语映射到多个不同的本体节点。术语和本体节点的映射构成网状关系。同时不建议非必要的一词多义关联，例如“贵州茅台”，只要关联到“@股票”就行了，没必要进一步关联到“@绩优股、@大盘股”，这些信息留在知识图谱中作为常规事实即可。

本方案中使用的本体中仅保留“类属（is kind of）”或“实例（is a）”关系，因此本体既是语言知识的一部分，同时也是知识图谱的一部分，至于本体节点之间其他类型的关系都放到知识图谱中，这样做可以避免大量不必要的冗余信息。

三、实体对齐

在实际应用中，经常出现诸如同一个实体名称存在多种表达方式，或者某个特定称谓在不同的上下文中也许对应于多个不同的实体等情形，需要分别加以处理。

对于同一个实体名称存在多种表达方式，例如公司全称和公司简称，字符串不一样，但是其所指是一样的。又如用户 A 填写公司名字为“汇智”，而用户 B 填写的名字为“汇智科技”，用户 C 则填写成“汇智信息科技有限公司”。虽然这三个人都隶属于一家公司，但由于他们填写的名字不同，计算机则会认为他们三个来自不同的公司。那接下来的问题是，怎么从海量的数据中找出这些存在歧义的名字并将它们合并成一个名字。这就涉及“消歧分析”技术。

本方案采用基于实体对象的属性和属性值的比较分析的方式来实现实体对齐和消歧，从而判定哪些实体名称实际上是指同一个实体。

实体识别之后紧接着需要进行实体链接。实体链接是指，将识别出的实体与已有知识库中对应实体进行链接，以准确补充知识图谱的内容，避免引入冗余数据。

四、解决不一致性

在实体对齐过程中，还需要针对链接的实体进行属性值的归并，删去重复的数据。此时可能还会遇到数据不一致的问题。典型情况如：

1）实体名称相同，但是属性集不完全相同，例如个别属性名称不一致。

2）实体名称、属性名称相同，但是属性值不同。

需要针对具体情况采用合适的方式来处理。具体做法：

1）首先再次验证实体是否应该链接，或许只是同名，但实际上并不是同一个实体。

2）如果是属性名称有差异，则应考虑是否需要属性名称归一化。需要结合机器学习、数据稽核等多种手段来实现属性归一化。此外，如果领域模型不是太复杂，属性的数量不是那么庞大，采用人工来处理也是可以的。

如果属性值有差异，则需要进一步具体细分处理：

a）对于数值型属性值，主要考虑精度、单位的归一化。例如百分比，是保留百分数，还是保留除以 100 后的实数。

b）对于文本型属性值，要通过语义归一化来结束。如果属性值是术语，则可以归结为同义词。如果属性值是一段文本，则情况就复杂了。可以采用基于预训练模型的文本释义来实现，但问题是所需的样本量极其巨大。也可以将其转换成信息抽取的任务来处理，即对属性值也进行信息抽取，通过建立一定量的标注样本，可以较好地解决文本型属性值归一化的问题，就业内经验来说，采用信息抽取的方案，对文本型属性值归一化的准确率大致能做到85%以上，召回率不低于80%。

五、构建知识图谱库

本方案拟采用 dgraph 来保存知识图谱数据。

dgraph 是可扩展的、分布式的、低延迟的图数据库。dgraph 可以在超过 TB 的结构数据里，为用户提供足够低延迟的实时查询，支持 GraphQL 作为查询语言，响应 JSON。

（一）信息形式

知识图谱中存储信息的形式包括：

1）实体-属性-值，反映实体的属性。根据属性值，可以分为结构化属性值和非结构化属性值。结构化属性值是指属性值为一个实体的情形，例如“以岭药业的注册地是西藏”，非结构化属性值是指属性值为一段文本的情形，例如“以岭药业的主营业务是中成药的研发、生产与销售”。

2）实体-角色-实体、实体-关系-实体，反映实体之间的关系，例如“上下位、位置、原材料、member-of、角色”等关系。如“中国证监会是中国证券市场的监管部门”“广州位于中国华南地区”“××皮鞋是用真皮做的”“小明是初二 3 班的学生”“某人担任某公司的独立董事”。

3）事件-属性-值，例如“阴历置润具有时令指示的作用”。“阴历置润”作为一个事件类对象，其属性“作用”的值为“时令指示”。事件的常见属性有：频度、程度、发生时间、结束时间、持续时间、初始数量、最终数量、变化数量、变化幅度等。

4）事件-角色-实体，例如“高管变更”事件中的“所属公司”为“以岭药业”。

5）事件-关系-事件，例如“原材料价格上涨”导致“收入减少”。

（二）流程和推理规则

对于流程和推理规则的图谱存储和显示，需要建立特别的约定：不仅要能以图谱形式可视化显示程序性知识，还应允许用户在图谱界面上直接修改程序性知识，特别是修改保存后程序性知识依然可以被系统加载执行。换言之，系统不仅可以图谱的形式展示流程和推理规则，允许用户直接进行修改，还能自动加载执行这些流程和推理规则。

（三）说明

简单实体，典型如专有名词构成的实体，如股票名称“贵州茅台、以岭药业”，或人名“林建华”等。

复合实体，一个以实体为中心词的短语。例如“公司时任执行董事兼前任董事会主席林建华”“中国华南地区”。复合实体实际上本身也隐含了特定的语义关系，本质上是一个子查询。这个子查询的结果有时仅指一个单个实体，如“公司时任执行董事兼前任董事会主席林建华”，又如“Who is the wife of Bill Gates who founded Microsoft?”中的“Bill Gates who founded Microsoft”；有时是一个集合，例如“中国华南地区”。为了实现细粒度的分析推理，在实际工作中可以建立嵌套子网络或子关系链来揭示复合实体中潜在的关系链。对复合实体做进一步的精细化表示后，有助于更深刻地揭示领域内的知识，建立更加深刻的洞察。

事件是指一个以动词为中心词的短语，如“高管变更”。也可以是无中心词但包含动词的缩略句，例如“原材料价格上涨”“收入减少”。基于事件可以构成事理图谱。

知识图谱中存储的信息包括：语言知识、元数据、实体、实体关系、事件、事件关系、时序数据、标签、流程或推理规则等。其中：

1）元数据。元数据包括数据源、目标数据的结构、转换规则以及过程的依赖关系等。

2）实体。实体是有属性的，例如“身高、体重”等，具有相同属性结构的实体可以存放在同一个实体表中。

3）实体关系。常见的实体关系是二元的。例如 member-of、part-of。此外，关系可能也有属性，例如“某人在某个时间在某公司担任某个职务”。具有相同结构的实体关系可以存放在同一个实体关系表中。

4）事件。事件有角色，也有属性。例如事件“成立公司”的角色有：是谁成立的、公司名称叫什么等，属性有：何时成立的、在什么地方成立的等。具有相同结构的事件可以放在同一个事件表中。

5）事件关系。事件关系，例如“导致、包含”等。具有相同结构的事件可以放在同一个事件关系表中。事件关系可以用来构成事理图谱。

6）标签。标签是指对篇章，或篇章中的一段文本按照其主题或分类打上的标签。

第三节 国防科技评估数据使用

国防科技评估数据的使用主要涉及如何检索的问题。这一问题包括文本分拆、三元组抽取、问句分析、复合实体检索等问题。本节将一一详细阐释。

一、国防科技评估数据检索

（一）文本分拆

在显式因子识别的基础上，识别篇章章节结构、模板结构，进而在物理句块的基础上识别逻辑句块，将整篇文档分拆为主题明确的知识点。

将篇章分拆为知识点，不仅有助于更加准确检索、搜索，还便于知识的精细化管理和重复利用。

文本分拆中要解决的问题包括：

能够准确识别多余的格式控制符，特别是多余的回车换行符。

能够识别出文本中混入的表格型数据，避免让这些非自然文本干扰对正文的理解。

能够兼容标点符号的非规范使用，将多个逻辑上原本是一个整句的多个物理句块识别为一个逻辑句块。例如句号、逗号的错误使用不至于影响对正文内容的正确理解。

能够准确识别命名实体中的标点符号和用于句块分拆的标点符号。例如避免将数字中的逗号或将标识符中的冒号误认为句块分隔标记。

能够正确处理正文中出现的括号体、引号体，确保这些内容不至于影响系统对正文的正确理解。

能够准确识别缺失的标点符号，将一个物理句块分拆为多个逻辑句块。

（二）三元组抽取

三元组抽取主要用于根据知识点的正文内容产生不包含知识点的三元组，但系统会记录下来每个三元组关联到哪个知识点。

在语义检索时，如果三元组可以用来回答用户的问题，则系统将包含该三元组的知识点或文档作为检索结果反馈给用户。

（三）问句生成

在文本分拆的基础上，可以根据知识点的内容生成问句或主题，实现自学习应答会话。问句生成模块本质上仍然是三元组抽取，只不过产生的都是包含知识点 ID 的标签型三元组。

虽然许多情况下，章节结构的标题也可以作为知识点关联的问句来使用，但为了更全面地揭示知识点所涉内容，有必要进一步采用问句生成技术对知识点的正文内容进行问句标引、主题标引，以便从多个角度揭示知识点的内容，形成更加全面的问题层次架构。

问句生成技术包括基于信息抽取的问句生成和动态主题识别。

基于信息抽取的问句生成，是指根据对知识点正文内容的理解来自动生成相关的问句。这样的问句可能是开放式的，也可能是封闭式的。

例如：

how 类型，例如：某人利用某物做某事⇒某人怎样某事。

what 类型，例如：某人在某地做某事⇒某人在某地做什么。

why 类型，例如：某人在某地做某事件 x 导致某事件 y⇒某事件 y 的原因。

动态主题识别，则是在自动积累大量样本的基础上，综合利用语义分析技术和深度学习技术自动为知识点生成主题标签。所谓主题，是指关于特定对象的某方面特性的信息。例如“淮山的功效”“某国的外贸政策变化”“某人对某事的看法”“某种技术的原理及应用”等。

在系统运行的初期，需要用户对知识点关联的问句或主题进行人工标注。一方面作为工作的一部分，起到备忘、批注的作用；另一方面系可以自动收集相关信息，生成训练样本，逐步积累自动生成问句或主题的能力。当系统知识积累到一定程度，就可以主动根据知识点自动向用户准确地推荐关联的问句或主题。从用户一侧，则会感觉到系统越来越聪明。相当于每个用户都领养了一个机器人，在日常工作、录入知识的过程中，日积月累地就完成了信息抽取、问句生成的训练任务。本方案预期，由于问句生成技术的使用，为知识点关联问句或主题的工作中，最终系统贡献与人工付出占比将达到九比一（机器占 90%，人工占 10%），甚至更高。

（四）创建复合实体索引

由于自然语言的层次嵌套特性，因此许多时候抽取出来的三元组是包含复合实体的。

例如根据输入“对专注于长期投资和价值投资的创业投资基金减持其持有的上市公司首次公开发行前的股份给予政策支持”就可以得到一个包含复合实体的三元组：

Subject：政府（推断后补充）

Predicate：政策支持

Object：专注于长期投资和价值投资的创业投资基金减持其持有的上市公司首次公开发行前的股份

其中“专注于长期投资和价值投资的创业投资基金减持其持有的上市公司首次公开发行前的股份”就是一个复合实体。如果把这个复合实体直接作为一个节点放在知识图谱中，则检索命中率将会很低，甚至会造成许多误判。因为这个节点包含了复杂的语义层次。为解决此问题，本方案采用为复合实体创建语义索引的方案。在复合实体索引中，保存了复合实体的语义编码与复合实体对应的知识图谱节点 ID 的映射关系。

在实际检索时，先对用户输入进行分析，提取出检索方案后，先执行复合实体检索，然后再到知识图谱中与简单实体一起完成检索，经排序、筛选之后，输出最终检索结果。

采用复合实体索引的意义在于，可以基于语义蕴含关系来根据用户输入问句的语义准确地检索出相关的复合实体。语义蕴含关系的原理是基于内涵的包含关系来决定候选实体是否应被检出。在层次语义分析的基础上，我们可以利用层次语义结构生成一阶逻辑表达式，来实现输入实体的语义内涵的机内表示，并通过推理机制迅速找到内涵被输入实体包含或包含输入实体内涵的已知实体。

例如系统中可能保存的是““洛杉矶”级攻击型核潜艇”，则用户输入“洛杉矶级潜艇”，也可以检出““洛杉矶”级攻击型核潜艇”。

复合实体索引本质上相当于一个推理引擎，创建索引的过程相当于将根据复合实体的层次语义结构生成的一阶逻辑式转换为规则形式添加到推理引擎中，用来响应内涵比索引实体大的输入。再进一步根据一阶逻辑式生成语义编码，作为事实添加到推理引擎中，用来响应内涵比索引实体小的输入。

（五）问句分析

问句分析的目的，是生成检索方案。根据用户输入的问句得到检索方案的过程其实就是一个对问句进行信息抽取的过程。问句分析模块利用层次语义分析模块对用户输入的问句进行分析，得到层次语义结构，根据层次语义结构进行意图识别，并采用类似三元组抽取的方式，生成关于问句的三元组，其中问点部分用“?”表示。从而得到检索方案。

例如对于用户输入的问句“美国在哪些地方部署了 F-35”，可以得到三元组“subj：美国部署 F-35，pred：地点，obj：?”，其中“美国部署 F-35”是一个关于事实的复合实体。

用户如果输入带多个条件的复杂问句，系统将相应产生多个带“?”的三元组逻辑表达式。

基于三元组的检索方案是由包含“?”的若干个三元组组成的逻辑表达式。

图 6-7 为根据问句分析生成检索方案之后，利用复合实体检索、三元组查询最终得到检索结果的数据流示意图。

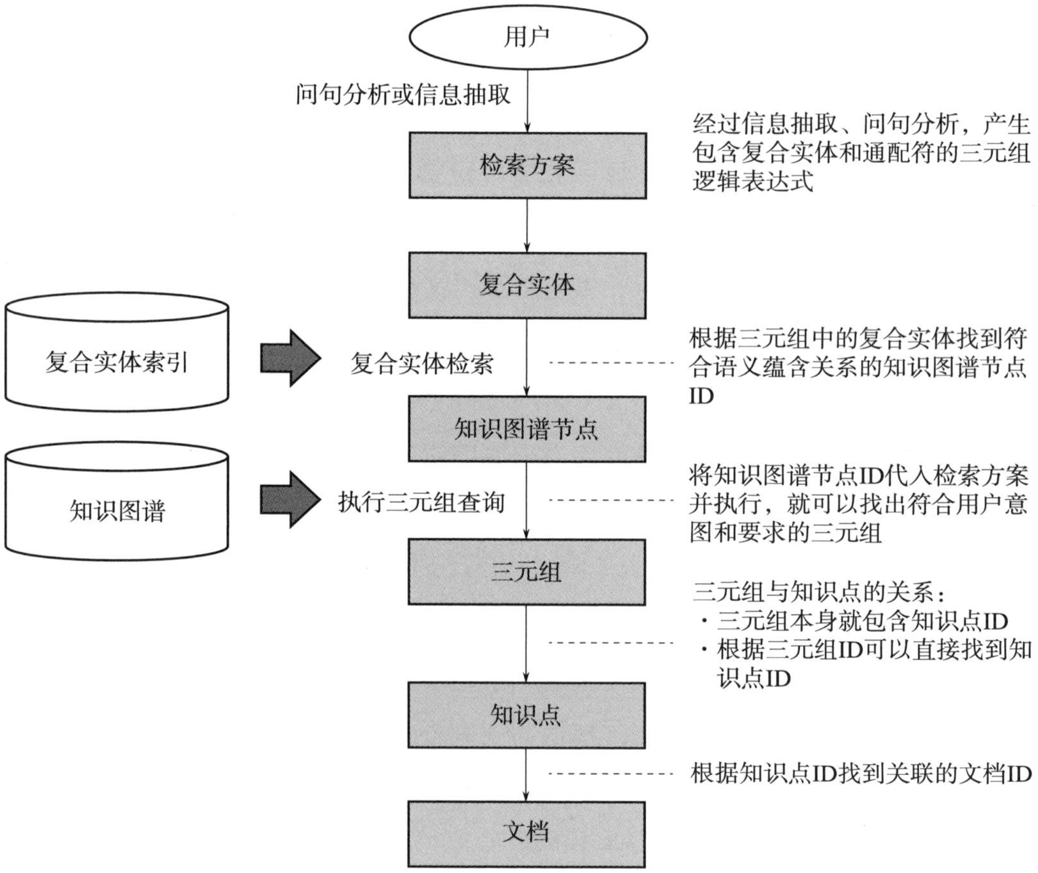

图 6-7 语义检索数据流示意图

（六）复合实体检索

根据复合实体的层次语义结构，生成关于输入实体的一阶逻辑表达式，然后在复合实体索引库中，利用常规推理技术以及语义推导技术进行检索，找出包含输入实体的一阶逻辑式的已知实体，或被输入实体的一阶逻辑式包含的已知实体。

通常复合实体检索得到的是一个知识图谱节点 ID 构成的列表。

（七）执行检索方案

用复合实体检索结果中的知识图谱节点替换检索方案中的复合实体，分别执行三元组查询，就可以得到所有可能的结果。

接下来，系统将包含检索结果中的三元组的知识点，以及检索结果中的三元组包含的知识点作为候选答案，经过实体排序、联想扩展提示后，向用户呈现最终结果。

（八）知识图谱三元组

按照三元组的抽取机制，以及三元组与知识点的关系，可以把三元组划分为三种典型类型，如表 6-2 所示。

表 6-2　知识图谱三元组主要类型

三元组类型	简要说明
模式级三元组	直接根据层次语义结构形成的三元组，用于捕获句块内的实体语义关系，短距离语义。例如："美国在关岛部署 F-35" ⇒subj：美国，pred：部署，obj：F-35 ⇒subj：[subj：美国，pred：部署，obj：F-35，pred：地点，obj：关岛
蕴含型三元组	根据端样本产生的跨句块的、跨实体关系的三元组，长距离语义。例如""亚太再平衡"战略是一个综合性和整合性的战略，包括强化传统联盟、建立新伙伴关系、与地区机制相接触、使军事力量多样化、保护民主价值观、采取经济外交等多元化和综合性举措" ⇒subj："“亚太再平衡”战略"，pred："包括"，obj："强化传统联盟、建立新伙伴关系、与地区机制相接触、使军事力量多样化、保护民主价值观、采取经济外交等多元化和综合性举措"
标签型三元组	在模式级三元组或蕴含型三元组中，包含知识点 ID 的三元组。用于知识点检索。例如："美在南海的安全战略目标始终没有大的变化，即以军事力量为后盾，维持地区力量平衡，对抗现实及长远威胁" ⇒subj：美在南海的安全战略目标，pred：是，obj：kpid-××××

基于知识点正文内容的三元组抽取主要产生不含知识点的三元组，但系统会记录下来每个三元组关联到哪个知识点。

参 考 文 献

[1] 王文中，孔亚鑫．面向科技咨询的大数据服务平台基础架构设计与实现［J］．科技资讯，2023，21（24）：32-35.

[2] 高智杰，刘迪，赵刚，等．大数据支撑国防科技体系能力评估方法探讨与建议［J］．国防科技，2022，43（4）：93-100.

[3] 陈银娣，王三梅．大数据时代装备科技信息研究系统探索：基于高端需求和信息挖掘技术的装备科技信息研究方法［J］．情报理论与实践，2020，43（4）：14-17.

[4] 杨治安，韩勇，宋雨奇．一种面向科技评估数据的信息平台架构研究［J］．中国电子科学研究院学报，2019，14（8）：870-874，881.

[5] 乔佳新．科技信息自动跟踪管理系统研究与实现［D］．西安：西安理工大学，2018.

第七章　国防科技评估软件系统设计研究

利用计算机软件系统辅助开展国防科技评估可以极大地提高效率、节省成本。但具体实现，则需要理论与实践相结合。本章围绕国防科技评估软件系统的功能及架构展开论述，介绍了系统的设计原则、主要功能及实现方法。

第一节 国防科技评估软件系统开发

一、国防科技评估软件系统设计原则

国防科技评估软件系统研制应贯彻“适用、可靠、先进、经济”原则，具体表现为：

（一）可配置

由于军事航天装备的类型较多，即使是同一类型的装备，其评估指标体系也不可能完全相同，因此应能根据具体需求灵活配置评估指标体系。

（二）可拓展

考虑系统的长远发展，预留充分的软件接口、硬件接口和分布式接口等，实现系统的可扩展性和兼容性，满足军事航天装备试验鉴定综合评估的统一框架要求。

（三）自动化

针对军事航天装备试验鉴定评估指标体系涉及测量参数众多的特点，研究采用针对性强的试验数据识别和提取技术，提高试验数据的输入自动化程度。

（四）智能化

系统设计应确保评估过程的智能化，即根据不同情况，系统既能进行某个指标的单独评估，也能进行整个指标体系的全面评估，且能对评估过程进行可视化展示；必要时，还可进行人机交互。

（五）安全性

系统设计应按照自主可控的思路，确保系统使用过程中安全可靠。系统用户需要使用用户名和密码登录进入系统才能进行操作；用户名进行分组管理的，不同组别的用户具有不同的权限和操作范围；另外还要确保系统与外界交互过程中的安全性，防止病毒或恶意代码进入系统并破坏系统的正常运行。

二、系统主要功能

（一）评估指标体系与评估方案构建与管理

1）提供指标体系编辑功能：支持快速添加指标、编辑指标名称、类型、单位、描述。

2）提供评估方案编辑功能：支持为指标设定权重，包括采用自定义、层次分析法等方式进行权重设定；支持为各指标设定评估方法，支持加权求和、指数法、TOPSIS 法、模糊综合法进行聚合计算，支持自定义指标计算流程，组合各类评估算法设计指标评估方案，支持设置指标归一化算法（包括线性归一化、线性尺度变换法、极差变换法）。

（二）评估数据采集与预处理

1）支持导入 CSV 文件及关系数据库中的数据，支持对评估数据进行编辑。

2）支持根据评估方案及评估对象自动构建数据集列表，支持将数据集列表导出为 xls 文件以进行数据录入，支持将录入完成的 xls 文件导入评估软件。

（三）评估模型库

1）提供包括 AHP、TOPSIS、SEA、指数法、DEA、灰色白化权函数聚类等多种评估模型，评估模型可以通过参数链接进行参数传递。

2）支持自定义评估算法，提供公式、JavaScript 脚本、Python 脚本 3 种方式定义评估算法。

3）支持评估模型导入、导出，与已建成系统格式兼容。

（四）评估任务构建与执行

1）支持基于评估方案构造评估任务，支持编辑评估对象、绑定评估数据；支持评估任务计算。

2）支持对维度评估结果对比查看；支持评估报告一键式生成（评估报告内容包括：指标体系、评估方案、评估计算结果）。

3）支持评估任务的导入、导出，与已建成系统格式兼容。

4）支持评估模块库管理，可以基于评估任务生成模板，也可基于模板创建新的评估任务。

5）支持将评估任务转换为评估案例，评估案例只能进行查看，不允许修改。

（五）趋势分析

提供多种回归分析方法，根据历史指标评估结果，预测指标的变化趋势。

（六）敏感性分析与逆向分解

1）支持局部扰动法计算底层指标对顶层指标的影响程度。

2）设定顶层指标变化幅度，根据评估方案反向推算底层指标需要达到的变化幅度。

三、系统架构

评估系统由资源层、支撑层、应用层（见图 7-1）和标准规范层等四部分组成。

评估资源层由仿真数据库、试验数据库、评估算子库、评估模型库、评估方案库以及指标体系库等构成，提供评估所需的评估数据、评估模型以及评估指标体系等，为上层提供数据支撑。

评估支撑层由评估数据配置、指标体系建模管理、指标配置管理、评估数据展现、评估分析计算、评估结果导出等功能构成，通过调用底层资源完成系统主要功能，为评估计算提供功能支撑。

评估应用层由单装备环境适用性评估和系统环境适用性评估等评估分析应用构成，通过调用系统的功能模块，完成单装备和系统的环境适用性评估。

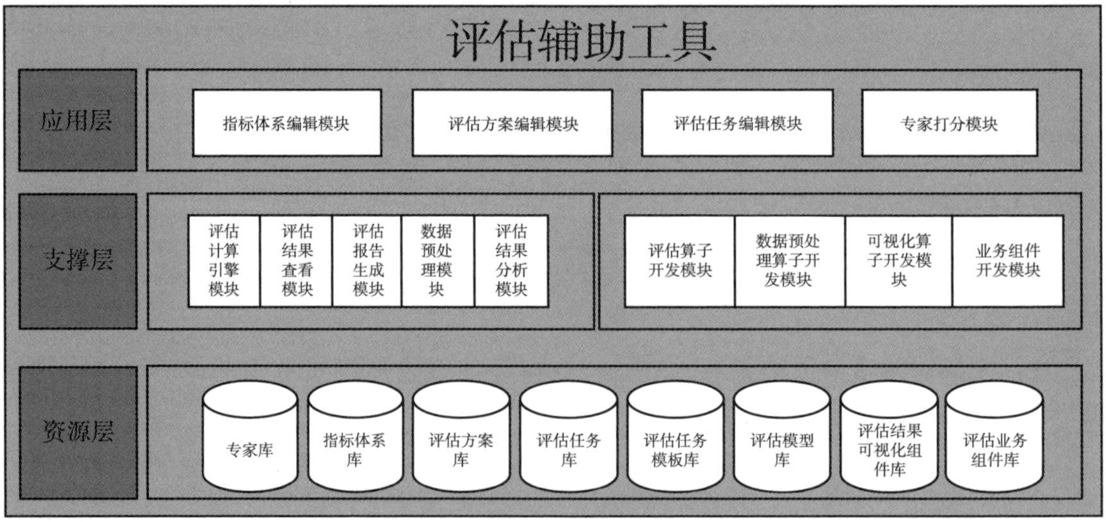

图 7-1 系统架构

四、系统内部交互关系

评估系统内部交互关系如图 7-2 所示。

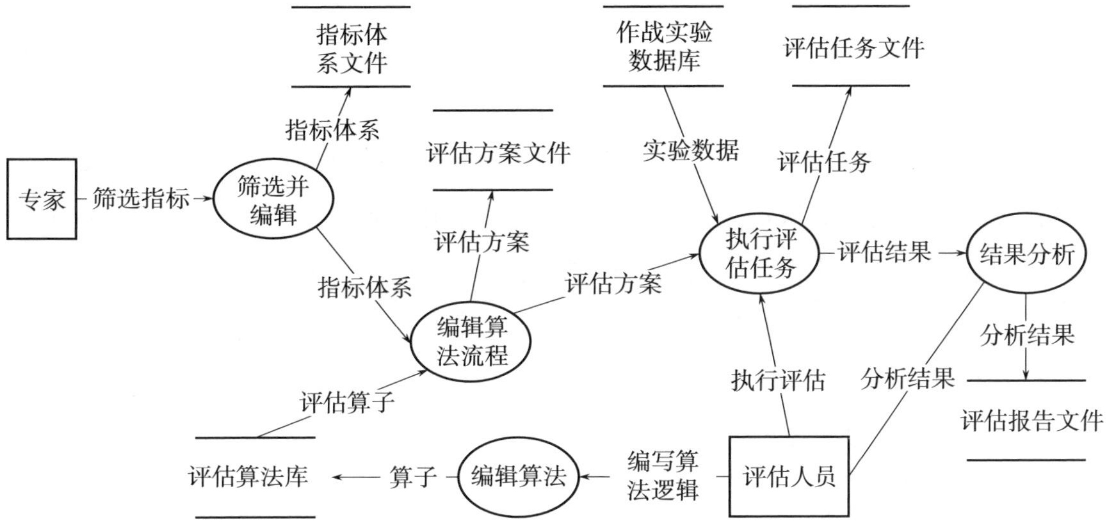

图 7-2　评估系统内部交互关系

指标体系：评估专家通过筛选并编辑指标形成指标体系，指标体系可保存成指标系统文件。

评估算子：评估人员根据评估算法逻辑扩展评估算子。创建完成后评估算子保存在评估算法库，系统启动时自动加载评估算子。

评估方案：通过生成的指标体系在指标中创建指标计算流程（选择各指标相应的评估算子）形成评估方案，评估方案可保存成评估方案文件。

评估任务：通过评估方案形成评估任务，并根据外部的实验数据进行评估任务计算形成评估结果。对评估结果进行分析可得到评估报告文件。

五、系统业务流程

（1）指标选取

由专家选取出候选指标；而后可对候选指标进行相干性分析、主成分分析，通过筛选和变换获得满足要求的指标集合。

（2）构造指标体系

为指标设定层级并建立指标间的依赖关系，并对不宜直接度量的指标进行分解。

最终建立起由效能指标（MOE）和性能指标（MOP）构成的指标体系。

（3）创建评估方案

评估方案是对同一类型的评估对象进行评估的依据。评估方案由指标体系和各个指标的单一评估方案组成。每个指标的单一评估方案是一个由输入指标、输出指标、样本数据、各类评估方法组成的计算流程。

（4）选取/创建评估算法

评估算法库提供了AHP、模糊综合评估法、灰色白化权函数聚类、TOPSIS、DEA、ADC等典型评估算法，创建评估流程时使用的评估算法可以从系统提供的评估算法库中直接选取，也可通过公式、脚本语言、算法插件三种方式对现有评估方法库进行扩展，构造出满足专业需求的评估方法。

（5）评估数据采集与处理

评估样本数据包括各类主客观数据，系统能够使用多种来源的数据，可与多种数据库适配。

（6）创建评估任务

评估任务是在已建立评估方案的基础上，针对若干明确的评估对象进行的一次具体评估活动。评估对象可以是具体装备的综合效能，也可以是不同作战方案的执行效果（见图7-3）。评估任务使用的数据来自数据预处理模块从各数据源获得的数据。

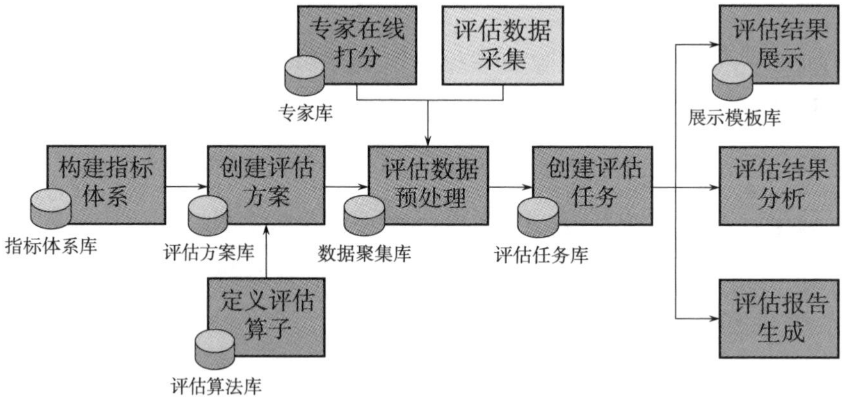

图7-3　演习效果评估系统业务流程图

（7）执行评估任务

按照评估方案自底向上逐层计算，获得指标体系中所有指标关于每一个评估对象的评估结果。

（8）查看评估结果

在评估任务正确执行后，用户能够通过多种可视化手段，查看各评估对象各指标的评估结果。

（9）执行分析计算

基于评估结果进行敏感性分析、全寿命周期分析、指标相关性及独立性分析。

（10）生成评估报告

评估报告中包含指标体系、评估方案、评估结果等信息。评估报告采用文字、图表显示各类信息。

第二节 指标体系编辑模块设计与实现

指标体系管理模块负责指标体系的创建、编辑与保存。指标体系是通过对同一类评估对象各种特性逐层抽取，而得到的由效能指标（MOE）和性能指标（MOP）构成的指标体系层次图。该模块支持成本型、效益型、固定型、偏离型、区间型五种类型的指标的可视化创建与编辑；支持指标的多重依赖，同一个底层指标可以被多个上层指标所依赖；支持指标体系自动排布；支持指标体系分支缩放；支持指标查找与导航。

构建指标体系过程中支持层次分析法、环比系数法、自定义权重法（专家赋权法）三种主观权重设定方法，其中层次分析、环比系数可与专家在线打分系统相结合，实现基于群决策模式进行指标体系权重设置。

一、软件结构

指标体系管理模块结构如图 7-4 所示。

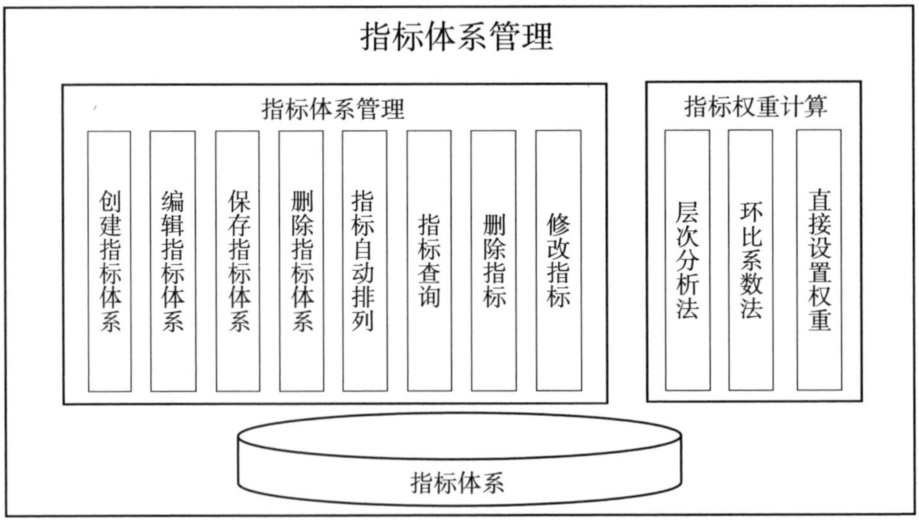

图 7-4 指标体系管理模块结构图

（一）指标体系管理

创建指标体系：评估任务要求，根据评估对象特点创建指标体系，创建过程中需设置指标体系名称、指标体系描述信息。

创建指标：在当前指标体系中创建一个指标，同时设置指标的层级、名称、单位、类型（包括成本型、效益型、固定型、偏离型）、中间值（只针对固定型和偏离型）及描述信息。

创建指标关联：在指标体系的两个指标之间创建依赖关系，两个指标必须属于相邻层级，创建关联后，上层指标将依赖下层指标。

删除指标：删除选定的一个或多个指标。

删除指标关联：删除选定的指标关联。

保存指标体系：保存过程中需要指定保存路径，系统将指标体系中的基本信息、指标集合、指标关联信息、指标权重全部保存到XML格式的指标体系文件中。

删除指标体系：支持删除评估任务中的指标体系。

指标自动排列：在图显示模式下，自动对指标体系进行布局。

指标查询：查询指标库中的指标，查询条件包括指标名称、单位、指标描述信息、指标类型。

（二）指标权重计算

层次分析法：支持各个指标之间重要度对比打分，也可以根据子指标对父指标的影响程度对子指标直接打分，打分完成后计算权重。网络版发布打分任务后，由选定的专家在远程进行指标之间重要度对比打分，或者子指标直接打分后，由程序获得打分结果进行计算得到权重。

环比系数法：环比系数法主要根据用户对相邻两个指标相对重要度比较的打分结果值，计算出各指标的权重。环比系数法还可以通过专家打分的形式获得打分结果，实现远程打分。

直接设置权重：用户根据先验知识直接设定指标权重值。

二、软件界面

指标体系管理界面如图7-5所示。

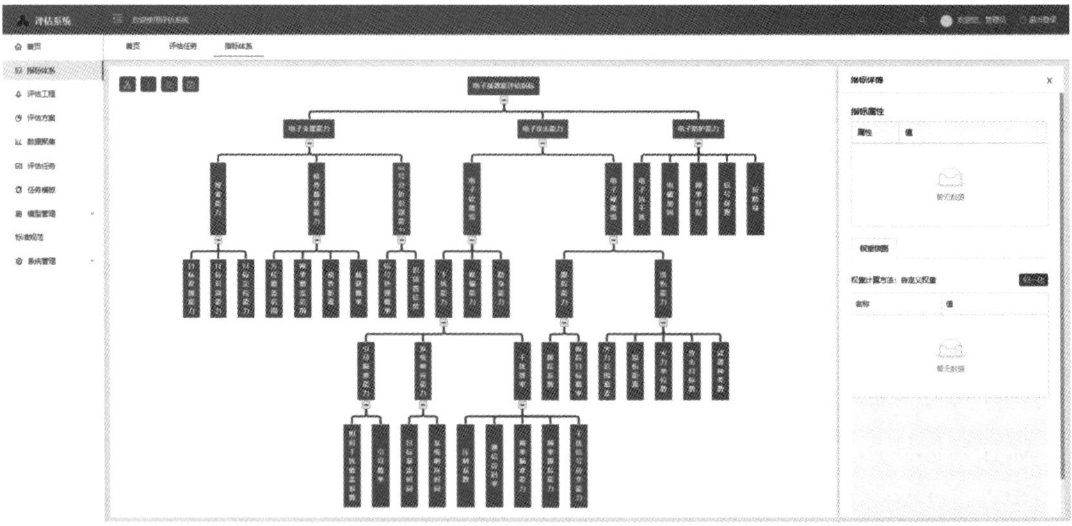

图 7-5 指标体系管理界面

三、使用模式

指标体系管理模块使用模式如图 7-6 所示。

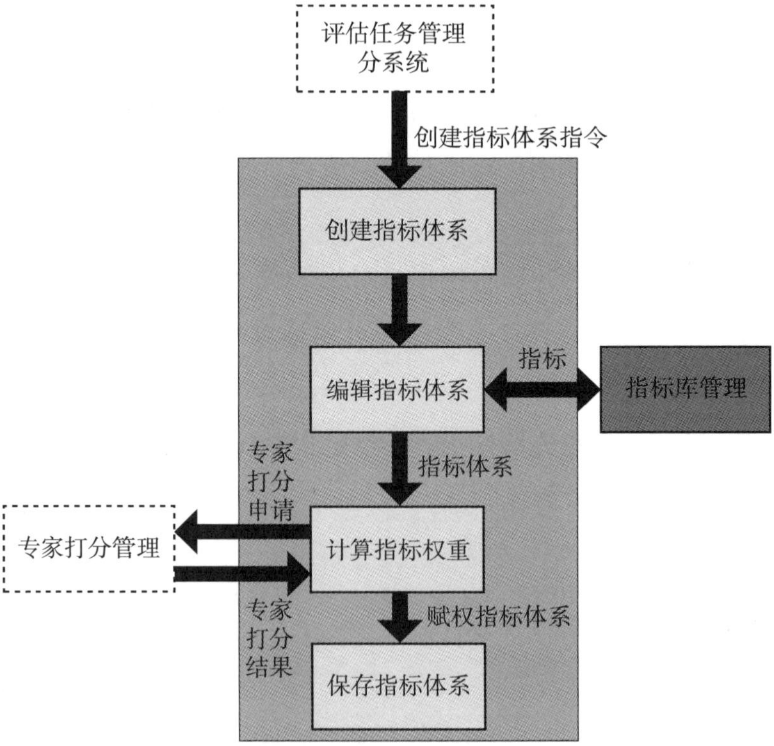

图 7-6 指标体系管理模块使用模式

指标体系管理模块接收到评估任务管理系统发送来的创建指标体系的指令，用户输入指标体系基本信息，添加指标，创建指标关联。

采用层次分析法、环比系数法或直接设置权重，可为每个指标赋予权重。

完成指标体系编辑，保存指标体系。

四、外部接口

指标体系管理模块的外部接口信息如表 7-1 所示。

表 7-1　指标体系管理模块外部接口表

序号	接口名称	接口形式	接口相关方	接口说明
1	创建指标体系指令	API	评估任务管理模块	从任务管理模块获得创建指标体系指令
2	专家打分申请	API	专家打分管理模块	发出专家打分指令，由专家对指标权重进行打分
3	专家打分结果	API	专家打分管理模块	从专家在线打分模块获得专家对指标权重的打分结果

第三节 评估方案编辑模块设计与实现

评估方案管理提供统一的方案管理平台，可快速检索和显示各方案文件。评估方案是评估计算的依据与准则。用户通过对指标体系中各指标的评估方法、指标参数、评估数据进行定义的方式来制定评估方案。评估方案由若干独立的指标计算流程构成，指标计算流程定义了一组输入指标或样本数据到一个或几个输出指标的运算流程，计算流程中可使用评估算法库中的各类算子。评估方案的执行不涉及具体评估对象和评估样本数据。

一、软件结构

评估方案管理模块结构图如图 7-7 所示。

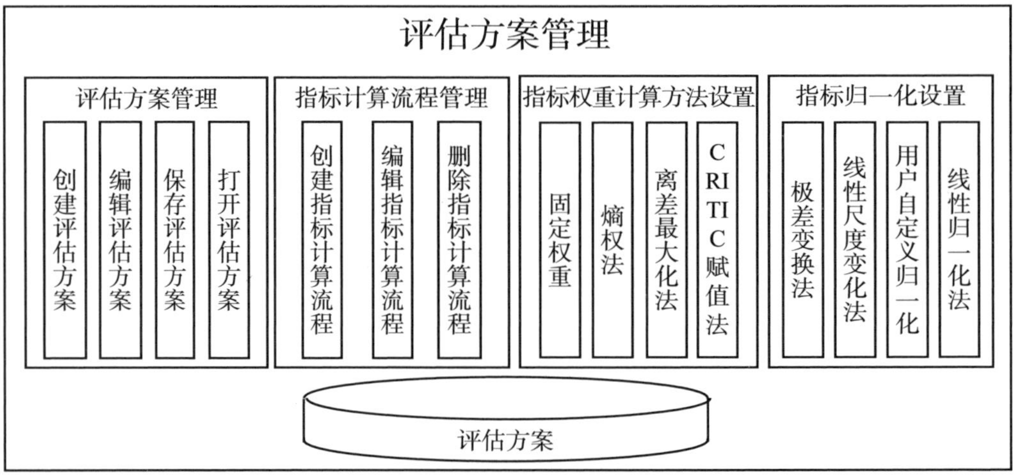

图 7-7 评估方案管理模块结构图

创建评估方案：根据评估任务要求基于指标体系创建评估方案。创建过程中需要设置方案名称、描述信息。

保存评估方案：保存评估方案基本信息，以及各指标计算流程、归一化方法、权重设置方法。

打开评估方案：打开已有评估方案并进行编辑。

编辑评估方案：编辑评估方案名称、评估方案描述等基本信息。编辑各指标的指标计算流程。

创建指标计算流程：在评估方案中创建一个指标计算流程，指标计算流程用于规定计算指标体系中一个指标的计算方法。

编辑指标计算流程：编辑评估方案中的一个指标计算流程，向流程中添加/删除算子，添加/删除算子参数链接。

删除指标计算流程：删除一个指标的计算流程。

指标归一化设置：支持极差变换法、线性尺度变换法、用户自定义归一化和线性归一化法四种指标值的规范化方式，其中极差变换法、线性尺度变换法不需要参数，而参数化线性变化法需要配置上下限参数。

线性归一化法的参数配置规则为：

效益型指标：须设置归一化上限和下限；

成本型指标：须设置归一化上限和下限；

固定型指标：须设置范围；

偏离型指标：须设置范围。

二、软件界面

评估方案管理界面如图 7-8 所示。

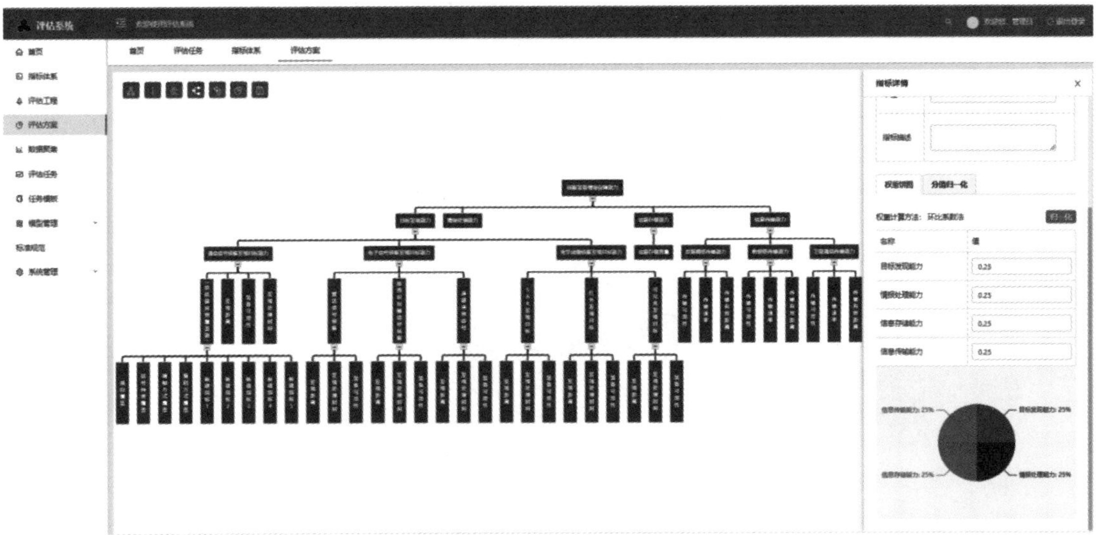

图 7-8　评估方案管理界面

指标计算流程设置界面如图 7-9 所示。

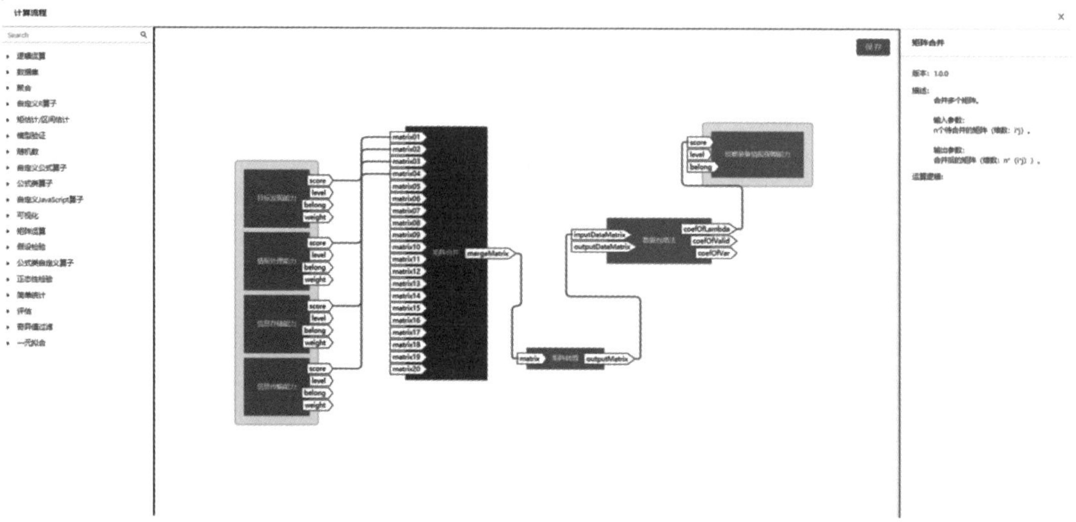

图 7-9 指标计算流程设置界面

三、使用模式

评估方案管理模块（见图7-10）接收到评估任务管理系统发送来的创建评估方案的指令，用户输入评估方案基本信息，编辑评估方案。创建评估方案可基于指标体系管理模块编辑完成的指标体系。

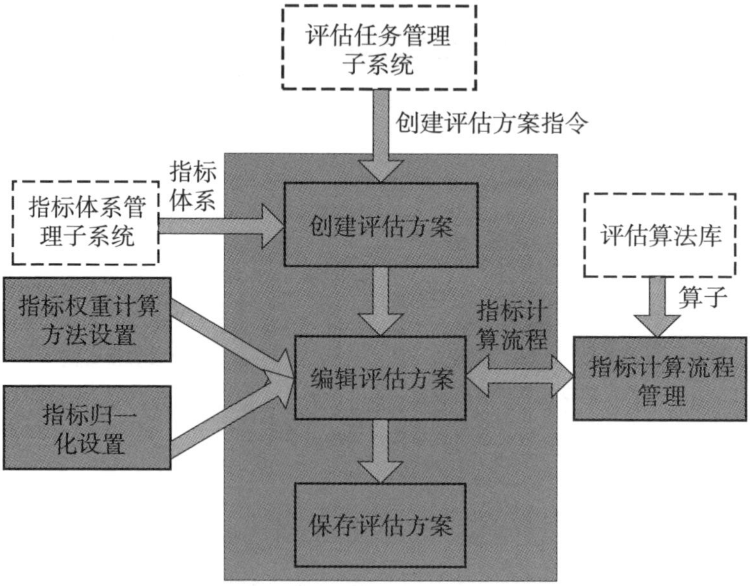

图 7-10 评估方案管理模块使用模式

在编辑评估方案过程中，会为各指标创建计算流程，设置权重和归一化算法。指标计算流程中会使用到评估算法库中的算子。

完成评估方案编辑，保存评估方案。

四、外部接口

评估方案管理模块的外部接口信息如表7-2所示。

表7-2　评估方案管理模块外部接口表

序号	接口名称	接口形式	接口相关方	接口说明
1	创建评估方案指令	API	任务管理模块	从任务管理模块获得创建评估方案指令
2	指标体系调用	指标体系	指标体系管理模块	读取指标体系管理模块编辑完成的指标体系，基于指标体系创建评估方案
3	算子调用	算子	评估算法库	调用评估算法库中的评估算法，使用评估算法构建指标计算流程

第四节 评估算法库设计与实现

评估算法库提供了包括SWOT分析模块、层次分析（AHP）模块、模糊评价（FCE）模块、数据包络分析（DEA）模块、灰色综合评价模块、综合指数法（CIM）模块，以及回归分析算法、聚类分析算法、关联规则算法、深度学习模型等多种评估模型。用户还可通过公式、脚本语言、算法插件三种方式对现有评估方法库进行扩展（见图7-11）。

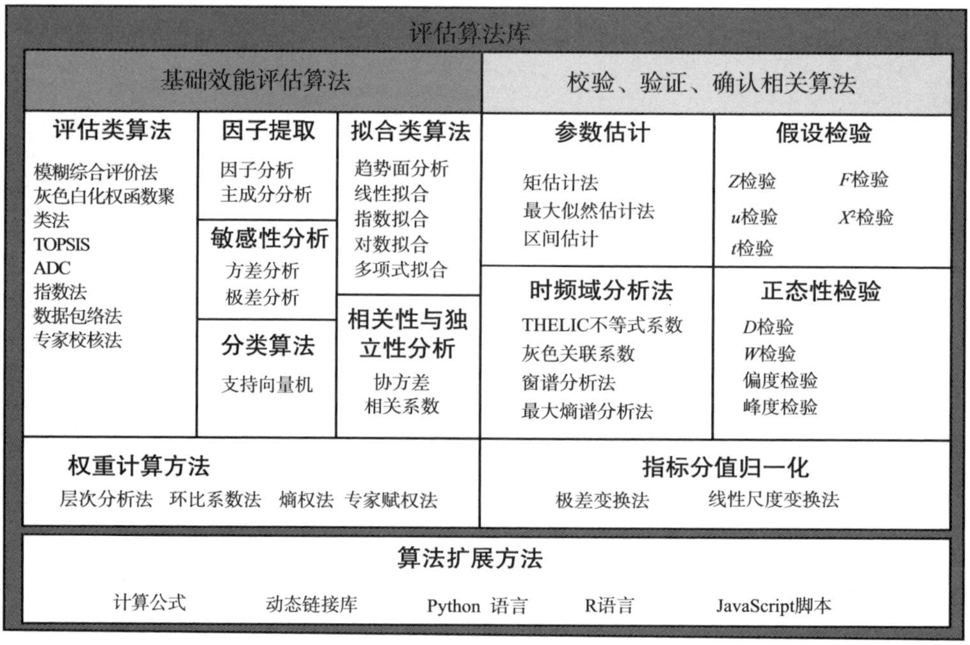

图7-11 评估算法库

一、软件结构

评估算法库模块软件结构如图7-12所示。

评估算法管理：提供评估算法创建、评估算法修改、评估算法删除、评估算法配置计算功能，支持结合指标计算流程对评估算法库中的算法进行参数配置和独立计算，检验算法的合理性。

通用评估算法库：提供各类通用评估算法，包括层次分析法、环比系数法、熵

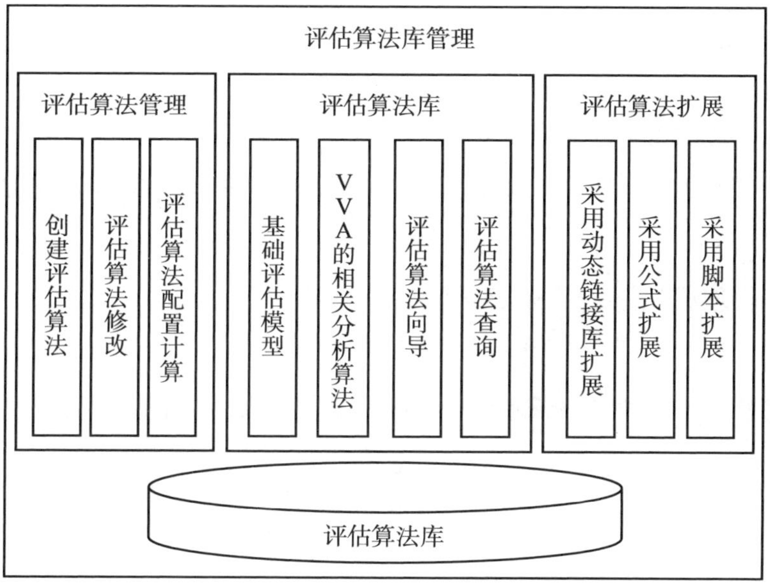

图 7-12 评估算法库模块软件结构图

权法、离差最大化法、ADC 分析法、系统评估法（SEA）、模糊综合评估、灰色白化权函数聚类、探索性分析、TOPSIS 分析、数据包络法（DEA）（支持 CCR、BCC、CCRH 模型）、指数法、主成分分析（PCA）、因子分析（FA）、趋势面分析、极差分析法、单因素的方差分析、正交设计试验方差分析、支持向量机、专家校核法、模糊综合评价法、贝叶斯网络等通用效能算法。提供算法库中算子注册接口。评估算子在指标计算流程中使用，支持采用流程化建模的形式定义具体的指标分析评估方法。

评估算法向导：提供 27 类常用算法向导，方便用户直接采用各类算法进行计算。具体方法包括：层次分析法、模糊综合法、灰色白化权函数聚类、TOPSIS 法、趋势面分析、数据包络法、专家校核法、极差分析、方差分析、因子分析、支持向量机、环比系数法、ADC 法、SEA 法、数据一致性分析、平滑滤波法、窗谱分析法、最大熵谱分析、一元拟合法、点估计、单总体区间估计、两个总体区间估计、单总体假设检验、两个总体假设检验、偏度和峰度检验、正态性检验、奇异值过滤。

评估算法扩展：可通过公式、脚本语言、算法插件等方式对现有效能算法库进行扩展。脚本语言包括 JavaScript、R 语言脚本、Python 脚本。

二、使用模式

评估系统启动后自动加载评估算法库完成所有通用算子的注册。

评估方案管理模块进行指标计算流程设计时，可以使用评估算法库中的各类算子。

评估任务管理模块进行算子参数配置时，调用各算子的参数配置界面进行参数配置。

评估任务执行时，执行计算引擎为各算子传递参数并调用算子的内部逻辑获得计算结果。

评估系统发出评估算法管理指令，启动评估算法库管理模块进行创建评估算子、编辑评估算子、删除评估算子等操作。

三、外部接口

评估算法库模块的外部接口信息如表 7-3 所示。

表 7-3 评估算法库模块外部接口表

序号	接口名称	接口形式	接口相关方	接口说明
1	启动评估算法管理	API	效能评估系统	从效能评估模块获取启动评估算法管理系统指令
2	算子注册	API	效能评估系统	效能评估系统通过
3	执行 R 语言脚本	脚本文件	R 执行程序	调用 R 执行程序运行 R 语言脚本，运行结果通过数据文件返回

四、基础效能评估模型

系统提供多种常用效能指标评估方法：包括层次分析法、模糊综合法、灰色白化权函数聚类法、ADC 法、SEA 法、TOPSIS 法、指数法以及数据包络法、支持向量机等。

（一）评估类算子

评估类算法说明见表 7-4。

表 7-4 评估类算法说明

方法	用途	输入	输出	功能概述
AHP 层次分析	权重计算(主观)	指标、层次关系、指标比较结果矩阵	各层次指标权重	根据用户对各个指标相对重要度比较的打分结果,计算出指标的权重
环比系数法	权重计算(主观)	从上至下相邻两个指标重要程度的比值	各指标的权重	根据用户给出的各相邻指标重要程度的比值,计算出各指标值,该方法比 AHP 方法操作简单但精度较差
熵权法	权重计算(客观)	各评估对象、各评价指标的指标值	各指标的权重	根据各评价对象各评价指标的指标值客观计算出每个指标的权重
离差最大化法	权重计算(客观)	各评估对象(方案)、各评价指标的指标值	各指标的权重	依据指标值偏差越大的指标应该赋予越大的权重的准则,计算各指标的权重
ADC 分析法	指标评价(MOE、MOP)	可用度向量、可信度矩阵、能力矩阵	系统效能向量	根据系统各种可能初始状态的可用度向量、表示状态间转移概率的可信度矩阵、表示系统在某种状态下完成某种能力的概率的能力矩阵,计算出表示系统各种能力评估结果的系统效能向量
系统效能评估法(SEA)	指标评价(MOP)	系统轨迹、使命轨迹	性能指标(MOP)评估结果	根据描述系统完成任务需要的属性状态集合与系统实际的属性状态集合的重合度来衡量系统性能指标
模糊综合评估	指标评价(MOE、MOP)	指标权重、评价矩阵、隶属度函数	系统效能向量	根据专家打分提供的评价矩阵、指标权重、隶属度函数,通过模糊运算获得系统效能向量
灰色白化权函数聚类	指标评价(评估出指标各个评价分类的隶属度)	指标的评价灰类、指标属于各灰类的白化权函数	系统效能指标关于各灰类的隶属度向量	将指标评估结果分解为若干灰类,定义每个指标关于每个灰类的白化权函数,通过加权聚合计算,得到系统效能指标关于各灰类的隶属度向量

续表

方法	用途	输入	输出	功能概述
探索性分析	用于复杂系统对各种不确定性因素所对应作战目标的影响进行整体研究	影响作战目标的各种要素、系统在不同要素组合的激励各种状态的结果记录	系统的有效性、不确定性(系统指标关于各影响要素的灵敏度、稳定性)、系统指标之间的关联性	探索性分析(Exploring Analysis,EA)是一种用于面向高层次系统规划与论证的不确定性分析方法。用于对各种不确定性因素所对应的结果进行整体研究。探索性分析法能有效地应对系统的不确定性的复杂度
TOPSIS 分析	方案选择(对评估对象进行排序)	评估对象的属性评价矩阵、属性权重	评估对象有序列表	通过将评估对象各个属性中的最优值作为理想值,将评估对象各个属性与理想值的差距加权求和,并根据差距值对评估对象进行排序
数据包络法(DEA)(支持CCR、BCC、CCRH 模型)	数据包络分析是一种基于线性规划的用于评价同类型组织(或项目)工作绩效相对有效性的特殊工具手段	同类组织的输入属性和输出属性记录	DEA 有效性,有效性排序	可适用于被衡量的同类型组织有多项投入和多项产出,且不能折算成统一单位的情况
主成分分析 PCA	消减指标数量	若干属性的记录数据	一组新的属性	通过分析属性集合中各属性之间的相关性,获得一组变换方法。通过变换可以用少量新的属性代替原有属性
因子分析 FA	消减指标数量	若干属性的记录数据	一组新的属性	因子分析是一种数据简化技术。它通过研究若干属性之间的内部依赖关系,找出几个假想变量来表示原有属性
趋势面分析	分析一个属性与若干输入属性之间的关联	一系列试验样本和试验结果数据	结果属性关于输入属性的数学模型	趋势面分析通过对一系列试验方案、试验结果数据的分析处理,获得试验结果关于试验因子的数学模型

续表

方法	用途	输入	输出	功能概述
极差分析法	用于分析试验中各因素对各结果指标的影响程度	试验的各种影响因素、结果指标、每个试验样本中各因素的值、试验结果中的各指标值	各因素每个水平关于各指标的 K 值、各因素关于指标的极差值	通过计算和比较极差大小来分析处理试验数据的方法。主要用于正交试验设计的数据处理和分析
单因素的方差分析	单因素试验中，判断因素对试验结果的影响是否显著	试验样本值包括影响因素水平和试验结果值	影响因素的显著水平	通过计算各水平样本组间方差与组内方差的比值，以及 F 分布的假设条件，判断样本是否来自于同一个总体
正交设计试验方差分析	影响因素分析	各影响因素的正交试验方案、各输出指标在每个方案下的试验结果	影响因素的显著水平	方差分析基本思想是将数据的总变异分解成因素引起的变异和误差引起的变异两部分，构造 F 统计量，作 F 检验，即可判断因素作用是否显著
支持向量机	对数据进行分类	数据样本	每个数据所属的类别	根据用户输入的数据样本，基于结构风险最小化的分类器，通过解二次规划问题，寻找将数据分类的最优超平面，再根据最优超平面进行数据分类
指数法	计算效能指数	指标参数	能力指数	根据一个专家的经验，建立一个统一的度量标准，通过该度量标准计算得出能力指数
专家校核法	模型的主观校验	专家打分分值	模型可信度分值	根据多个专家对模型的主观评价打分，计算出模型的可信度分值
模糊综合评价法	指标评价（MOE、MOP）	指标权重、评价矩阵、隶属度函数	模型可信度向量	根据专家对模型的指标打分提供的评价矩阵、指标权重、隶属度函数，通过模糊运算获得模型可信度向量

（二）指标值输入输出算子

指标值输入输出算子说明见表7-5。

表7-5 指标值输入输出算子说明

算子名称	用途	输入
输入指标算子	将各评估对象指标值输入评估流程	无（指标值来源于评估流程计算结果，将信息输入评估流程）

（三）数据聚合算子

数据聚合算子说明见表7-6。

表7-6 数据聚合算子说明

算子名称	概述	输入	输出	用途
聚合算子（矩阵）	将若干矩阵聚合为矩阵列表	一系列矩阵	矩阵列表	将若干矩阵聚合为矩阵列表并输出到评估流程
聚合算子（double）	将若干 double 聚合为 double 列表	一系列 double 值	double 列表	将若干 double 聚合为 double 列表并输出到评估流程

（四）数据集算子

数据集算子说明见表7-7。

表7-7 数据集算子说明

算子名称	概述	输入	输出	用途
输入数据（矩阵）	将数据集作为矩阵输入	数据集	矩阵	将指定数据集中的数据作为矩阵输入评估流程。要求数据集所有属性的类型不为 string，且所有数据都能够转换为 double 类型
输出数据（矩阵）	将矩阵输出到数据集	矩阵	数据集	将矩阵输出到指定数据集。要求数据集的维度与矩阵一致
输入数据（单一属性值）	将数据集中的某一列作为 double 列表输入	数据集某一属性值列表	double 列表（QList<double>）	将指定数据集中的某一指定属性的全部数据作为 double 列表输入到评估流程。要求指定的列不为 string 类型，且该属性的全部数据都能够转换为 double

续表

算子名称	概述	输入	输出	用途
输出数据（单一属性值）	将 double 列表输出到指定属性值列表	double 列表（QList<double>）	数据集某一属性值列表	将 double 列表输出到指定数据集的指定属性列表。要求 double 列表中值的个数和数据集的记录个数一致
输入数据（全部属性值）	将数据集中的所有属性作为 QList<QList<double>>输入	数据集	double 列表的集合（QList<QList<double>>）	将指定数据集中的所有属性的全部数据作为 QList<QList<double>>输入评估流程。要求数据集所有属性的类型不为 string，且所有数据都能够转换为 double 类型
输出数据（全部属性值）	将 QList<QList<double>>输出到数据集	double 列表的集合（QList<QList<double>>）	数据集	将 QList<QList<double>>输入指定数据集。要求输入数据中的所有列表维度相同，且 QList<QList<double>>与数据集的维度一致

（五）定性指标值量化方法

系统提供多种定性指标值量化方法、指标归一化算法和主客观权重计算方法。定性指标值量化方法主要包括直接打分法、标尺量化法。指标归一化算法主要包括极差变换法、线性尺度变换法等，将指标值归一化至［0，1］区间。主客观权重计算方法主要包括层次分析法、环比系数法、熵权法、离差最大化法、专家赋权法、CRITIC 赋值法等。

（六）指标归一化算法

指标归一化算法说明见表 7-8。

表 7-8　指标归一化算法说明

方法	用途	输入	输出	功能概述
极差变换法	指标值归一化至［0，1］区间	指标分值矩阵	指标归一化分值矩阵	指标值归一化至［0，1］区间
线性尺度变换法	指标值归一化至［0，1］区间	指标分值矩阵	指标归一化分值矩阵	指标值归一化至［0，1］区间

（七）主客观权重计算方法

主客观权重计算方法说明见表 7-9。

表 7-9 主客观权重计算方法说明

方法	用途	输入	输出	功能概述
AHP 层次分析	权重计算（主观）	指标、层次关系、指标比较结果矩阵	各层次指标权重	根据用户对各个指标相对重要度比较的打分结果，计算出指标的权重
环比系数法	权重计算（主观）	从上至下相邻两个指标重要程度的比值	各指标的权重	根据用户给出的各相邻指标重要程度的比值，计算出各指标的指标值，该方法比 AHP 方法操作简单但精度较差

第五节　评估数据预处理模块设计与实现

评估数据预处理功能主要对各种来源的评估数据进行分组、过滤、归并、属性压缩变换，以及数据统计计算，获得能够供各类评估算法使用的数据。数据预处理模块可以对一系列数据源和数据集进行管理。能够使用多种来源的数据，可与 ODBC、SQLServer、MySQL 等多种数据库适配，可以根据用户特殊的数据接口需求进行对接，具备可二次开发的数据接口，便于与第三方系统（仿真系统、设计平台）实现数据集成，具备数据（实验数据、仿真结果、产品数据等）的采集能力。

一、软件结构

数据预处理模块结构如图 7-13 所示。

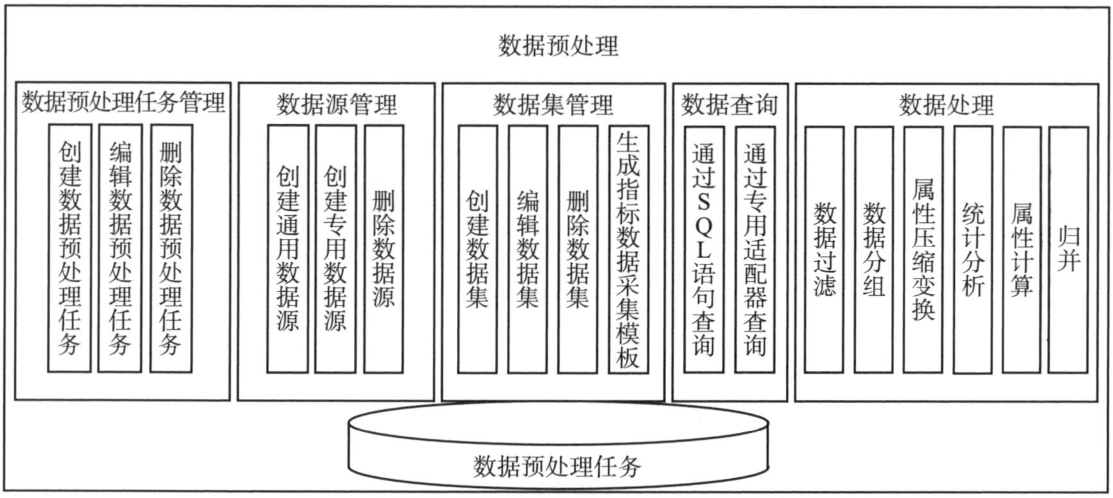

图 7-13　数据预处理模块结构图

（一）数据预处理任务管理

创建数据预处理任务：根据评估任务要求与评估过程中对评估数据的需求创建数据预处理任务，数据预处理任务包括一系列数据源与数据集。

编辑数据预处理任务：通过数据源管理、数据集管理、数据处理完成数据预处理任务的编辑操作。

删除数据预处理任务：删除一个已经创建的数据预处理任务。

（二）数据源管理

数据源中存储了所有建立数据库连接的信息，就像通过指定文件名可以在文件系统中找到文件一样，通过提供正确的数据源名称，用户可以找到相应的数据库连接。数据源属性主要包括：

1）数据源名称：由用户自定义。

2）数据库类型：选择对应数据库类型。支持 MySQL、SQL Server。

3）主机名：主机 IP 地址。

4）用户名：数据库用户名。

5）密码：访问数据库的密码。

系统支持数据源的创建、编辑、删除等管理操作。

（三）数据集管理

数据集是由系统的使用者定义的虚拟数据表，是系统中进一步使用数据的基础。定义好的数据集均为二维表，包括若干列（“字段”）数据，每行为一条记录。

数据集可基于不同的原始数据来源，如数据库、XML 文件等；并且可以基于对原始数据的处理生成，比如在 SQL 中进行关联、过滤、计算，使用存储过程等。甚至可以通过自定义数据集，由开发者自行处理任意需求的数据来源格式和预计算要求。

系统不仅提供用户手动创建空白数据集的形式创建数据集，还支持用户根据数据源来创建静态数据集以及动态数据集。

静态数据集：数据导入系统后形成数据集文件便与数据源失去连接，只是单纯地获取了数据源中对应的数据。

动态数据集：数据导入系统后形成数据集文件与数据源保持连接，在进行数据分析时，会自动查询一次数据库，获取最新的数据。

（四）数据查询

通过 SQL 语句或特殊适配器从数据源或数据文件获取数据。

（五）数据处理

1）数据过滤：过滤操作能够根据某些条件将一个数据集合中不符合要求的数据滤除。过滤操作只针对同一个数据集合进行，过滤的结果使原数据集合减少了若干无效数据项，不产生新的数据集合。

2）数据分组：分组操作就是根据数据集中各数据项某个属性的属性值差异，将数据集合分为若干新的数据集（类似于 SQL 语言中的 GROUP 语句）。分组操作可以对数据集合按照若干属性逐级进行分组，分组的目的是使数据记录能够以层次化的方式呈现。

3）属性压缩变换：属性压缩变换是对原有属性进行线性变换后，得到一组用来代替原有属性的新的属性，用较少的变量去解释原始数据中的大部分变量，剔除冗余信息。系统采用主成分分析法（PCA）进行属性压缩变换。并支持根据特征值大于 1. 0 和方差所占比两种方式筛选主成分。

4）统计分析：包括协方差计算和相关系数计算。

a）协方差计算：每对数据点的偏差乘积的平均数，利用协方差可以确定两个数据集之间的关系；

b）相关系数计算：相关系数是描述两个测量值变量之间的离散程度的指标。

5）属性计算：属性计算是指数据集各属性之间的加、减、乘、除等运算。系统支持用户通过编辑公式的形式对数据进行运算操作，并将计算结果形成新的数据集。

6）归并：归并操作在多个数据集合之间进行。归并的前提是所选数据集合的数据项所拥有的属性完全一致。

二、软件界面

数据预处理模块主界面如图 7-14 所示。数据源配置界面如图 7-15 所示。

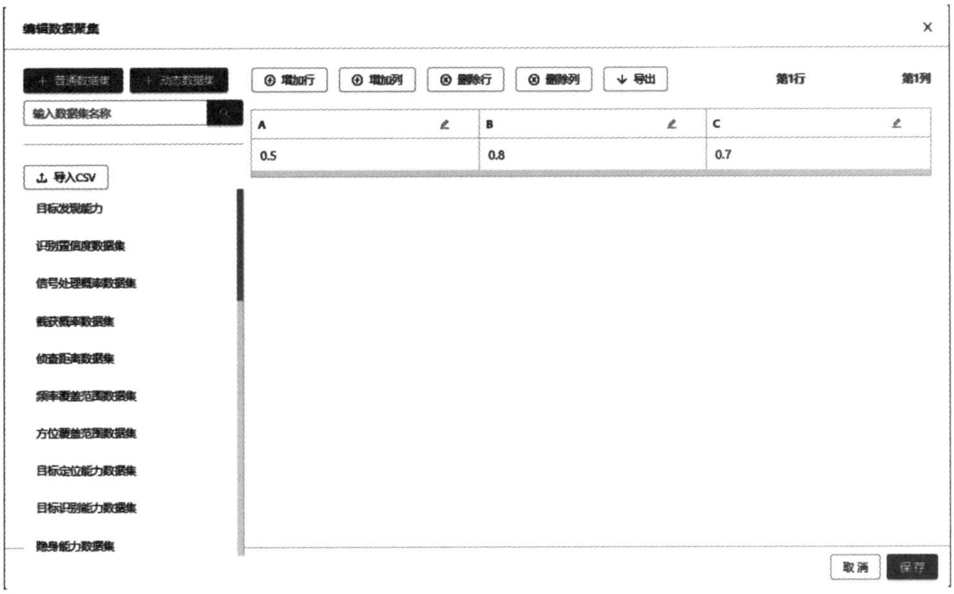

图 7-14　数据预处理模块主界面

图 7-15　数据源配置界面

三、使用模式

数据预处理模块使用模式如图 7-16 所示。

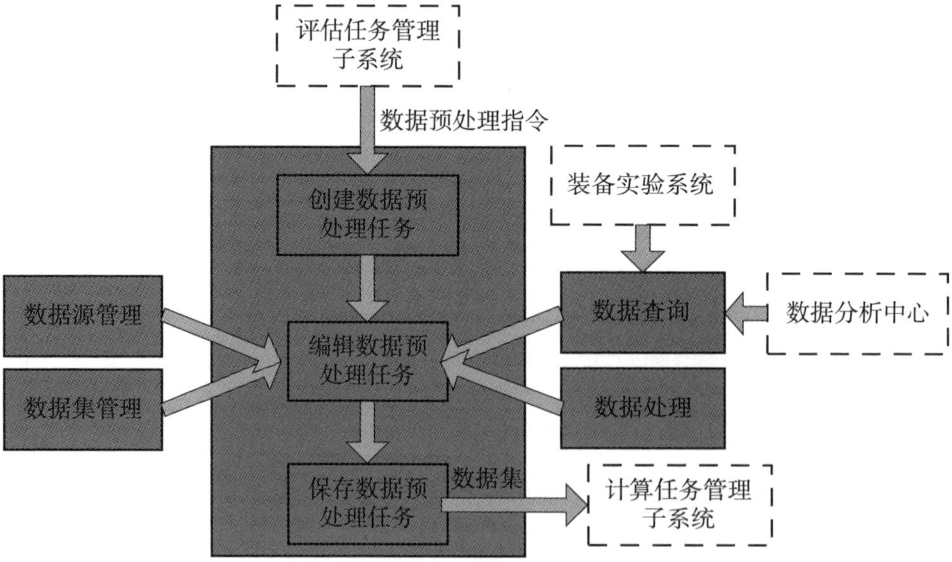

图 7-16　数据预处理模块使用模式

四、外部接口

数据预处理模块的外部接口信息如表 7-10 所示。

表 7-10　数据预处理模块外部接口表

序号	接口名称	接口形式	接口相关方	接口说明
1	创建数据预处理任务指令	API	任务管理模块	从任务管理模块获得创建数据预处理任务指令
2	数据查询接口	SQL 语句/专用查询指令	数据分析中心、模拟训练系统	通过查询指令从数据分析中心、训练系统获得数据
3	读取数据集	数据集	评估任务管理	评估任务管理模块将数据集配置给算子参数

第六节 评估任务编辑模块设计与实现

评估任务管理负责评估任务的创建、编辑与保存。评估任务是指采用统一的评估方案对一个或多个相关评估对象进行一次评估的过程。创建评估任务首先需要设定评估对象和评价等级，而后通过配置评估流程中的算子参数，将数据预处理获得的数据输入评估流程。参数配置完成后启动执行评估任务，系统将计算出各评估对象的评估结果（包括各指标的指标值、评价等级、各评价等级的隶属度）。评估任务在已建立评估方案的基础上，能够设计配置数据结构、评估数据、指标体系、指标计算流程、评估结果展示、评估报告等。

一、软件结构

评估任务管理模块结构如图 7-17 所示。

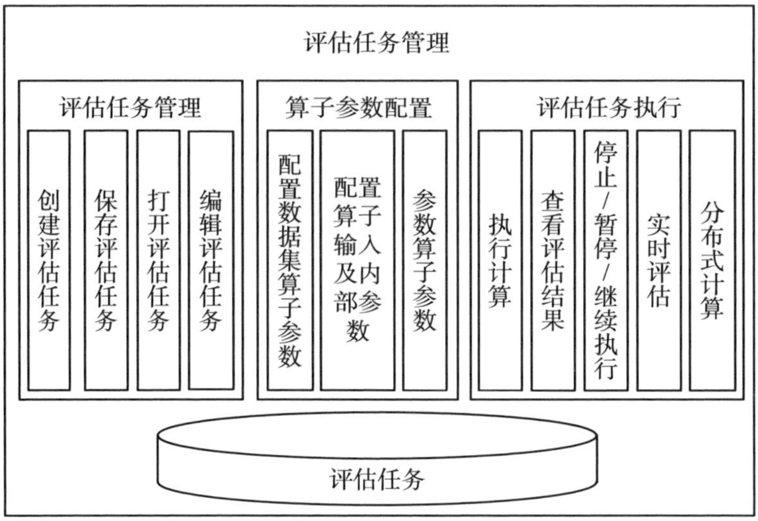

图 7-17 评估任务管理模块结构图

（一）评估任务管理

创建评估任务：根据评估任务要求基于评估方案创建评估任务。创建过程中需要设置评估任务名称、描述信息。

保存评估任务：保存评估任务基本信息，以及参数配置结果、指标计算结果、计算过程数据。

打开评估任务：打开已有评估任务并进行编辑。

编辑评估任务：编辑评估任务名称、评估任务描述等基本信息。配置指标计算流程中算子的算子参数。

（二）算子参数配置

算子参数配置：根据任务特点对所使用评估方案中各评估流程中的参数进行设置。算子参数配置通过各算子提供的算子参数配置界面。

（三）评估任务执行

执行计算：通过调用评估计算引擎执行计算，支持事后评估与实时在线评估，可以通过调用外部计算环境实现分布式计算。

查看评估结果：支持基于指标、评估对象两种模式查看评估结果，可以通过各维度、多种图表进行评估结果对比查看，支持选择关注要素自定义展示内容。

二、软件界面

评估任务管理界面如图 7-18 所示。评估结果查看界面如图 7-19 所示。

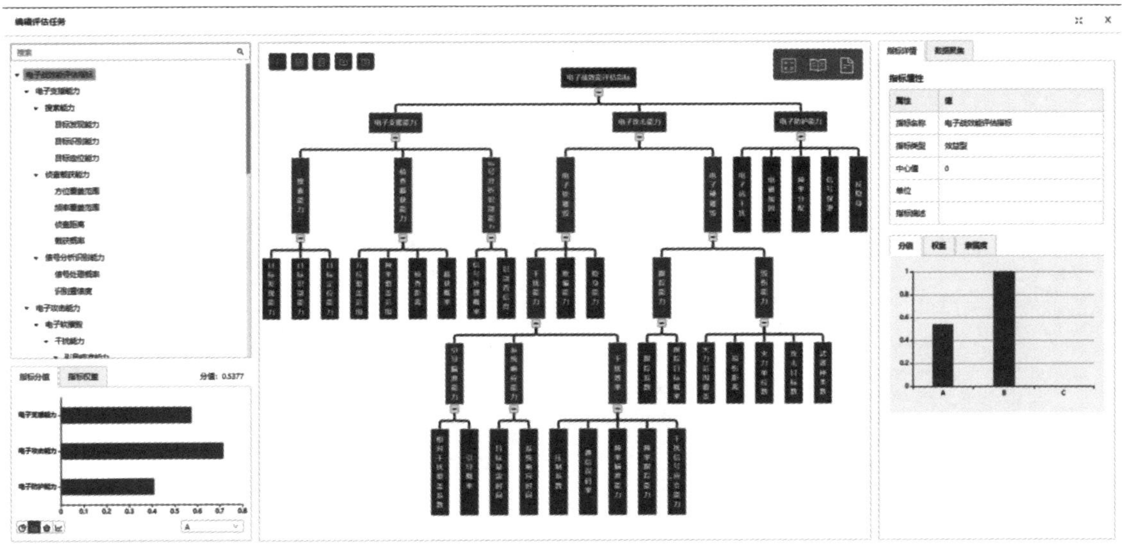

图 7-18　评估任务管理界面

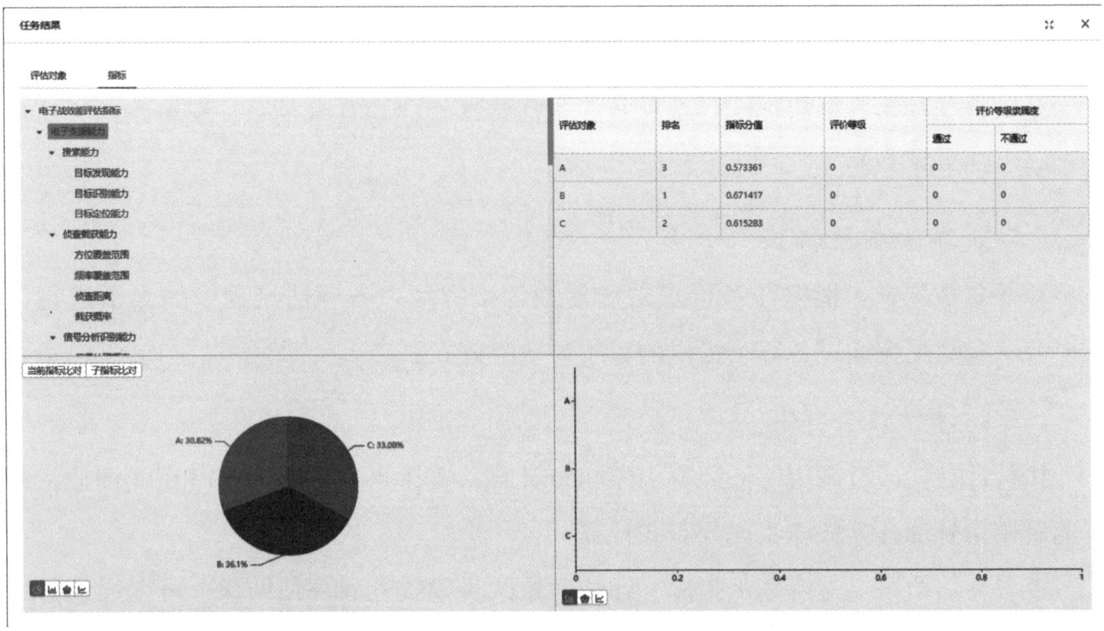

图 7-19 评估结果查看界面

三、使用模式

评估任务管理模块使用模式如图 7-20 所示。

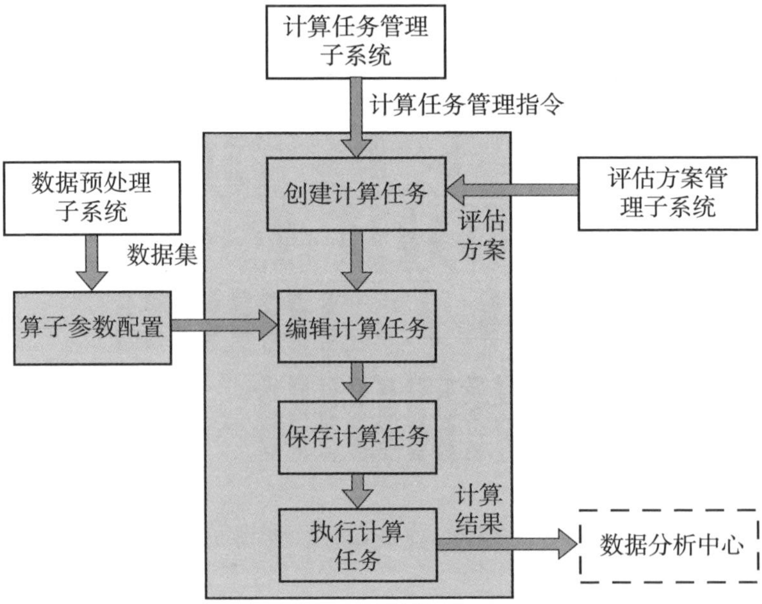

图 7-20 评估任务管理模块使用模式

评估任务管理模块接收到评估任务管理系统发出的创建评估任务指令，基于评估方案创建评估任务。

通过配置评估方案中所有指标计算流程的算子参数来完成评估任务的编辑。

执行评估任务计算，根据评估方案定义的计算规则以及所有算子参数配置的数据计算获得评估结果，可采用分布式计算模式以及实时评估模式对评估任务进行计算。

将评估任务计算结果保存为 XML 文件，并可将计算结果上传至数据分析中心。

四、外部接口

评估任务管理模块的外部接口信息如表 7-11 所示。

表 7-11　评估任务管理模块外部接口表

序号	接口名称	接口形式	接口相关方	接口说明
1	创建评估任务指令	API	任务管理模块	从任务管理模块获得创建评估任务指令
2	读取数据集	数据集	数据预处理模块	评估任务管理模块将数据集配置给算子参数

第七节 评估计算引擎模块

评估任务执行：启动评估任务执行，评估任务执行过程中会依据评估方案，使用各指标计算流程所规定的评估流程计算各指标的评估结果。系统支持评估任务的分布式计算。在分布式计算时，中心控制节点将评估任务分发到各计算服务节点，系统根据评估任务需要自动将评估任务、算子、数据集等相关计算资源同步到各计算服务节点计算完成后，各计算服务节点将计算结果反馈至中心控制节点。中心控制节点包含评估系统的全部功能，而计算服务节点只需运行计算服务代理程序。

一、软件结构

评估计算引擎模块软件结构如图 7-21 所示。

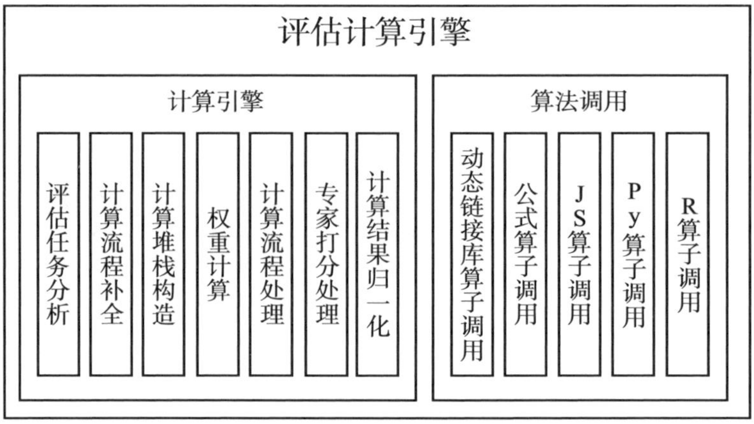

图 7-21　评估计算引擎模块软件结构图

计算引擎：满足评估计算评估任务所需的各种功能，包括评估任务分析、计算流程补全、计算堆栈构造、权重计算、计算流程处理、专家打分处理、计算结果归一化等功能。

算法调用：提供在计算过程中调用各类评估算法的功能，包括动态链接库算子调用、公式算子调用、JavaScript 算子调用、Python 算子调用、R 算子调用等功能。

二、软件界面

计算引擎通过命令行界面（Command Line Interface，CLI）的方式进行交互（见图7-22）。可以通过指令指示计算引擎执行计算任务。通常，后台服务在获取计算请求后构造评估任务文件并调用计算引擎执行计算，计算引擎将计算结果写入评估任务文件，而后后台服务再通过评估任务文件读取计算结果。

```
F:\PP\NC_Evl\evl-win32-ia32\resources\EvalTest>NerveCenterCommand.exe -h
Nerve Center 1.3
Usage: NerveCenterCommand.exe [options]
中枢计算引擎

Options:
  -?, -h, --help              Displays this help.
  -v, --version               Displays version information.
  -d <DataClusterFilePath>    数据聚集文件路径
  -t <EvalTaskFilePath>       评估任务文件路径
  -s                          敏感性分析
  -l                          生成数据集链接信息文件（仅生成链接信息，不进行评估计算）
  -g <IndexSystemFilePath>    生成评估工程所需的指标体系文件
  --targets <TargetList>      评估对象列表
  --levels <LevelList>        评价等级列表
```

图7-22 命令行界面

三、使用模式

评估任务计算引擎模块需要与评估任务编辑模块一同使用。评估任务计算模块使用模式如图7-23所示。

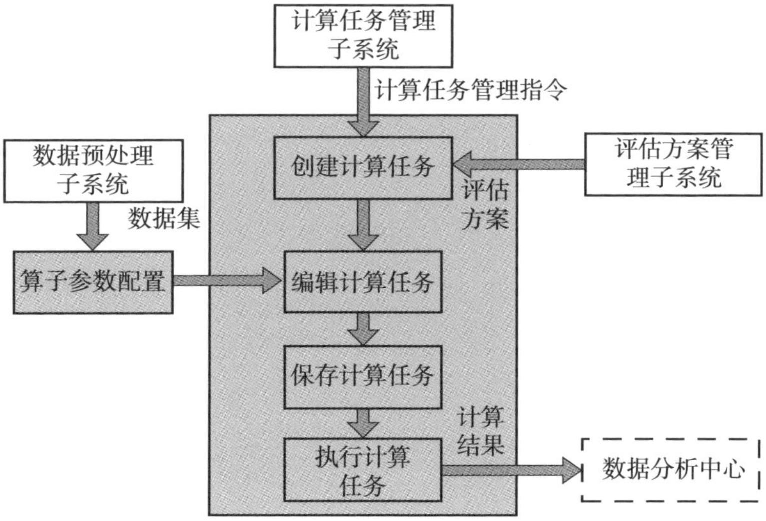

图7-23 评估任务计算模块使用模式

评估任务管理模块接收到评估任务管理系统发出的创建评估任务指令，基于评估方案创建评估任务。

通过配置评估方案中所有指标计算流程的算子参数来完成评估任务的编辑。

执行评估任务计算，根据评估方案定义的计算规则以及所有算子参数配置的数据计算获得评估结果，可采用分布式计算模式以及实时评估模式对评估任务进行计算。

将评估任务计算结果保存为 XML 文件，并可将计算结果上传至数据分析中心。

四、外部接口

评估计算引擎模块的外部接口信息如表 7-12 所示。

表 7-12　评估计算引擎模块外部接口表

序号	接口名称	接口形式	接口相关方	接口说明
1	评估计算	API	评估任务编辑	执行评估任务计算

第八节　专家打分模块设计与实现

为方便专家决策信息的采集，系统提供通用的专家打分评价功能，专家通过客户端或浏览器进行打分。打分对象可以是评估对象的指标分值、评估对象的评价等级、指标体系中指标间的重要度比值。

一、软件结构

专家打分模块结构如图 7-24 所示。

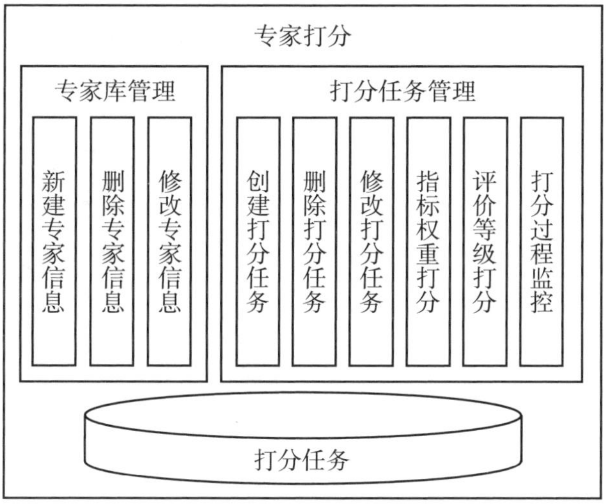

图 7-24　专家打分模块结构图

（一）专家库管理

设置专家信息，并保存到专家信息列表中，支持专家信息修改、专家信息删除等功能。

（二）打分任务管理

创建打分任务：设置打分任务名称、描述、选择指标体系，选择专家并指定专家针对每个指标的熟悉度。打分任务分为指标权重打分任务与评价等级打分任务。

删除打分任务：删除已经创建的打分任务。

修改打分任务：修改打分任务的基本信息，添加移除参与打分的专家，修改专家的熟悉度。

指标权重打分：专家登录并进入打分页面后，对指标重要度进行对比打分。

评价等级打分：专家登录并进入打分页面后，由专家对各评估对象各性能指标的评价等级进行打分。

打分过程监控：监控打分的完成比例，并可查看各专家的打分结果。

二、软件截图

专家在线打分截图如图 7-25 所示。

图 7-25　专家在线打分截图

三、使用模式

（一）模式 1：指标权重打分

指标体系管理模块发出通过专家打分计算指标权重（群决策）指令。启动专家打分模块，进行专家库配置，并创建专家打分任务。

专家通过浏览器登录专家打分模块，执行指标权重打分任务。

指标体系管理模块收集专家打分结果并计算获得指标权重。

（二）模式 2：评价等级打分

评估任务管理系统发出通过专家打分设置部分性能指标（MOP）的指令。启动专家打分模块，进行专家库配置，并创建专家打分任务。

专家通过浏览器登录专家打分模块，执行指标评价等级打分任务。

评估任务管理模块收集专家打分结果并采用模糊综合法设置指标评价等级及评价等级隶属度。

专家打分模块使用模式如图 7-26 所示。

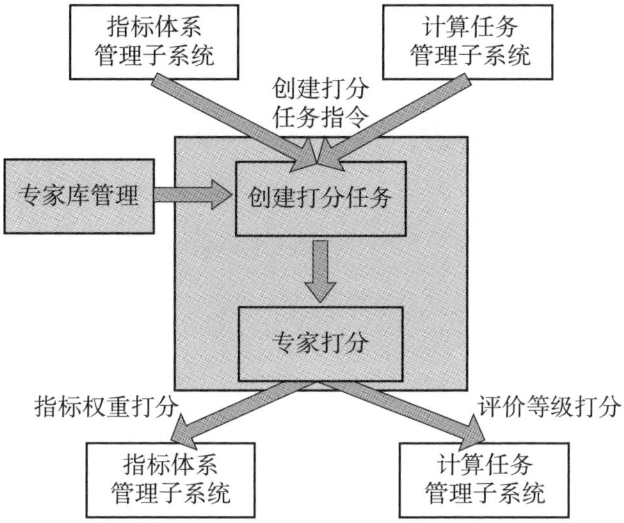

图 7-26　专家打分模块使用模式

四、外部接口

专家打分管理模块的外部接口信息如表 7-13 所示。

表 7-13　专家打分管理模块外部接口表

序号	接口名称	接口形式	接口相关方	接口说明
1	启动专家打分	API	指标体系管理模块/评估任务管理模块	指标体系管理模块/评估任务管理模块发出启动打分指令，专家打分模块根据指令构建打分任务
2	指标体系	数据库表格（指标体系以 XML 格式保存在 BLOB 字段中）	指标体系管理模块	通过接口专家打分模块获取与打分任务相关的指标体系
3	专家打分结果	数据库表格	指标体系管理模块/评估任务管理模块	专家打分模块通过数据库表格输出打分结果

第九节 评估报告生成模块设计与实现

用户可根据评估对象或指标两种方式查看评估结果，并可以生成多种格式的评估报告。评估结果可根据子指标分值、不同评估对象对比、各评价等级的隶属度，绘制成折线图、柱状图、饼图、雷达图等多种统计图表。生成涵盖各项评估信息的评估结果报告，报告内容及格式可定制，可生成 HTML、DOCX、PDF 等格式的文档。

一、软件结构

评估报告生成模块结构如图 7-27 所示。

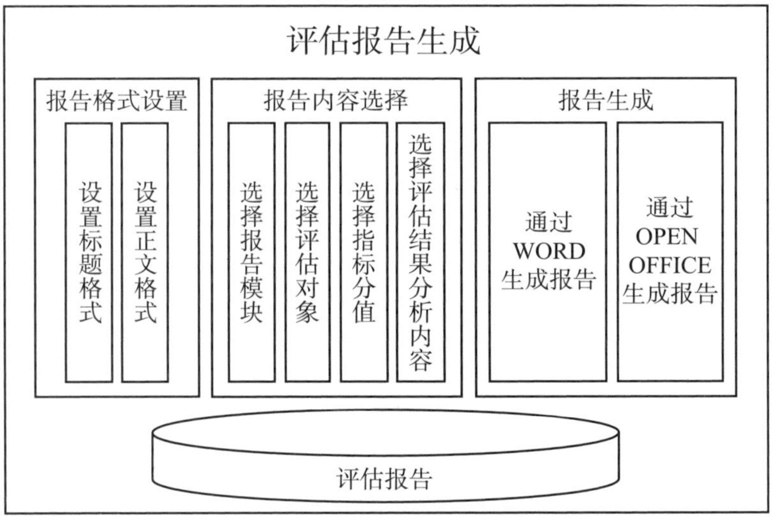

图 7-27 评估报告生成模块结构图

报告格式设置：报告格式包括报告标题、一级标题、二级标题、三级标题的字体、字号、段前间隔、段后间隔，正文字体、字号、段前间隔、段后间隔。

报告内容选择：可选择的报告内容包括指标体系、评估方案、评估任务的相关信息，各评估对象各指标的评价结果（包括指标分值、评价等级、各评价等级的隶属度），评估结果分析模块产生的分析结果数据。

报告生成：根据所设定的格式和所选的报告内容生成评估报告。

二、使用模式

在评估任务管理系统完成评估任务执行后，或在评估结果分析模块完成分析计算后，发出生成报告指令启动报告生成模块。

依次选择报告内容，设置报告格式，生成报告。

三、外部接口

评估报告生成模块的外部接口信息如表 7–14 所示。

表 7–14　评估报告生成模块外部接口表

序号	接口名称	接口形式	接口相关方	接口说明
1	启动评估报告模块	API	评估任务管理模块/评估结果分析模块	从评估任务管理模块获得启动指令
2	输出评估结果	API	评估任务管理模块	评估任务管理模块将评估结果输出给评估报告生成模块
3	输出分析结果	API	评估结果分析模块	评估结果分析模块将评估结果输出给评估报告生成模块

第八章　国防科技评估可视化展示设计研究

国防科技评估的结果需要采用现代化手段、借助先进信息技术予以展示，即“可视化展示”。这是评估的内在需求，也是当代国防科技评估需要研究的重要内容。当前，国防科技评估可视化展示的理论和手段已基本成熟，相关研究也正在逐步深入。本章将围绕这一问题从概念、原则、功能、设计和测评等方面进行详细阐述。

第一节 国防科技评估可视化展示概述

国防科技评估可视化是面向国防科技领域评估活动和结果的数据科学研究与实践，通过收集、处理、分析国防科技评估研究过程中复杂多样的数据信息，以可视化手段将其中难以用文字描述的内容、特点或规律以视觉方式呈现，起到清晰有效地传达、沟通并辅助数据分析的作用，改善国防科技评估领域研究模式，提升研究数据→信息→知识→智慧的转化能力，促进国防科技评估领域的创新。

本节从国防科技评估可视化的概念、必要性、支撑条件、设计过程等四个方面进行论述。

一、国防科技评估可视化展示概念

国防科技评估可视化是新兴的数据可视化理论、技术、方法在国防科技评估领域的实践应用。该研究既遵循通用数据可视化的原则，又充分体现国防科技评估的特点。在此过程中，可视化既是一种技术手段，也是一种信息传递媒介。

（一）数据可视化认知

数据是对某种事物或现象特征及本质的描述，通过量化数据可以记录、分析、重组和还原事物或现象，而数据可视化就是让数据说话，帮助用户理解数据背后的意义。

数据可视化是一个新兴的关于数据视觉表现形式的科学技术研究领域。1987 年美国国家科学基金会召开的“科学计算可视化研讨会”上正式提出了“科学计算可视化”的概念，随着时间演进其概念在不断发展和演变，研究分支不断涌现，内容边界也不断扩大。现在数据可视化已经是一门融合了“科学可视化”“信息可视化”和“可视分析学”三个分支的综合学科。

科学可视化主要面向物理、化学、生物、医学等自然科学领域，通过对数据和模型进行解释、操作和处理，旨在寻找其中的模式、特点、关系以及异常情况，核心问题是如何快速地呈现数据中包含的几何、拓扑、形状特征和演化规律；信息可视化主要处理抽象的、非结构化数据集合，如文本、图表、结构、网络、地图等，它更关注抽象、高维信息如何在有限展示空间中直观表达，核心问题主要是高维数据可视化、数据间抽象关系的可视化、用户敏捷交互和可视化有效性评价等；可视分析学将人的感知和认知能力以可视化的方式融入数据处理过程，形成人脑智能和机器智能优势互补和相互提升，建立螺旋式信息交流与知识提炼途径，完成有效的分析推理和决策。

综合而言，数据可视化可以归纳为一系列理论、技术、工具和方法，借助人眼可感知的动画、图像、图表、符号、颜色、纹理等表达方式，清晰有效地传达与沟通信息。数据可视化是科学、设计和艺术相结合的交叉领域，不仅要求归纳数据内在的模式、关联和结构，还要求掌握准确表达数据的技巧和视觉表达能力，利用可视化技术呈现数据背后的观点，创造出具备审美价值的视图作品，引导和启发读者思考。

（二）国防科技评估可视化

目前，国防科技评估领域的数据可视化研究尚处于起步和探索阶段，运用传统的信息图表虽解决了数据分类、排序、统计等分析和展示基本需求，但距离用户期望通过可视化透析数据本质、揭示发展规律、凝练观点结论等深度需求还有很大差距。提高国防科技评估可视化应用效能，不仅依赖于数据可视化理论、技术、方法的发展，更依赖于用户对国防科技评估活动数字化工程认知水平的提升，必须深刻分析国防科技评估领域数据内容、形式及特点，可视化范围，可视化形式，以及面临的挑战等。

数据内容、形式及特点：国防科技评估领域研究成果类型包括研究报告、译丛资料、动态信息、研究 PPT、声像资料等。数据内容形式包括非结构化的文本、图片和视频数据等。数据组织管理形式大多以文件进行存储，这些数据在可视化之前必须经过清洗、预处理和校验，转换成可视化工具或软件能读取的结构化表格或数据库，并满足可视化对数据有效性、准确性、可信性、一致性、完整性和时效性的质量要求。

可视化范围：国防科技评估可视化的范围涵盖了研究过程、研究方法和研究成果的可视化。研究过程可视化是将国防科技评估研究活动的启动、规划、组织、执行、监控、收尾等过程进行可视化流程展示，便于掌握研究活动关键阶段人、事、物的状态；研究方法可视化是对国防科技评估研究采用的理论、原理、模型、方法、技术、模式等进行系统的图形化阐述，便于理解国防科技评估的体系架构；研究成果可视化是将国防科技评估研究所有成果从时间、类型、领域等维度进行可视化管理和展示，便于快速、直观地查阅和解读成果内容体系。

可视化形式：数据可视化的形式取决于可视化场景的目的和功能，兼顾数据内容、特点和用户交互习惯。国防科技评估可视化应以问题为导向，综合采用思维导图、层次结构图、网络结构图、时间序列图、统计分析图、多视图协调关联等多种展现形式，经艺术提炼和加工对科学视图进行润色，不断改善用户体验。

面临的挑战：国防科技评估是一个复杂的过程，复杂的数据蕴含深刻的规律和现象，需要结合定量的科学计算和定性的专家评估进行分析和挖掘。进行国防科技评估领域数据可视化设计，不仅受计算能力、感知和认知能力以及显示能力的制约，更面临大数据分析和以人为中心的探索式可视分析的挑战。一方面，国防科技评估属情报研究范畴，遵循科学的分析推理模式，而基于大数据可视分析进行评估和预测易于挖掘关联关系却难以分析因果关系，不利于评估数据的论证和展示；另一方面，国防科技评估可视化的受众群体类型多样，既包括情报研究工作者，也有不同层次决策者。以人为中心的探索式可视分析要求设计尽可能适配所有用户的期望、喜好和理解程度，因而必须在数据可视化之前做好需求调研和分析。

二、国防科技评估可视化展示的必要性

在大数据时代开展国防科技评估研究，需要对不同来源、不同渠道的海量异构数据进行采集、清洗、记录、挖掘分析和有效利用。在这个由数据转化为智慧的过程中，借助于人眼快速的视觉感知和人脑的智能认知能力实现可视化，是探索和理解国防科技评估领域大型数据集的最有效的途径之一。随着计算机、存储、物联网等信息技术的变革，人们不仅具备了计量和记录一切事物的潜力，更拥有了对海量数据进行计算和分析的能力，通过综合运用计算机图形学、图像处理、统计学等技术，并围绕国防科技评估问题设计高效的人机交互，相应的可视化展示不仅具备了数据基础，也有理论、方法、手段的支撑，同时可以充分借鉴互联网领域数据可视化成功案例的实践经验。

国防科技评估是一项长期、持续性的情报研究工作，涉及的科技领域众多，知识体系复杂。多年的研究成果大多以纸质报告的形式积淀，难以对成果知识进行高效的管理、查询、加工、理解和传播。在大数据时代国防科技评估工作面临转型升级，迫切需要运用可视化这一种技术手段和信息传递媒介，来积累和总结数据、存档和汇整信息、揭示想法和关系、形成论点或意见、寻求真相和真理，将多领域、多层次、多维度的体系成果知识直观、精确地传达给多类型用户。

（一）通过可视化展示研究，提升国防科技评估研究成果综合集成和管理的水平

成果可视化管理通过全面梳理国防科技评估知识体系，按时间、按领域、按类型对成果内容进行细分和重组，并设计友好的可视化交互界面，实现成果精确定位和知识关联链接，高效引导用户从整体到局部，从纵向到横向，准确、快速掌握国防科技评估研究知识体系的详细情况。

（二）通过可视化展示研究，提升国防科技评估研究成果标准化、规范化的质量

可视化作为一种有效的展示手段和交互手段，在数据清洗中发挥巨大作用，为后续数据建模、分析和可视化设计奠定了良好基础。国防科技评估研究活动为多方协同组织模式，采用一致的元数据集、分析模型、技术工具和展示模板，约定标准、规范的研究范式，有助于控制和提升研究活动和研究成果的质量。

（三）通过可视化展示研究，提升国防科技评估研究成果知识萃取和转化的能力

当前的数据分析方法大都基于先验模型，易于检测已知模式和规律，对复杂、异构、多尺度数据的处理经常会失效，而人的视觉识别能力和智能可以辅助解决这个问题。以视觉感知为通道，通过人脑和机器智能的双向转换，将人的智能特别是“只可意会、不可言传”的人类知识和个性化经验可视地融入数据分析和推理决策过程中，使得数据的复杂度逐步降低到人脑和机器智能可处理的范围，有利于知识发现和结论生成。

（四）通过可视化展示研究，提升国防科技评估研究成果知识传播和协同的效率

人类视觉对于以数字、文本等形式存在的非形象化信息的直接感知能力远远落后于对于形象化视觉符号的理解。数据可视化通过数据处理、可视化编码、可视化呈现和可视化交流，将非形象化信息转换成适于人类感知和认知的视图，成为传播与发布复杂信息的最有效途径，促进在移动互联网时代实现知识互联与共享、群体协同与合作。

三、国防科技评估可视化展示支撑条件

国防科技评估领域的数据可视化研究虽然刚刚起步，但并不是在黑暗中摸索前

行。随着数据可视化基础理论、设计原则、开发框架等研究的深入，通过引进新兴发展的大数据和人工智能技术，利用开源可视化软件、工具和技术的支撑，同时借鉴其他行业成功的数据可视化案例和经验，在国防科技评估领域开展数据可视化展示研究具备环境、条件、技术和手段等相关的可行性。

（一）理论支撑

数据可视化基础理论的发展为国防科技评估可视化视图设计提供了认知理论支撑。人类通过视觉感知器官获取可视信息、编码并形成认知，在可视化视图设计时要尽量符合人类低阶视觉感知和高阶思维认知的生理特性。视觉感知理论指导设计师合理运用位置、颜色、尺寸、角度、形状、纹理、动画等视觉通道特性进行信息编码，再从编码信息的精确性、可辨性、可分离性和视觉突出等方面衡量不同视觉通道的表现力，最后根据数据属性的重要程度排序选择对应表现力的视觉通道编码，从而使用户在短时间内精确地获取信息；可视化设计必须遵循心理学关于感知和认知的理论研究成果，遵循格式塔心理学的基本法则，即人对事物倾向于整体认知而不是将事物理解为所有组成部分的集合，包括贴近原则、相似原则、连续原则、闭合原则、共势原则、好图原则、对称性原则、经验原则等。

（二）算法模型支撑

大数据和人工智能技术的发展为国防科技评估可视化数据分析提供了算法模型支撑。大数据时代已经引发了人类生活、工作和思维的大变革。如何从海量、复杂、实时的大数据中提取信息、发现知识、提升智能并创造价值，是当前国防科技评估领域可视化研究面临的实际问题。通过大数据和云计算技术，人们已初步具备对海量异构数据进行采集、清洗、转换和分析处理所需的计算、存储和显示能力；而以自然语言处理、语音识别、图像识别为代表的人工智能技术，更为对比、发现、预测等国防科技评估研究的关键问题求解提供了高效的算法模型，开辟了新的解决方案和研究范式。

（三）方法手段支撑

可视化软件、工具和技术的发展为国防科技评估可视化系统开发提供了方法手段支撑。数据可视化研究的新浪潮催生了可视化软件、工具和技术的涌现和革新，而这些软件、工具和技术又推动可视化研究向更高（质量水平）、更快（效率水平）、更强（应用水平）的方向飞速发展。现在，可根据可视化场景设计需求，综合运用可视化工具（如 Microsoft Excel、Many Eyes、Tableau Softwara 等）、编程语言（如 Python、

PHP、R 等）和绘图软件（如 Adobe Illustrator、Inkscape、Raven 等），来创造出实用且美观的可视化作品。

（四）实践经验支撑

其他领域数据可视化案例的分析为国防科技评估可视化展示应用提供了实践经验支撑。数据可视化已与新闻媒体、生命科学、教育、金融、商业等领域深度结合，形成了不少令人赏心悦目的优秀作品。国防科技评估可视化属知识可视化范畴，它侧重运用各种可视化手段和方法，面向群体传播认识、经验、态度、价值、期望、视角、主张和预测，并激发群体协同产生新的知识。与其他领域可视化一样，其最终目的都是使发现知识的过程和结果更易于理解，因而可充分借鉴其他领域的最佳实践经验。

四、国防科技评估可视化展示设计过程

国防科技评估可视化展示设计需要“瞻前顾后”，“瞻前”就是要充分了解原始研究数据材料，确保理解每一种度量指标的上下文背景和意义，“顾后”就是要围绕不同层次受众群体的业务需求，设计问题场景，通过不同的可视化形式呈现研究工作的核心内容和观点。

在国防科技评估研究领域探索数据可视化的过程中，总体应考虑以下几个问题，每个问题都取决于前一个问题的答案：

1）拥有什么样的数据？

2）用户想了解数据的什么？

3）应采用哪种可视化方式？

4）用户能看见什么，有什么意义？

（一）了解并分析数据

所有可视化的基础是包含了信息和事实的数据。对原始数据了解得越多，就越可能制作出令人信服的数据图表。数据和它所代表事物之间的关联既是数据可视化的关键，也是全面分析数据的关键，同样还是深层次理解数据的关键。

在国防科技评估研究领域开展数据可视化设计工作，必须了解研究课题的背景信息和数据现状。分析何人、何时、何地、何事、何因、如何等这些关于数据的数据，有助于掌握数据的本质。

何人：包括“数据是关于谁的”“是谁收集了数据”“是谁给出的结论”三个方面的分析。“数据是关于谁的”要分析数据反映的实体内容，比如“DAPPA 的预算文件”这句话就提取了“DAPPA”和“预算”两个目标信息；“是谁收集了数据”要分析原始数据的质量，考虑收集人的基本能力、专业水平等背景信息，专业研究人员收集的数据显然比普通工作者得来的数据更可靠、置信度更高；“是谁给出的结论”要分析数据结果的准确性，经过专家综合研讨分析的结论通常比个人的经验判断更有说服力。

何时：大部分数据都是有时效性的，必须清楚所研究的数据是在哪个时间点或时间段产生的。数据过了“保质期”价值就会显著降低，甚者使用这种“过期数据”会产生恶劣的负面作用。在这个日新月异的时代，之前的评估数据显然只能“仅供参考”。

何地：数字世界往往和物理世界相关联，不要轻易扩大数据的覆盖范围，比如以某个地区的经济指标推算整个国家的经济发展，或者以某个领域的科技水平评估整个国防科技领域的技术能力。

何事：必须明白手中的数据是用来做什么的。数据除了自身的基本属性特征外，还有一些关联属性和组合属性。需要针对研究目标，分析运用哪些数据和采用何种方法手段。

何因：必须了解数据收集的原因，通常这是为了检查数据是否存在偏颇。数据本应该是科学的、客观的，但数据往往服务于某种目的（如政治竞选），对这种情况产生的数据应当保持警惕。

如何：必须了解手中的数据是通过何种渠道和方法手段产生的。一方面需要了解数据引证的来源，是通过官方网站还是小道消息？另一方面需要了解数据生产涉及复杂的方法论和工具，通过调查、采样、统计、计算、仿真等不同手段产生数据需要不同的对待。

（二）围绕用户设计问题场景

在充分掌握了数据之后，要将数据内容传达给用户，必须考虑受众的需求，围绕他们关心的问题有目的地开展可视化设计。

国防科技评估可视化的预期读者主要有两种类型。一类是决策用户，他们需要通过可视化视图，从宏观层面综合比较世界主要国家战略研究框架、战略关注要点和战略分析方法，科学把握世界国防科技整体发展态势，评估、研判世界主要国家国防科技发展方向、能力消长、实力强弱，其关注焦点是结论与趋势，以便制定国防科技发展策略和提出对策方案建议；另一类是国防科技情报研究者，他们需要通过可视化视图，从微观层面剖析比较世界主要国家国防科技评估方法的主要特点、基本流程和应用对象，并从对比、对标、对抗等多个维度分析各国在国防科技发展战略需求、战略目标、战略重点等方面的共同点和差异点，其关注焦点是过程和方法，以便制定国防科技评估指标体系和构建知识库。

（三）选择合理的可视化方案

确定用户需求之后，要遵循可视化设计的基本原则，根据不同用户类型的认知水平和阅读习惯，选择适配、合理的可视化方案。以下按数据类型分类简述基本的可视化方案供选择和借鉴。

分类数据可视化：分类可以带来结构化，最典型的表现形式就是条形图，通过分类和排序，能快速发现数据集的范围、最大值和最小值，了解数据分布情况，以及认清数据结构和模式，找出数据异同及差距。

时序数据可视化：时序数据分析可以发现周期、循环和规律，最典型的表现形式就是折线图，通过时序分析，可以了解事物随时间推移发生的变化，更重要的是注意变化的本质、变化的原因以及变化的意义。

空间数据可视化：空间数据存在自然的层次结构，探索空间数据最典型的方法就是用地图，可以根据需要以不同的颗粒度进行探索研究，空间数据分析基于位置，可以发现地区分布和统计信息。

多元变量可视化：多元变量数据通常以表格的形式出现，通常变量间的关系是复杂的，多元变量分析时常探寻当一个变量变化时，另一个变量或多个变量如何变化，多元变量可视化最典型的表现形式就是散点图，常用来挖掘因果关系和相关性。

层次数据可视化：除包含和从属关系之外，层次结构也可以表现逻辑上的承接关系，层次数据可视化的要点是对数据中的层次关系有效刻画，主要方法有节点-链接法和空间填充法，最典型的表现形式就是树状图、思维导图等。

网络数据可视化：不具备层次结构的关系数据可统称为网络数据，网络数据不具有自底向上或自顶向下的层次结构，其表达的关系更加自由和复杂，网络数据属性由顶点和边构成，最典型的表现形式就是图谱，布局方式常用节点-链接法和相邻矩阵。

文本数据可视化：文本可视化采用可视化表达技术刻画文本，直观呈现文档中的有效信息，文本可视化任务根据不同的研究需求，对文本内容、特征进行总结，分析内容主题，研究蕴含的情感，挖掘文本中描述的事件，关联分析多源文档数据内容和特征。

跨媒体数据可视化：跨媒体数据主要包括图像、视频、声音以及包含社交媒体和社交网络的超媒体等，跨媒体数据可视化是数字化生活的多维度呈现方式，属于新兴的研究范畴，其内容及表现形式也在不断发展和突破。

（四）可视化效果分析

可视化设计并不只是简单地让图表更加好看，好的可视化可以帮助人们很好地理解数据，突出数据中的重要内容，辅助研究人员分析和研判。在做可视化效果分析时，可以用以下标准作为评判依据：

1）主题突出；

2）生动、美观；

3）直接、易懂；

4）简洁、有重点的信息；

5）新的、出人意料的结论；

6）引导启发思考；

7）便于分享和描述。

第二节　国防科技评估可视化展示系统设计原则

国防科技评估可视化展示系统设计既要符合可视化设计和软件系统开发的基本要求，同时要体现国防科技评估领域的特点，便于研究过程跟踪和成果知识理解与分享。本节从遵循数据可视化设计的原则和要素、符合通用软件工程建设标准和规范、适应国防科技评估活动特点和要求、利于国防科技评估成果分享和应用等四个方面，对国防科技评估可视化展示系统设计原则进行论述。

一、遵循数据可视化设计的原则和要素

国防科技评估可视化展示属于可视化展示的范畴，首先要把握数据可视化的设计原则和要素，在此基础上再考虑国防科技评估的特殊需求与要求。

（一）数据可视化设计原则

数据可视化的作用在于视物致知，即从看见物体到获取知识。对于复杂、大尺度的数据，已有的统计分析或数据挖掘方法往往是对数据的简化和抽象，隐藏了数据集真实的结构，数据可视化则可还原乃至增强数据全局结构和具体细节。当然，数据可视化通常会陷入以下两个误区，为了实现其获取知识的功能而忽视美观效果；或者为了画面美观而采用复杂、难以理解的图形方案。如果将数据可视化看成艺术创作过程，则需达到真、善、美的均衡，才能有效地挖掘、传播与沟通数据中蕴含的信息、知识与思想，实现设计与功能之间的平衡。从这个意义上说，数据可视化体现出宽视善知的作用。

真，即真实性，指是否正确地反映了国防科技评估相关数据的本质，能否对所评估的技术态势有正确的感受和认识。真是基石，在还原数据本质时必须从何人、何时、何地、何事、何因、如何等方面深入剖析各类数据的背景信息以及现状。

善，即倾向性，通过可视化所表达的意象引导用户解读和分析数据。善在其深度，当先前隐藏着的结构和模式开始展示出来时，意义就体现出来了。这些模式激发了人们对数据提出新的想法和质疑，激励人们实现优雅的数据可视化策略。

美，即艺术性，指形式与内容是否和谐统一，是否具有艺术个性，是否有创新和

发展。通过重点研究该数据的某几个方面或者突出某些特殊方面，采用易于理解的方式将复杂的东西呈现出来。

（二）数据可视化设计要素

数据可视化流程中的核心要素包括数据表示与变换、数据可视化呈现、用户交互等三个方面。

数据表示与变换：数据表示与变换是数据可视化设计的基础。为了确保数据有效地可视化、分析和记录，原始数据必须从最初状态变换到一种便于计算机处理的结构化数据表示形式。通常需要围绕国防科技评估数据的特点，研究有效的数据提炼或简化方法，以充分保持信息、知识内涵，以及相应的上下文；采用具有可伸缩性和扩展性的方法，以充分保持数据的特性和内容。此外，将不同类型、不同来源的信息进行集成表达，使得数据分析人员能及时聚焦数据的本质也是研究的重点。

数据可视化呈现：数据可视化向用户传播了信息，而同一个数据集可能对应多种视觉呈现形式，即视觉编码。将数据以一种直观、易于理解和交互的方式呈现给用户，核心是从巨大的呈现多样性空间中选择最合适的视觉编码。综合考虑感知与认知系统的特性、数据本身的属性和目标用户群体等因素，是判断视觉编码适宜性的重要标准。例如，针对静态数据发展起来的可视化显示方法不能直接拓展到动态数据，应考虑可视化结果有一定的时间连贯性，这不仅需要研究新的软件算法，还需要更强大的计算平台、显示平台和交互模式。

用户交互：对数据进行可视化和分析的目的是解决目标问题。有些问题可明确定义，有些任务则更广泛或者一般化。通用的目标问题可分成三类：生成假设、验证假设和视觉呈现。数据可视化可以用于从数据中探索新的假设，也可以证实相关假设与数据是否吻合。交互是通过可视的手段辅助分析决策的直接推动力，需针对不同类型的显示环境和不同任务，探索可支持用户分析决策的新型交互方法，涵盖底层的交互方式与硬件、复杂的交互理念与流程。

二、符合通用软件工程建设标准和规范

国防科技评估可视化展示系统设计与研制遵循软件工程建设对可靠性、健壮性、先进性、效率性、安全性、可修改性、可扩展性、可理解性、可测试性等方面的标准和规范。

（一）可靠性

软件在设计时必须充分考虑高可靠性和软件性能的稳定性，以便降低软件故障概率。软件的可靠性是软件设计时重点考虑的一个方面，软件能在规定条件和时间内具备用户所要求的功能，并能长期稳定地工作，结构简单，可靠性高，故障率低，维护维修方便，启动快，故障恢复迅速。从硬件支撑、软件开发、测试等方面来保证软件的可靠性，首先选择可靠性强、应用广泛的硬件支撑软件运行，其次在开发过程中对代码进行自测走查，最后对软件进行统一的功能测试与性能测试。

（二）健壮性

又称鲁棒性，是指软件对于规范要求以外的输入能够判断出这个输入不符合规范要求，并能有合理的处理方式。软件健壮性是一个比较模糊的概念，却是非常重要的软件外部量度标准。软件设计的健壮与否直接反映了分析设计和编码人员的水平。从软件规划阶段开始着手，将软件的技术架构和功能/交互设计进行降耦合、升内聚处理，在执行阶段充分保证软件质量，在监控阶段对软件进行统一测试，充分保障、提升软件的健壮性。

（三）先进性

软件体系架构和网络软件基础结构方面需结合当前国内外先进的技术，同时，在软件选型方面考虑到技术的成熟性，采用主流机型、主流软件，从体系架构、网络构架、协议选择、安全控制和网络管理等方面充分体现该软件的先进性。

（四）效率性

软件的效率性一般用程序的执行时间和所占用的内存容量来度量。在达到基本要求功能指标的前提下，程序运行所需时间愈短和占用存储容量愈小，则效率愈高。从编码实现的角度，充分考虑运行效率的影响，降低软件的响应时间，提升效率性。

（五）安全性

安全性要求软件能够保持用户信息、操作等多方面的安全要求，同时软件本身也要能够及时修复、处理各种安全漏洞，以提升安全性能。在软件中加入验证机制，保证软件使用的内部性。并且对不同账号赋予相应的权限，保证权限的制约。除此以外，软件应兼容防火墙、杀毒软件等第三方安全软件。

（六）可修改性、可扩展性

在软件选型上，选择符合国际标准及业界流行成熟的工业标准的软件，以便提供更为完善全面的技术支持和售后服务。在软件架构上，采用开放式架构设计，保证各服务模块的可修改性、可扩展性。软件结构配置时，采用具有最佳升级途径的配置，一是结构合理，二是升级代价最小，保证软件具有良好的可修改性、可扩展性。

（七）可理解性

软件的可理解性是其可靠性和可修改性的前提。它并不仅仅是文档清晰可读的问题，更要求软件本身具有简单明了的结构。这在很大程度上取决于设计者的洞察力和创造性，以及对设计对象掌握的透彻程度，当然它还依赖于设计工具和方法的适当运用。在规划阶段充分收集客户需求，利用原型法和相关的工具制作原型软件，在与客户反复沟通过程中迭代原型软件的功能和交互逻辑，使双方对最终的软件系统都具有翔实的理解程度。

（八）可测试性

软件的可测试性是指在一定的时间和成本前提下，进行测试设计、测试执行以此来发现软件的问题，以及发现故障并隔离、定位其故障的能力特性。简单地说，软件的可测试性就是一个计算机程序能够被测试的容易程度。在规划与执行阶段就会对软件进行强内聚、弱耦合的处理，并且每一个接口都会使用相应的工具对其内部细节进行说明，方便编码人员的自测和测试人员的功能/性能测试。

三、适应国防科技评估活动特点和要求

国防科技评估可视化展示系统围绕国防科技评估研究过程、研究方法和研究成果可视化的需求进行功能设计。在研究过程可视化方面，应体现国防科技评估活动全过程“总-分-总”模式研究框架和研究成果生成模式的特点；在研究方法可视化方面，应体现国防科技评估综合应用定性和定量（采用评估指标体系）相结合的研究方法的特点；在研究成果可视化方面，应体现国防科技评估研究成果全要素、多维度、体系化、关联性的要求。

（一）全过程

采用思维导图或树状图的方式梳理、分解国防科技评估研究框架。一是体现国防科技评估从总体设计→领域分解→综合集成（“总-分-总”）的研究模式和流程设计；二是体现国防科技评估流程的不同阶段所采用的专家咨询、德尔菲法、层次分析、比较分析、定量计算、专家评判等定性和定量方法的机理设计。

（二）全要素

归纳展示人工智能、5G 技术、量子信息、微电子、无人自主、太空、网络空间、先进材料、先进制造等国防科技领域及其细分技术方向的全要素研究成果。

（三）多维度

归纳研究报告、PPT、视频、译丛资料、碎片信息以及附表、附图、附件等多维度国防科技评估成果，并根据不同的数据内容形式选择适配和可视化方案。

（四）体系化

建立人性化的成果管理与预览模式，综合采用总体导图、分类视图、领域标签、内容选项等引导方式，实现全面、直观、快速的体系化成果访问和查询。

（五）关联性

利用标签化的成果属性信息构建国防科技评估知识图谱，采用分解视图和超链接的方式实现“综合研究-领域分解”体系成果的知识关联分析。

四、利于国防科技评估成果分享和应用

国防科技评估可视化展示系统是国防科技评估研究产出的一类特殊软件产品。该产品设计不仅要实现国防科技评估研究成果综合集成和管理，提升研究成果标准化、规范化质量水平，促进研究成果知识萃取和转化，更要利于研究成果分享和应用。从这个角度考虑，国防科技评估可视化展示系统应满足人机交互友好、成果服务灵活、系统部署便捷、适配兼容性强的要求。

（一）人机交互友好

国防科技评估可视化展示系统除了视觉呈现部分，另一个核心要素是用户交互。交互是用户通过与系统之间的对话和互动来操纵和理解数据的过程，良好的人机交互可以缓解有限的可视化空间和数据过载之间的矛盾，让用户更好地参与对数据的理解和分析。在人机交互设计时应遵循一些普遍适用的准则，比如确保交互延时在用户可接受的范围之内并实现即时的视觉反馈，有效地控制用户交互的成本以及交互中适度的场景变化。

（二）成果服务灵活

从应用服务的角度出发，国防科技评估可视化展示系统一方面应能支持研究成果

的综合集成和高效管理，成果数据录入、导出符合用户使用习惯，易学、易用、易维护，便于成果数据的交换、传播的共享；另一方面应能支持系统成果转化和导出，用户可通过简单的配置操作将系统生成的可视化内容直接转化为标准情报产品输出，体现“过程即成果、所见即所得”的思想。

（三）系统部署便捷

国防科技评估可视化展示系统软件产品部署时应充分考虑用户环境的特点和要求，设计自动安装（卸载）盘，能够识别设备环境与操作系统并作自适应匹配，实现基于单机或服务器模式的一键安装部署。

（四）适配兼容性强

国防科技评估可视化展示系统软件产品应支持国产自主可控的软硬件环境，系统适配兼容性强。Web 客户端兼容 Chrome、FireFox 及其他主流浏览器；服务器支持 Windows、Linux 以及主流国产操作系统；数据库支持 MySQL、SQLServer 以及达梦等主流国产数据库。同时，可根据大屏、移动终端应用的需求对用户界面做适配性调整。

第三节 国防科技评估可视化展示系统主要功能

国防科技评估可视化展示系统实现对国防科技评估研究过程、研究方法和研究成果的数据可视化，是国防科技评估成果综合集成、管理和展示的统一平台。系统通过图、表、文、声像等方式将国防科技评估研究报告、译丛资料、碎片信息、幻灯片、视频等形式的系列成果进行数据可视化，直观展示国防科技评估的过程、内容、方法和结论，辅助研究人员进行数据分析、规律揭示和研判决策。本节从直观展现国防科技评估活动、深化认知国防科技评估成果、深刻洞悉国防科技发展规律、有效辅助国防科技发展决策四个功能项对国防科技评估可视化展示系统的主要功能进行论述。

一、直观展现国防科技评估活动功能

国防科技评估研究融合了数据挖掘、专家研判、情报研究等方法，运用情报人员与专业研究人员相结合的方式，采用领域分解、综合集成等程序，初步得出了国防科技发展态势评估的总体结论。系统分三个阶段直观展现国防科技评估活动。

一是采用专家咨询等方法，研究制定了统一的国防科技重点领域评估模型和内容框架，构建了国防科技重点领域评估指标体系，确定了国防科技竞争和对抗的评估标准。

在这个阶段，系统根据评估指标体系，抽取文本或数据表中对应的数据，生成了分级分领域的指标对比信息图表，根据专家评分和评估模型计算生成国防科技发展态势图（见图 8-1、图 8-2）。

二是采用德尔菲法和层次分析法，对国防科技重点领域以及其细分技术方向进行科技发展态势评估，评估指标数值主要采用专家调查法收集数据，利用层次分析法得到评估结果，对评估分值进行了归一化处理，权重的作用以加权平均的方式体现。

在这个阶段，系统依据评估指标和评估模型，对每个领域技术按评估阶段逐级加权计算得到量化分析结果，上一阶段的输出作为下一阶段的输入，最后整个评估过程以卡片的形式进行可视化，整体体现国防科技评估各阶段的活动以及相互关系，并辅助用户对各个领域进行横向对比（见图 8-3）。

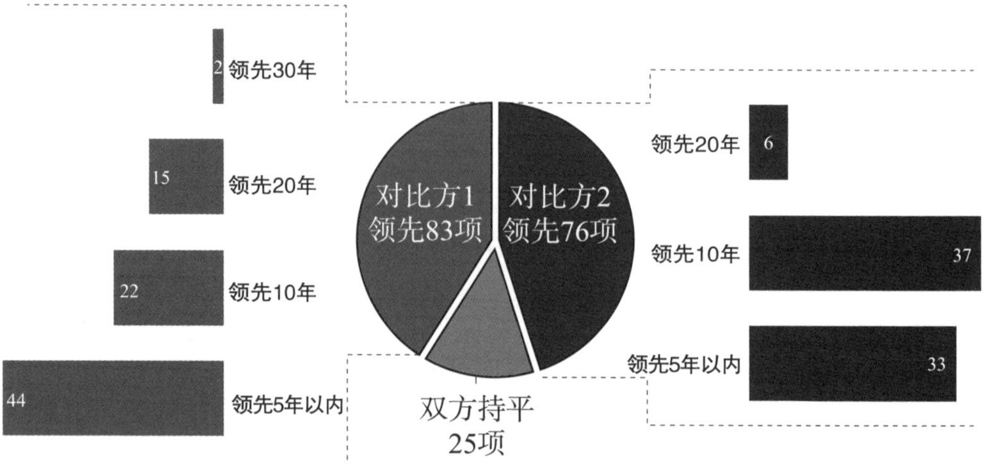

图 8-1 国防科技领域发展态势可视化效果图

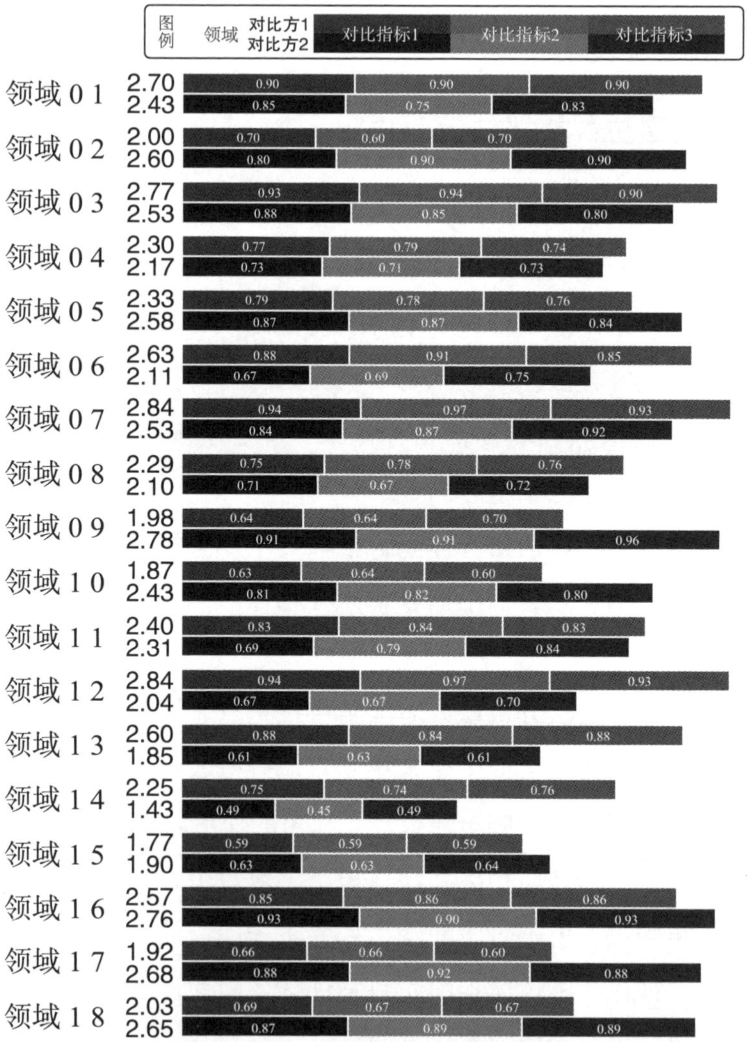

图 8-2 国防科技领域分级指标可视化效果图（见彩插）

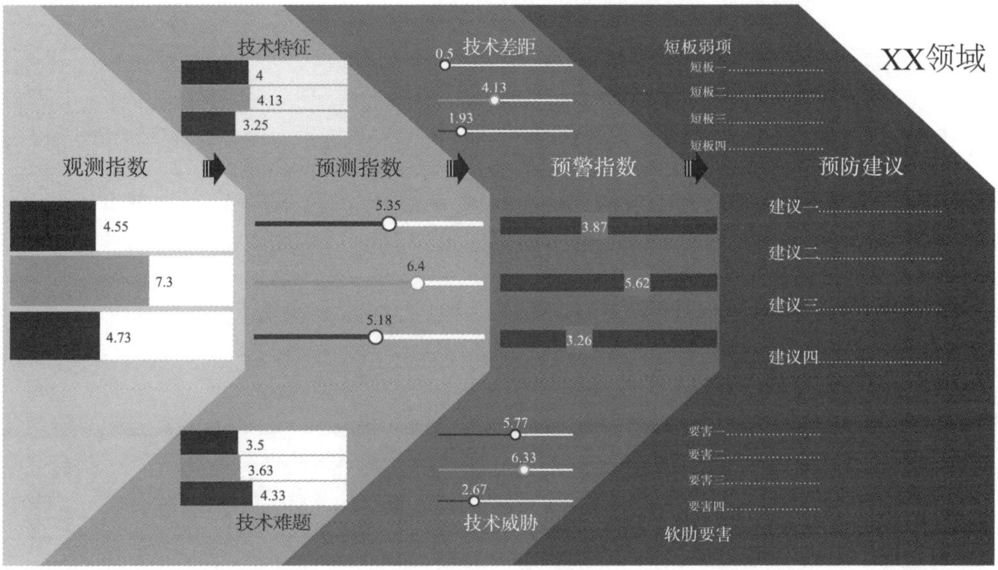

图 8-3　某领域技术跟踪预警分析评估过程可视化效果图（见彩插）

三是综合运用比较分析、定量计算和专家评判，在重点领域及技术方向评估基础上，参阅数百部国防科技领域的战略文件、智库报告以及数千条碎片化信息，进行国防科技发展态势的综合评估，形成国防科技主报告和国防科技重点领域分报告。

在这个阶段，系统主要通过文本数据可视化的方法，将综合研究与领域研究报告内容碎片化，提取文本大纲、内容、注解、图表等数据，建立总报告与分报告之间的层次关联，并运用自然语言处理技术抽取摘要和关键文本内容进行突出显示（见图 8-4）。

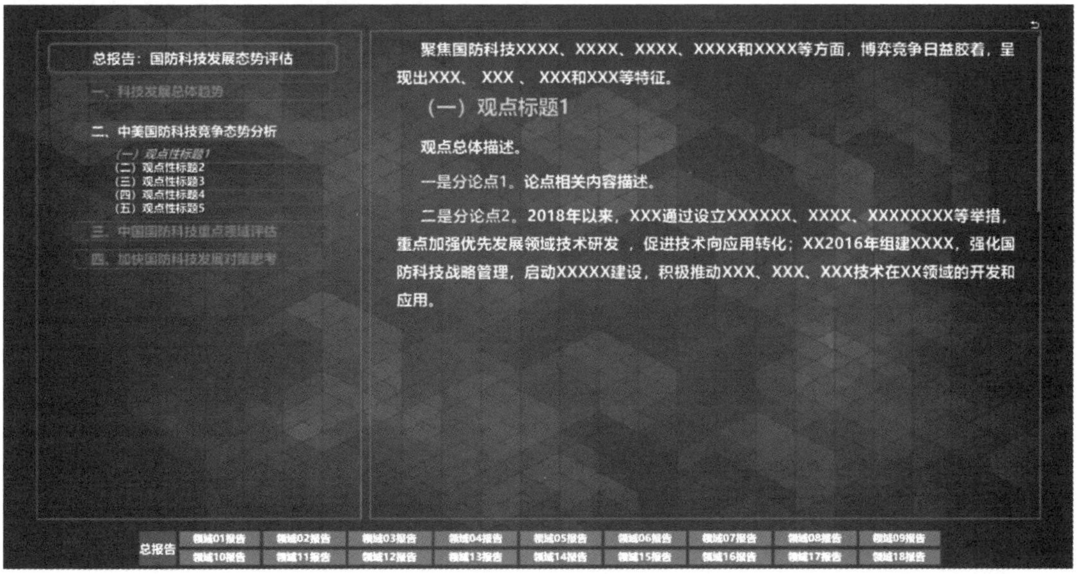

图 8-4　研究报告可视化

二、深化认知国防科技评估成果功能

通过对研究报告、译丛资料、碎片信息、幻灯片、视频等研究国防科技评估成果梳理分解和体系重构，采用图、表、文、声像等多种形式实现了对成果的综合集成、管理和展示，利于用户全面掌握并深化认知国防科技评估成果。

一是对国防科技评估研究进行简要综述，可视化展示研究的背景意义，突出主要强国科技发展博弈的主题（见图 8-5）。

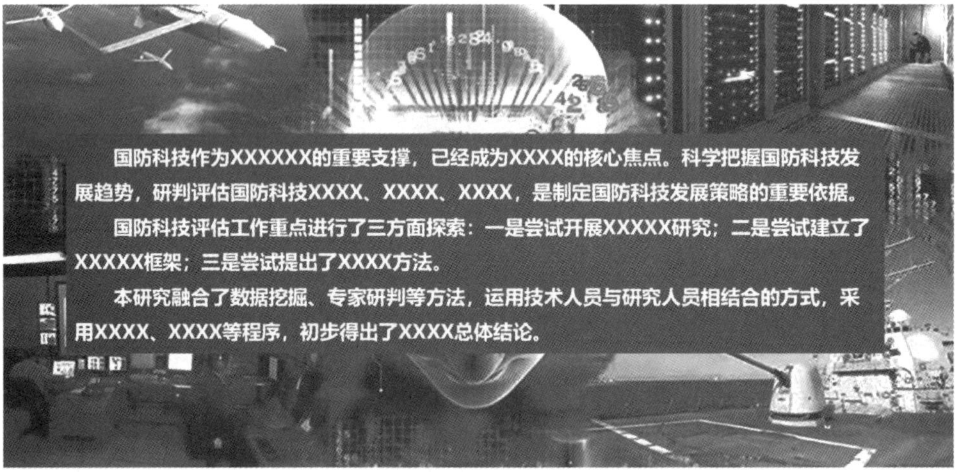

图 8-5　研究综述可视化

二是对国防科技评估研究框架进行层次分解，将研究内容、重点研究领域、研究方法与步骤、初步研究结论进行提炼（见图 8-6）。

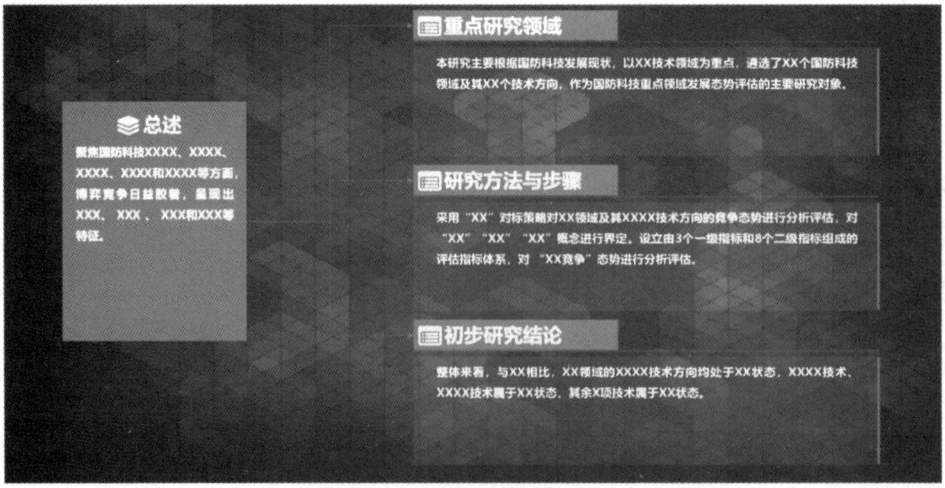

图 8-6　研究框架可视化

三是对国防科技评估研究成果进行体系重组，将研究成果按研究领域、成果形式等标签进行归纳和关联展示（见图 8-7）。

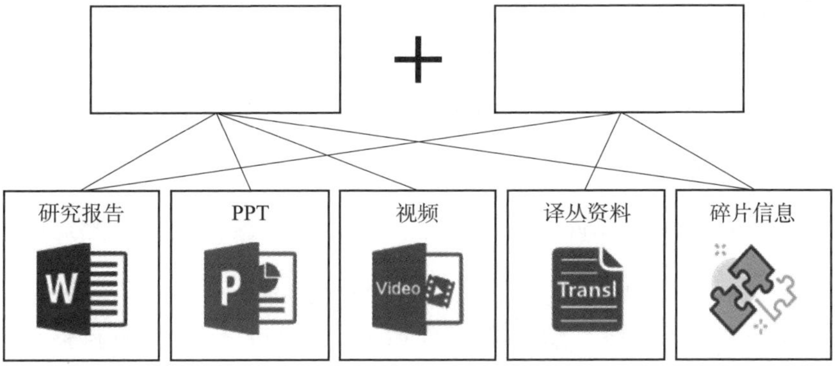

图 8-7　成果体系可视化

三、深刻洞悉国防科技发展规律功能

在对国防科技评估活动和成果可视化的基础上，进一步分析评估数据，可以从时间、比例、关联、差异等维度洞悉国防科技发展的特点和规律。

从时间中发现：时间序列数据分为离散时间和连续时间数据，它反映了事物在某个具体时间点或时间段的情况。在国防科技评估中探索有关时间的模式是非常有意义的，不管是离散时间数据，还是连续时间数据，研究人员希望从中发现事物变迁和发展的趋势。比如，通过对 2022—2035 时间段的科技评估，了解某科技领域发展速度是上升还是下降，是否存在周期性的循环，有没有在某个时间点数值存在异常，有没有不规则或异动的时间段；如果有，是什么原因导致的。这些都是从时间维度洞悉国防科技发展规律的关注点。

从比例中发现：对研究的样本数据按类别、子类别和群体进行划分，就会产生比例数据，它反映了整体中各个部分的分布情况。在国防科技评估中探索有关比例的模式，通常会寻求最大值、最小值和总体分布。比如，对某科技发展差距原因进行评估分析，将比例数据从大到小进行排序，位于两端的极值会提示研究人员关注影响该科技领域发展的最重要/最不重要因素。除此之外，研究人员真正感兴趣的是比例的分配，如果各部分比例比较均匀，那么就需要全方位协调发展以实现科技突破。

从关联中发现：数值统计分析就是要寻找数据之间的关系，最容易联想到的就是因果关系和关联关系。因果关系无疑是非常重要的，也是研究人员探索的终极目标

（即可解释性），但用数据无法还原现实的方方面面，解释所有外在的、混杂的因素无疑非常困难，因此证实因果关系绝非易事。而通过对不同变量一对一、一对多、多对一、多对多映射的监测分析，或从更宽泛的角度分布、对照和比较数据，数据之间的关联性就很容易表现出来。关联性可以帮助研究人员根据一项指标来预测另一项指标，进而引导研究人员更加深入地分析事物作为整体是如何彼此联系的，激励研究人员去探寻事物关系的本质。

从差异中发现：国防科技评估研究数据包含多种变量，全面观测这些变量数据的主要挑战在于选择分析入口。通常研究人员会把这些数据进行分组，然后统计分布找出其中的异常值（即阶跃值）。这些数据点和全体中的其他数据显得格格不入，有时候它们可能是监测或统计的错误，而有时候它们正是国防科技评估研究中最值得注意的亮点，不管怎样，研究人员都需要对数据集进行检查，以便了解异常值产生的原因，进而回溯分析研究思路、流程或方法是否存在问题。

四、有效辅助国防科技发展决策功能

通过国防科技评估可视化展示，呈现国防科技发展态势，更重要的是揭示国防科技发展规律，辅助用户从重大突破、重大差距、重大差距原因、重大预测、重大威胁等方面对国防科技发展进行深度分析和研判决策。

重大突破：系统利用饼图+堆叠条形图的方式完成对重大突破的总体和局部可视化表达，重点从事件类型和事件数量两个维度展现国防领域某时间段发生的重大突破事件分布情况，条形图中各领域按突破事件的总数从高到低排序，辅助用户从整体掌握各类型重大突破事件的总数态势，以及各个领域中的具体类型和相应数量（见图 8-8）。

重大差距：系统利用分布图+旋风图的方式完成对重点技术差距的总体和局部可视化表达，重点从技术差距时间和技术数量两个维度展现国防领域某时间段涉及的技术水平分布情况，旋风图中各领域之间采用蓝白间隔底色划分，辅助用户从整体掌握每个差距范围内的技术总数态势，以及各个领域中的具体技术名称和差距时间（见图 8-9）。

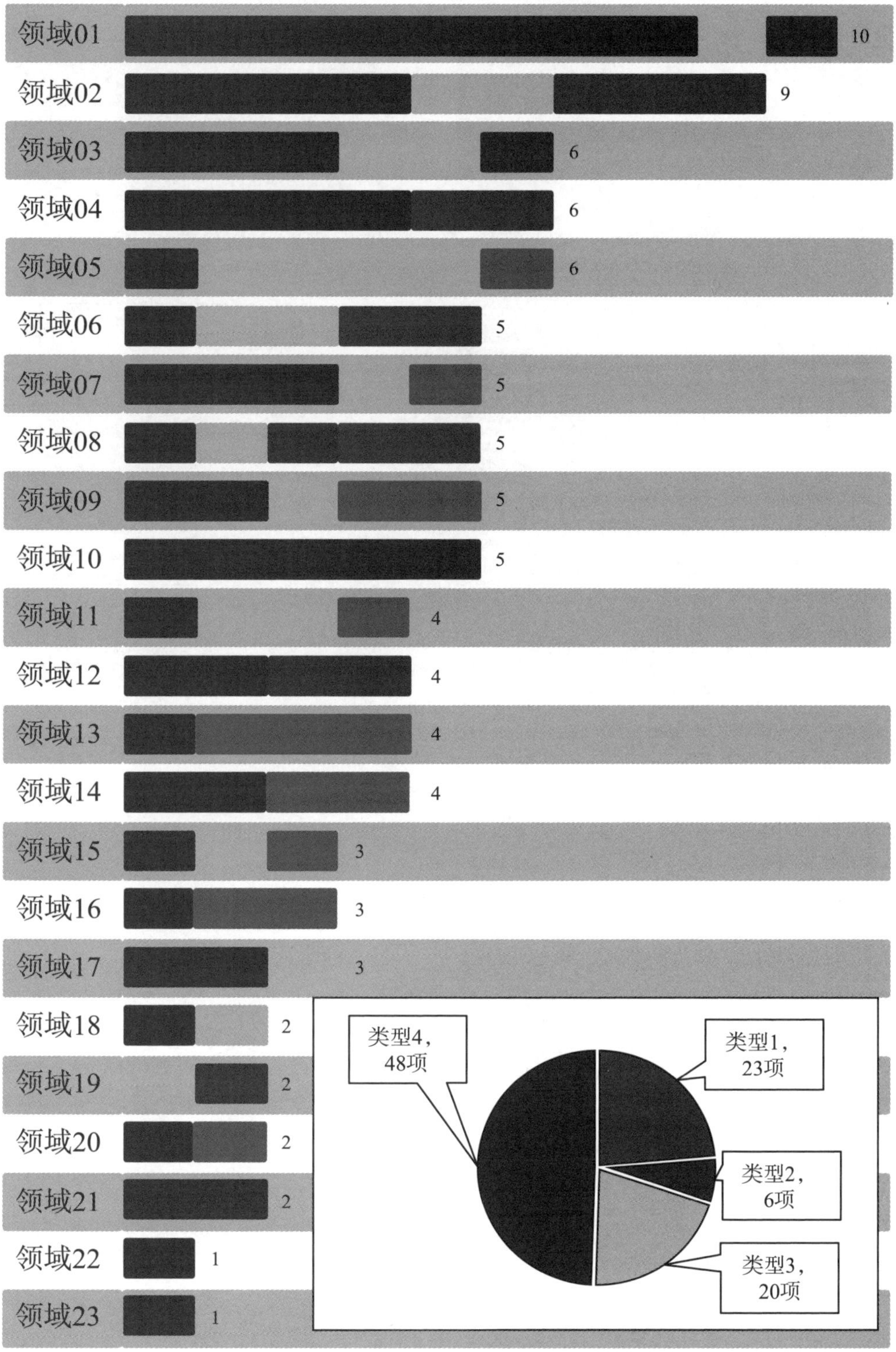

图 8-8 国防科技重大突破设计卡（见彩插）

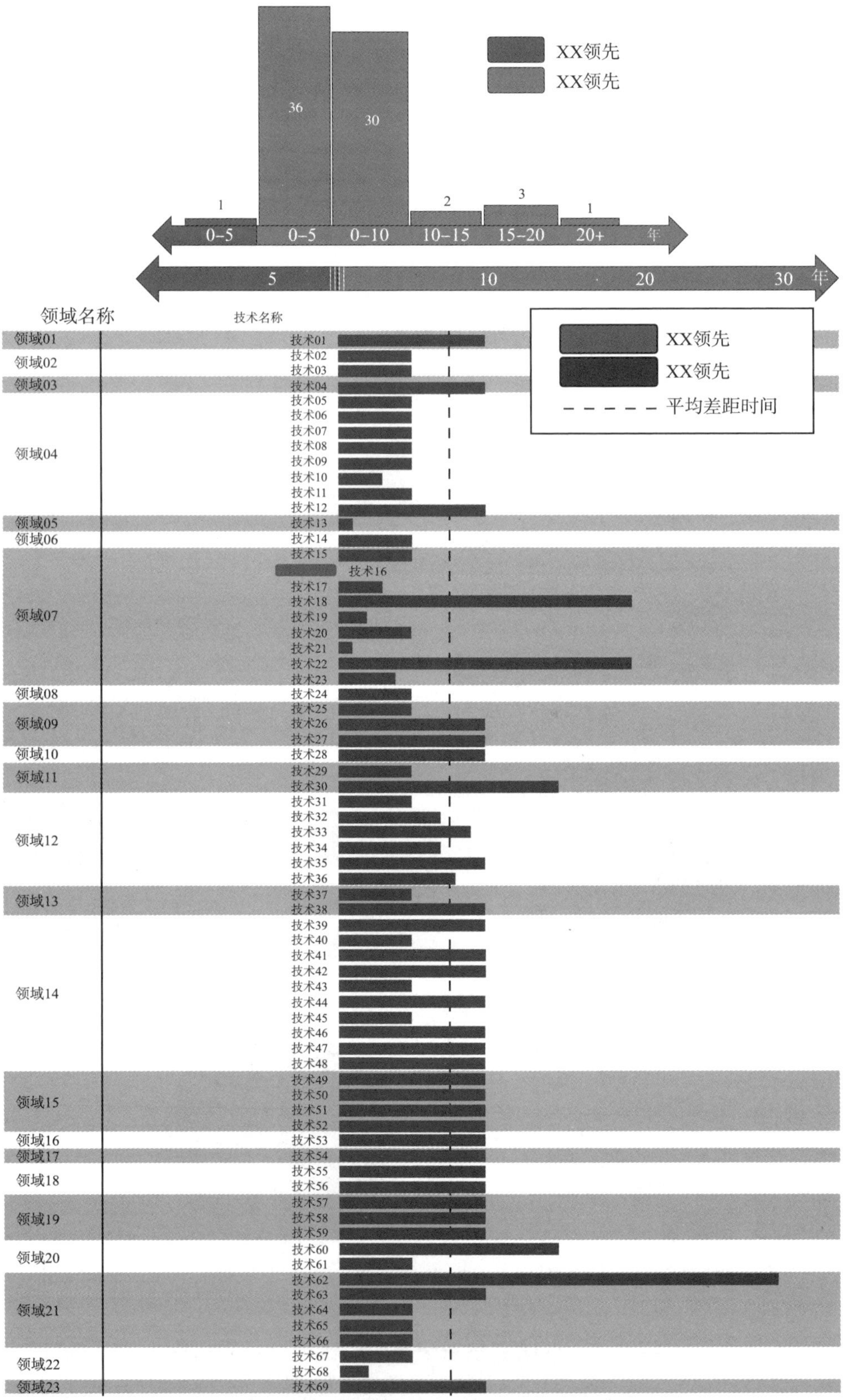

图 8-9　国防科技重大差距设计卡（见彩插）

重大差距原因：系统利用雷达图+表格的方式完成对技术差距原因的总体和局部可视化表达，重点从技术差距原因和差距数量两个维度展现国防领域某时间段分析的技术差距原因分布情况，表格中数值越大，单元格的颜色越深，辅助用户从整体掌握国防领域中造成技术差距的基本态势，以及各个领域中的具体差距原因和相应数量（见图 8-10）。

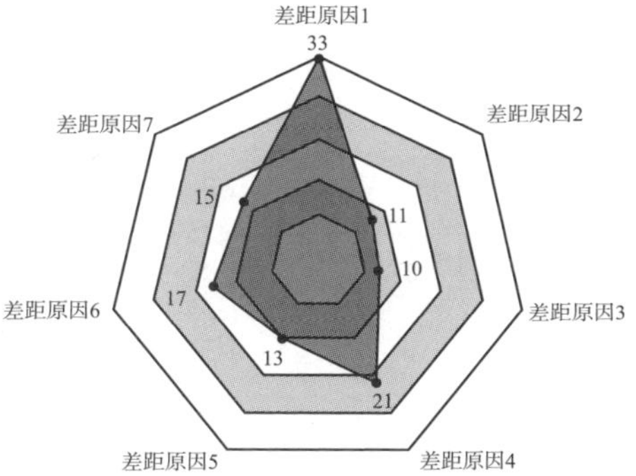

	差距原因1	差距原因2	差距原因3	差距原因4	差距原因5	差距原因6	其他
领域 0 1	1	0	0	0	0	0	1
领域 0 2	0	0	0	0	2	0	0
领域 0 3	1	1	0	0	0	0	0
领域 0 4	0	1	0	0	1	0	0
领域 0 5	1	1	0	0	0	0	0
领域 0 6	0	0	0	0	1	0	0
领域 0 7	4	0	1	3	4	4	0
领域 0 8	1	0	0	0	1	0	1
领域 0 9	4	3	2	1	2	3	0
领域 1 0	1	0	0	0	0	0	1
领域 1 1	1	0	0	1	0	0	0
领域 1 2	1	0	1	1	1	0	0
领域 1 3	2	2	1	0	0	0	1
领域 1 4	1	0	0	0	0	0	0
领域 1 5	4	0	4	4	2	0	0
领域 1 6	1	0	0	0	0	0	3
领域 1 7	0	0	0	0	0	0	1
领域 1 8	1	5	7	1	2	1	0
领域 1 9	3	0	0	1	2	0	1
领域 2 0	2	0	0	0	0	0	2
领域 2 1	1	2	0	0	2	1	0
领域 2 2	1	0	0	0	0	0	0
领域 2 3	1	0	0	0	1	0	0

图 8-10　国防科技重大差距原因设计卡（见彩插）

重大预测：系统利用折线图+大事记的方式完成对重大预测事件的总体和局部可视化表达，重点从突破事件类型、发生时间阶段和数量三个维度展现国防领域某时间段预测的未来重大事件分布情况，辅助用户从整体掌握国防领域未来一段时间内，四个方面重大突破事件的出现态势，以及各个领域中的具体时间阶段内的事件类型和相应数量（见图 8-11）。

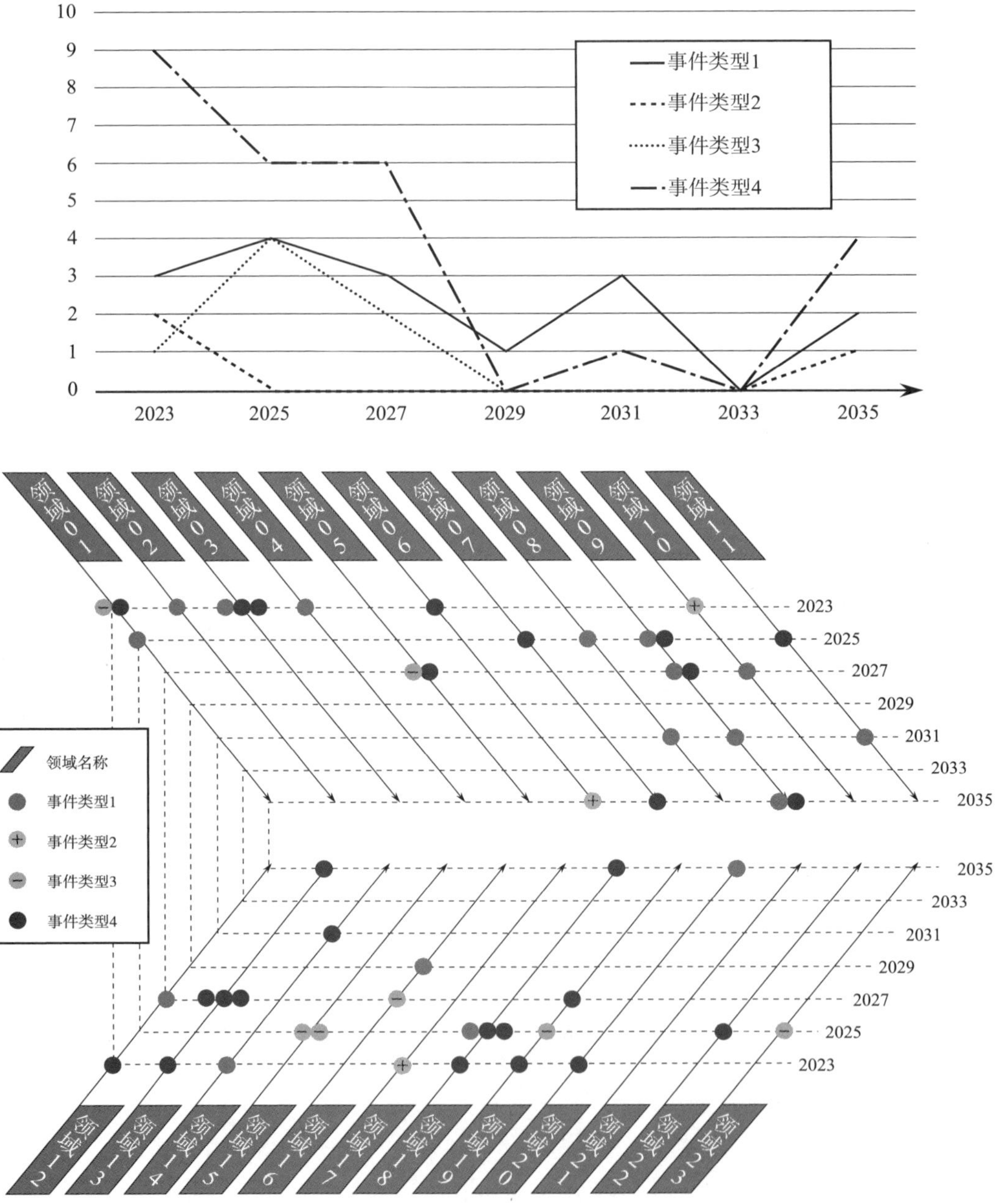

图 8-11 国防科技重大预测设计卡

重大威胁：系统利用堆叠柱状图+表格的方式完成对重大威胁研判的总体和局部可视化表达，重点从时间阶段、威胁程度两个维度展现国防领域某时间段研判的未来威胁分布情况，辅助用户从整体掌握国防领域未来一段时间内，对其威胁的发展态势，以及各个领域中的具体发生时间阶段和相应威胁等级（见图 8-12）。

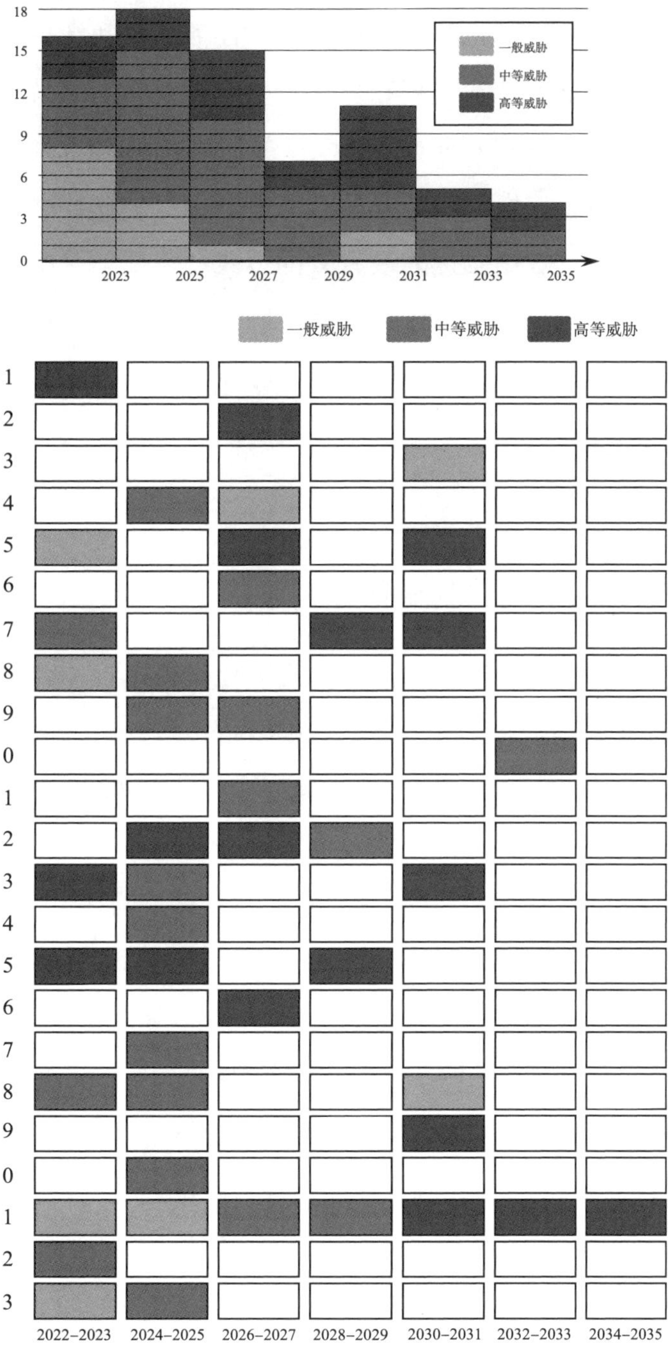

图 8-12　国防科技重大威胁设计卡

第四节 国防科技评估可视化展示系统实现方法

国防科技评估可视化是面向国防科技领域评估活动和结果的可视化实践，遵循一般可视化设计与实现的基本流程和方法论。用可视化阐明数据的含义，需要理解和探索数据，挖掘数据背后的观点，并赋予其活力；需要明白可视化既是一种技术手段，也是一种信息传递媒介，可以帮助用户表达和呈现数据的意义；需要挖掘自身的创造性潜能，找到数据表达的最有效的方式；需要学会比较不同的数据探索和开发工具；需要用数据、场景和目标来决定最合适的可视化技巧。本节从需求分析与可视化场景设计，编程语言、开发框架和可视化库选择，典型可视化工具设计与实现，可视化效果测评与用户实验四个步骤对国防科技评估可视化展示系统的实现方法进行论述。

一、需求分析与可视化场景设计

国防科技评估可视化展示需求分析与可视化场景设计需要设计人员针对研究目标，结合数据的内容、结构和特点，综合采用统计、对比、引导、关联、提示等手段进行可视化场景设计，通过与用户多轮沟通迭代，权衡匹配找到原始数据到可视化场景映射的最佳实践。

需求分析与可视化场景设计可简化为四个逐步递进的环节。第一个环节是用户需求刻画，重点分析用户的真实问题；第二个环节是数据抽象，将特定领域的任务和数据映射到抽象且通用的任务及数据类型；第三个环节是视觉编码，设计与数据类型相关的视觉编码及交互方法；第四个环节是系统实现，创建正确完成系统设计的算法。各环节之间是逐步递进的，上个环节的输出是下个环节的输入（见图 8-13）。

将需求分析与可视化场景设计分为四个环节的优点是，每个环节都可以独立分析是否已正确处理。实际工作中，这四个环节不会严格按时序执行，而是需要迭代式地逐步求精，当某个环节形成了更深入的理解之后，将对其他环节的优化提供指导。

在第一个环节，采用以人为本的设计方法，深入了解现实需求。通过有目标的采访或软件工程领域的需求分析方法，认真调研国防科技评估人员的研究过程、思维和

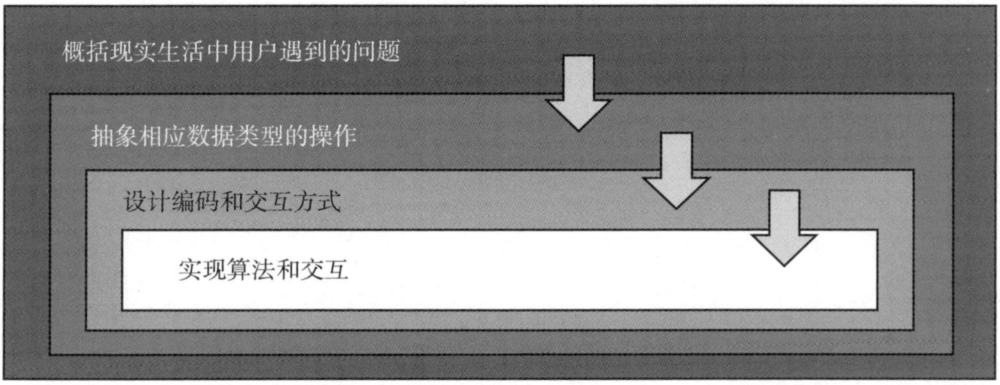

图 8-13　需求分析与可视化场景设计的层次嵌套模型

方法，了解可视化需求，分析评估数据的特性。通过对评估流程特征进行细致描述，针对详细问题集梳理异构数据、建立系统原型，通过观察用户与原型系统的交互过程来判断方案的实际效果。

第二个环节，将前期确定问题和数据的描述，从专有名词转化为更抽象、更通用的信息可视化术语。在数据抽象过程中，综合考虑是否要将用户提供的数据集转化为另一种形式，以及使用何种转化方法，以便于选择合适的可视编码，完成分析任务。数据相关的基础工作包括取值、过滤、统计极值计算、排序、确定范围、提取分布特征、离群值计算、异常检测、趋势预测、聚族和关联；分析相关的基础工作包括识别、判断、可视化、比较、推断、配置和定位。

第三个环节是可视化研究的核心内容，需要设计合乎逻辑的可视编码与交互方法。第二个环节所确定的抽象问题，是指导视觉编码方法选取的关键因素。视觉编码和交互这两个层面通常相互依赖，重点确定应当呈现的内容以及如何呈现。

第四个环节重点设计与前三个环节相匹配的具体算法，相当于一个细节描述过程。重点解决如何完成第三个环节所确定的核心设计，两个环节之间存在相互影响和制约的关系。

二、编程语言、开发框架和可视化库选择

国防科技评估可视化展示系统是基于 Web 技术，采用 B/S 架构和微服务模式的应用系统。系统逻辑设计三层体系架构，实现分层的交互界面和可视化控制，前端通过标准 RESTful 资源化风格接口与后台服务进行对接（见图 8-14）。

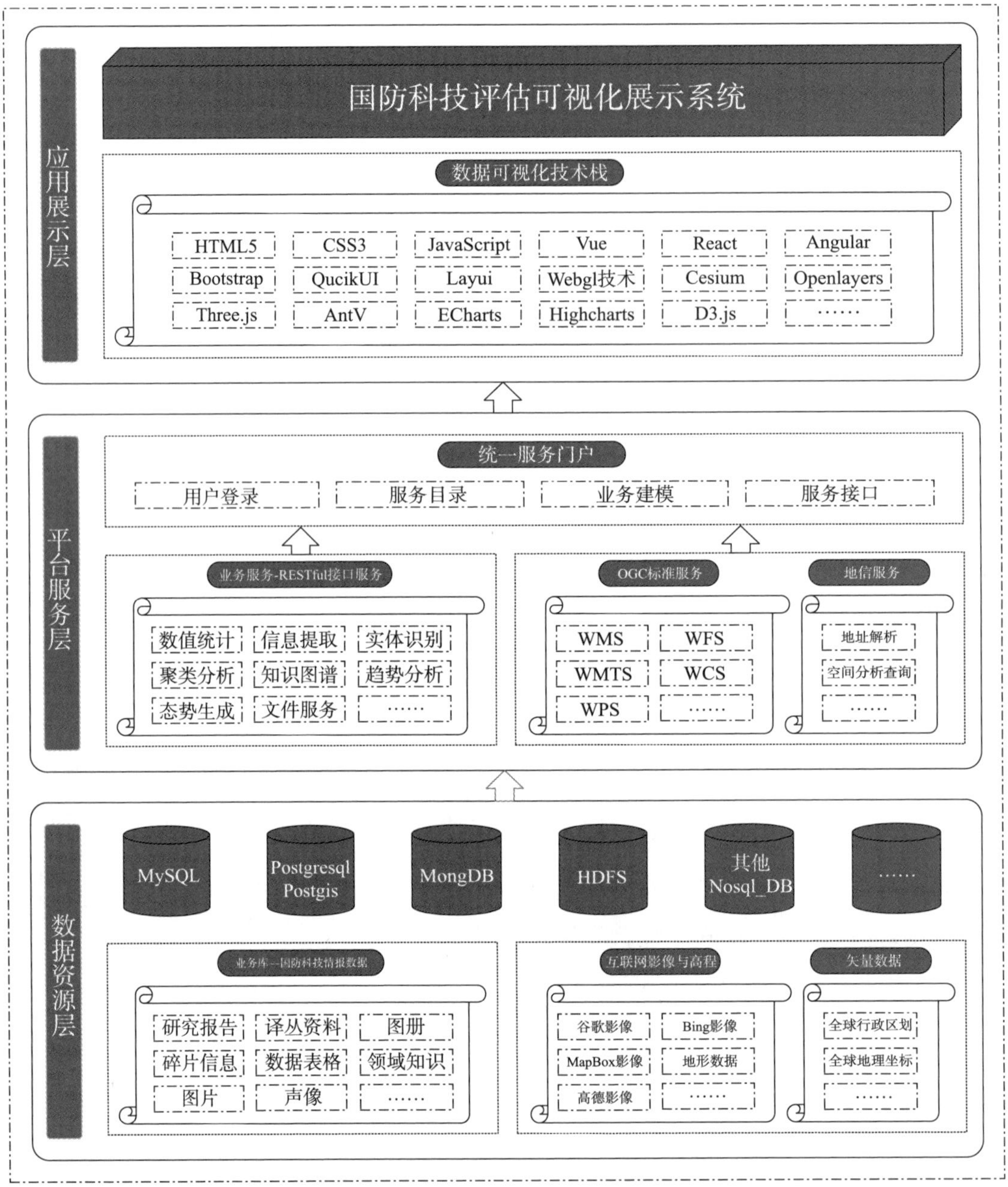

图 8-14 国防科技评估可视化展示系统架构

数据资源层：针对国防科技情报业务数据及其依附的地理信息，设计大数据存储和管理架构。对于碎片信息、数据表格等结构化数据资源，采用 MySQL 关系型数据库存储；对于大量的文本非对称信息数据资源，采用 MongDB 数据库存储；对于文件数据，如文档、图片、视频以及影像、矢量切片等数据资源，采用文件数据库存储；对于地理信息相关的矢量数据采用 Postgres+Postgis 存储。

平台服务层：包括可供直接调用的 RESTful 资源化风格接口（提供如数值统计、信息提取、实体识别、聚类分析、知识图谱等服务）和基于 OGC 标准的地理信息服务接口。这些服务通过统一的服务门户进行管理，可以方便地查阅所有的服务目录及接口调用说明，也可以在权限允许的条件下进行自定义业务建模服务。

应用展示层：Web 前端应用基于 HTML5、CSS3、JavaScript 以及衍生出来的各种技术、框架、解决方案进行构建，在可视化系统的设计与实现过程中，编程人员可根据展示、交互的内容、形式和特点，采用适配的编程语言、开发框架和可视化库，以提升定制应用系统开发的效率和水平。

（一）编程语言

Java：作为静态面向对象编程语言的代表，极好地实现了面向对象理论，允许用户以优雅的思维方式进行复杂的编程，具有简单性、面向对象、分布式、健壮性、安全性、平台独立与可移植性、多线程、动态性等特点。Java 可以用来编写桌面应用程序、Web 应用程序、分布式系统和嵌入式系统应用程序等。

Python：是一种解释型脚本语言，可应用于 Web 和 Internet 开发、科学计算和统计、教育、软件开发和后端开发等领域，具有简单易学、运行速度快、可移植、可扩展、可嵌入等优点。

JavaScript：简称 JS，是一种具有函数优先级的轻量级、解释型或即时编译型的编程语言，被广泛用于 Web 应用开发。JS 常用来为网页添加各式各样的动态功能，并为用户提供更流畅美观的浏览效果。JS 基于原型编程、多范式的动态脚本语言，并且支持面向对象、命令式、声明式、函数式编程范式。

TypeScript：通过在 JavaScript 的基础上添加静态类型定义构建而成。TypeScript 扩展了 JavaScript 的语法，任何现有的 JavaScript 程序可以运行在 TypeScript 环境中。它是 JavaScript 的一个超集，而且本质上向这个语言添加了可选的静态类型和基于类的面向对象编程。

Go：又称 Golang，是一种静态强类型、编译型、并发型，并具有垃圾回收功能的编程语言。Go 语言语法与 C 相近，但功能上有内存安全、GC（垃圾回收）、结构形态及 CSP-style 并发计算。

R：是一种可编程的数据分析语言，语法通俗易懂，用户可以编制自己的函数来扩展现有的语言。R 也是用于统计分析、绘图的语言和操作环境，集统计分析与图形显示于一体。它可以运行于 UNIX、Windows 和 Mac OS 的操作系统上，而且嵌入了一个非常方便实用的帮助系统。

（二）开发框架

Vue：是一套构建用户界面的渐进式框架。与其他重量级框架不同的是，Vue 采用自底向上增量开发的设计。Vue 的核心库只关注视图层，并且非常容易学习，易与其他库或已有项目整合，其目标是通过尽可能简单的 API 实现响应的数据绑定和组合的视图组件。另一方面，Vue 完全有能力驱动采用单文件组件和 Vue 生态系统所支持的库开发的复杂单页应用。

React：是用于构建用户界面的 JavaScript 库，主要用于构建 UI。React 拥有较高的性能，代码逻辑非常简单，用户可以在 React 里传递多种类型的参数（如声明代码），帮助用户渲染出 UI，可以是静态的 HTML DOM 元素，也可以传递动态变量，甚至是可交互的应用组件。

Angular：是一款构建用户界面的前端框架，用于创建高效、复杂、精致的单页面应用。它通过新的属性和表达式扩展了 HTML，基于一套框架实现多种平台（移动端和桌面端）的应用开发。Angular 有着诸多特性，最为核心的是：MVVM、模块化、自动化双向数据绑定、语义化标签、依赖注入等。

Bootstrap：是基于 HTML、CSS、JavaScript 开发的简洁、直观、强悍的前端开发框架，使得 Web 开发更加快捷。Bootstrap 提供了优雅的 HTML 和 CSS 规范，包含了丰富的 Web 组件，根据这些组件，用户可以快速地搭建一个漂亮、功能完备的应用系统。

QucikUI：是一套完整的企业级 Web 前端开发解决方案，由基础框架、UI 组件库、皮肤包、示例工程和文档等组成，底层基于 jquery 构建。开发者使用 QucikUI 可以极大地减少工作量，提高开发效率，快速构建功能强大、美观、兼容的 Web 应用系统。

Layui：是一款采用自身模块规范编写的前端框架，遵循原生 HTML/CSS/JS 的书写与组织形式，门槛极低，拿来即用。其外在极简，却又不失饱满的内在，体积轻盈，组件丰盈，从核心代码到 API 的每一处细节都经过精心雕琢，非常适合界面的快速开发。

Avalon：是一款基于虚拟 DOM 与属性劫持的迷你、易用、高性能的前端 MVVM 框架，拥有超优秀的兼容性，支持移动开发、后端渲染、WEB Component 式组件开发，无需编译，开箱即用。

Dojo：致力于实现最大的互操作性，为 Web 组件提供一流的支持。Web 组件提供了一种机制，可以在 Dojo 应用程序中利用非 Dojo 组件，并在非 Dojo 应用程序中轻松使用基于 Dojo 的小部件。

Ember：Ember. js 可能是最固执己见的主流框架，这也是其最大的优势。Ember. js 更类似于一个产品或平台，提供长期支持和维护。Ember. js 提供了对其平台的全面版本管理、升级工具以及对 API 升级的强大指导。

Foundation：是一个非常先进的企业级前端框架，非常适合开发灵活、响应迅速的网站。该框架支持 GPU 加速，可实现流畅、快速的动画，Fastclick. js 可在移动设备上快速渲染。

（三）可视化库

AntV：是全新一代数据可视化解决方案，致力于提供一套简单方便、专业可靠、无限可能的数据可视化最佳实践。AntV 目前覆盖了统计图表、移动端图表、图可视化、地理可视化、2D 绘图引擎和智能可视化多个领域，主要包含 G2、G6、F2、L7 以及一套完整的图表使用和设计规范。

ECharts：是一款基于 JavaScript 的数据可视化图表库，可以流畅地运行在 PC 和移动设备上，并兼容当前绝大部分浏览器，底层依赖轻量级的 Canvas 类库 ZRender，提供直观、生动、可交互、可高度个性化定制的数据可视化图表。3. 0 版本中更是加入了更多丰富的交互功能以及更多的可视化效果，并且对移动端做了深度的优化。

Highcharts：是一个仅用 JavaScript 编写的图表库，用户能够简单便捷地在 Web 网站或是 Web 应用程序中添加有交互性的图表。由于使用 JavaScript 编写，所以不像 Flash 和 Java 那样需要插件才可以运行，而且运行速度快。同时具备很好的兼容性，能够完美支持当前大多数浏览器。

D3. js：Data Driven Documents 是支持 SVG 渲染的另一种 Java 库，提供了各种简单易用的函数，大大简化了 JavaScript 操作数据的难度。在数据可视化方面，D3 已经将生成可视化的复杂步骤精简到了几个简单的函数，用户只需要输入几个简单的数据，就能够转换出各种绚丽的图形。

Three. js：是 JavaScript 编写的 WebGL 第三方库，是一款运行在浏览器中的 3D 引擎，用户可以用它创建各种三维场景，包括了摄影机、光影、材质等各种对象。不过，这款引擎还处在比较不成熟的开发阶段，其不够丰富的 API 以及匮乏的文档增加了初学者的学习难度。

三、典型可视化工具设计与实现

国防科技评估可视化场景中经常包含一些通用的可视化单元（如统计图表、结构框图、时间线、地图等），构建可视化场景时一个简单有效的方法就是合理利用这些可视化单元的组合，在此基础上再进行视觉优化。通过对典型视图及其功能进行凝练抽取，将其封装为一系列可独立运行的工具或插件，旨在为可视化场景生成提供工具和技术手段支撑，提高国防科技评估研究成果转化和标准产品生成的效能。

大事记生成工具：该工具基于规范填报的数据表格，根据主题可视化模板抽取相应的数据字段内容，按照数据的时序关系自动生成大事记图，可应用于人物、机构、项目、技术、事件等实体发展变化跟踪的大事记制作和展示业务场景，如图 8-15 所示。

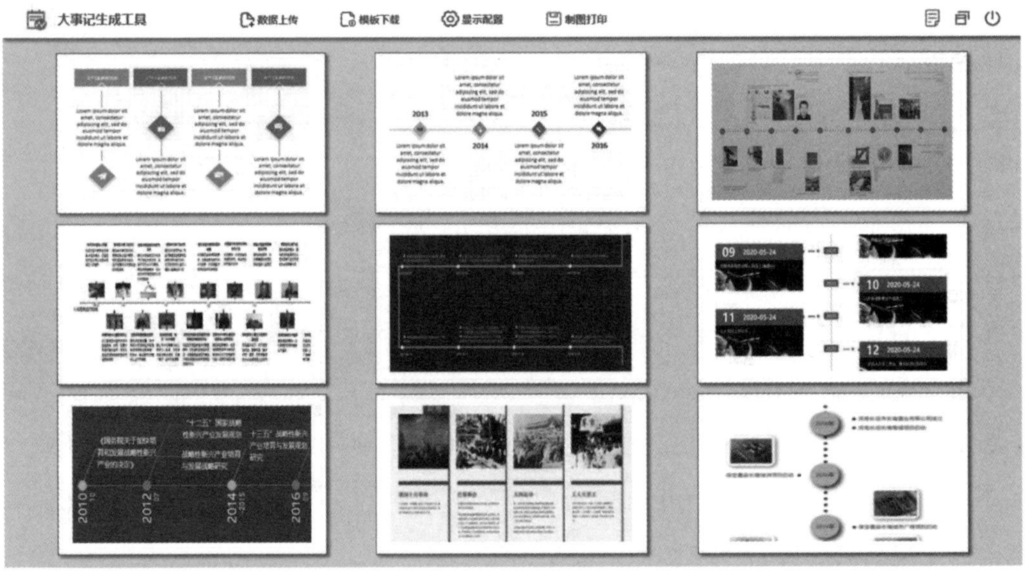

图 8-15　大事记生成工具效果图

层次图生成工具：该工具基于规范填报的数据表格，根据主题可视化模板抽取相应的数据字段内容，按照数据的从属关系自动生成层级图，可应用于政府、机构、企业的组织架构、人员编制及指挥关系等层次图制作和展示业务场景，如图 8-16 所示。

网络图生成工具：该工具基于规范填报的数据表格，根据主题可视化模板抽取相应的数据字段内容，按照数据的关联关系自动生成网络图，可应用于国防科技研究实体对象的知识图谱、事理图谱等制作和展示业务场景，如图 8-17 所示。

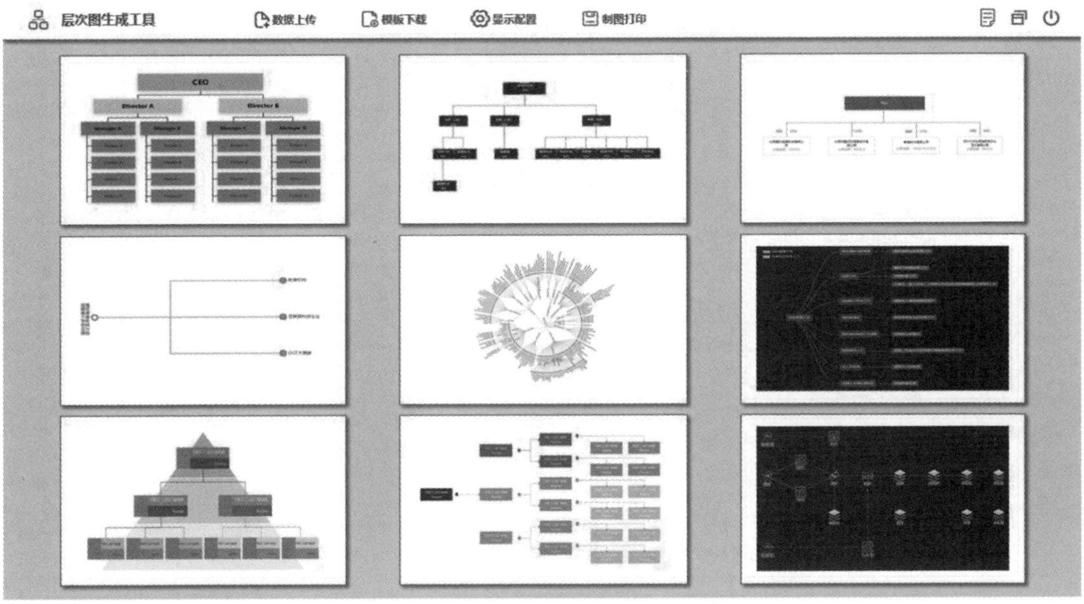

图 8-16　层次图生成工具效果图

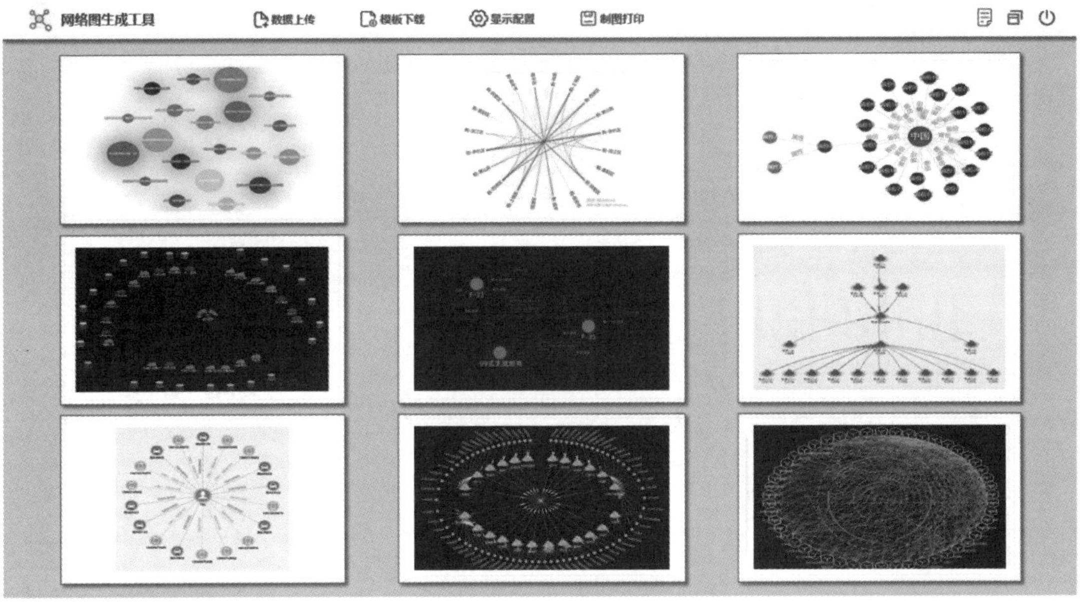

图 8-17　网络图生成工具效果图

地理态势图生成工具：该工具基于规范填报的数据表格，抽取目标实体的时空属性，利用地理信息技术在地图上进行标注，自动生成可漫游、缩放的目标实体地理分布态势图，可应用于科研机构、基础设施等目标实体部署态势展示和分析等业务场景，如图 8-18 所示。

图 8-18　地理态势图生成工具效果图

趋势图生成工具：该工具基于规范填报的数据表格，根据主题可视化模板抽取相应的数据字段内容，按照数据的对象-时间-数值关系自动生成趋势图，可应用于经济发展、技术预测、军事力量评估等研究内容的趋势图制作和展示业务场景，如图 8-19 所示。

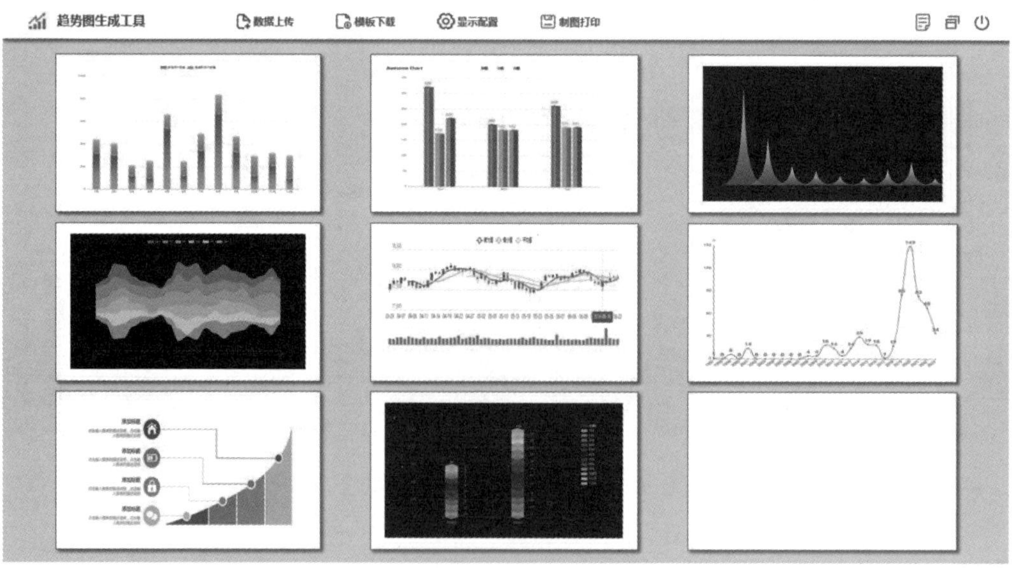

图 8-19　趋势图生成工具效果图

对比图生成工具：该工具基于规范填报的数据表格，根据主题可视化模板抽取相应的数据字段内容，按照数据的对象-维度-数值关系自动生成对比图，可应用于战略文件、技术强弱点、科技对比评估等研究内容的对比图制作和展示业务场景，如图 8-20 所示。

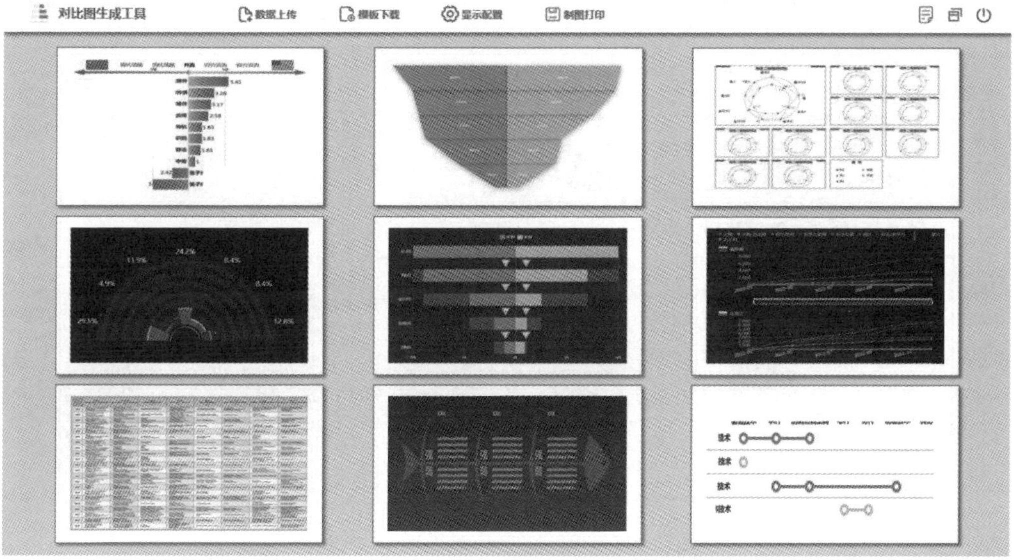

图 8-20 对比图生成工具效果图

热力图生成工具：该工具基于规范填报的数据表格，根据主题可视化模板抽取相应的数据字段内容，按照数据的对象-维度-定性/定量数值关系自动生成热力图，可应用于舆情、主题事件、技术成熟度评估等研究内容的热力图制作和展示业务场景，如图 8-21 所示。

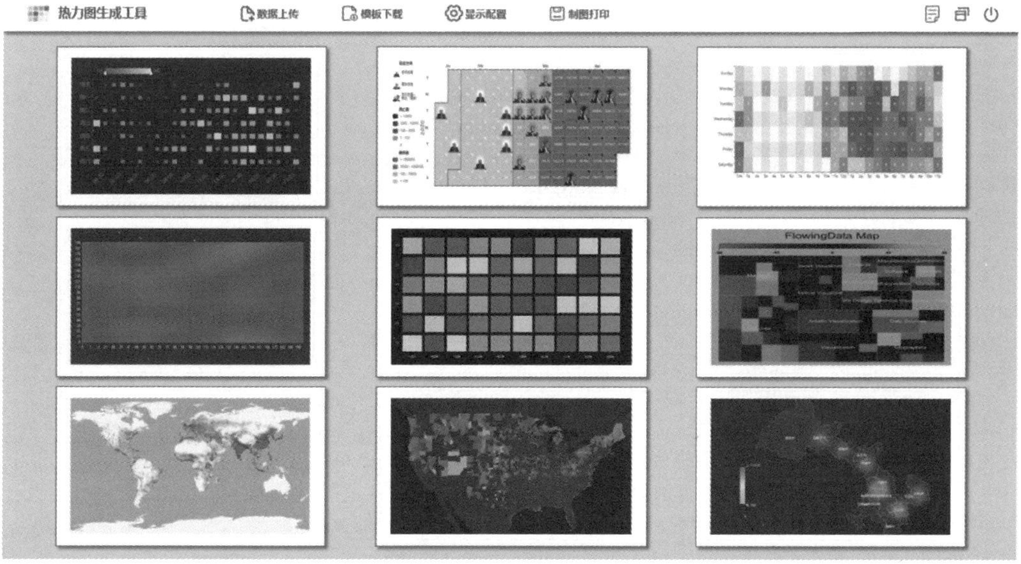

图 8-21 热力图生成工具效果图

知识卡生成工具：该工具基于规范填报的数据表格，根据主题可视化模板抽取相应的数据字段内容，自动生成实体知识卡片，可应用于人物、装备、技术、机构、项目、战略等国防科技研究实体的知识卡制作和展示业务场景，如图 8-22 所示。

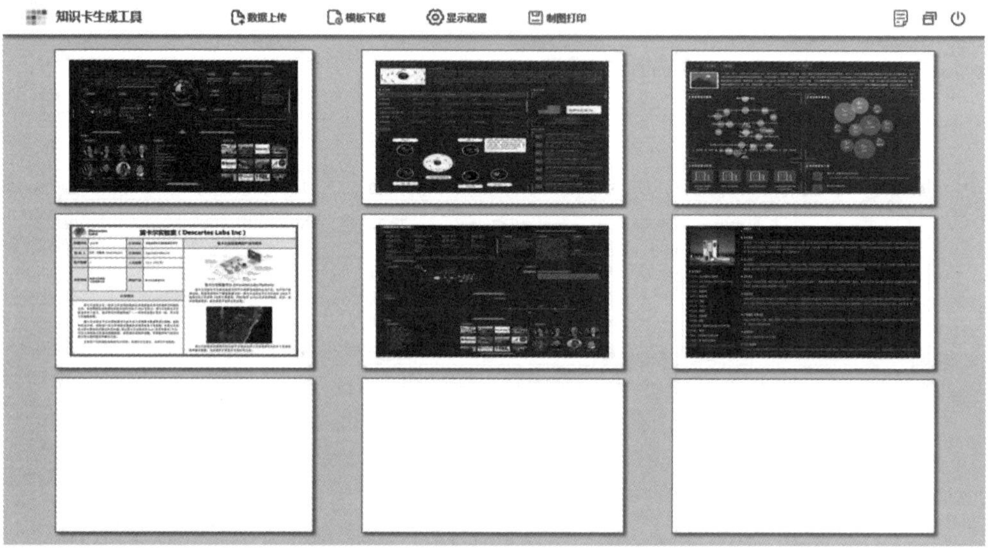

图 8-22　知识卡生成工具效果图

词云图生成工具：该工具基于输入文本或上传文本文件，利用预训练模型分析文本内容，提取关键词或高频词，根据主题可视化模板自动生成词云图，可应用于文献、研究报告等文本内容关键词云图制作和展示业务场景，如图 8-23 所示。

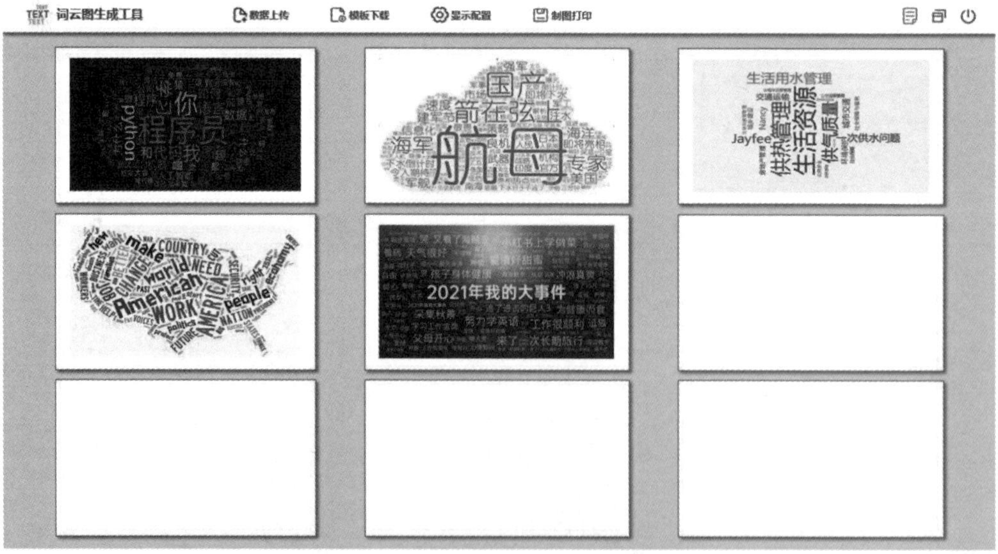

图 8-23　词云图生成工具效果图

四、可视化效果测评与用户实验

可视化效果测评与用户实验对国防科技评估可视化展示系统的应用至关重要，是驱动可视化研究不断拓展和深化的关键。可视化效果测评关注于视觉表达采用的编码及其可读性，以及人机交互过程的友好性。围绕辅助分析和解读数据的可视化目标，测评与用户实验的核心问题是：可视化技术是否在研究过程中发挥了数据清晰解读、知识快速传达、有效辅助决策的作用，并评估其作用影响程度。由于可视化效果测评与用户实验目前还不具备完整、科学的系统体系，仅结合实践总结一般流程、测评方法和影响用户实验的主要因素与注意事项。

（一）测评流程

可视化效果测评一般遵循明确研究目的并定义研究问题、提出研究假设、设计研究方案与具体方法、收集与分析数据，以及验证研究假设并得到结论等重要环节。

明确研究目的并定义研究问题：在进行测评之前，首先明确测评目的，其次围绕目的进一步清晰定义所需解决的具体问题。研究目的通常是概括性的，如从用户角度了解某种可视化方案是否比之前的设计更好。研究问题应具体而清晰，是对研究目的进一步细化和可操作的定义，如视图主题是否清晰、结构布局是否合理？定义具体和明确的研究问题有助于形成好的研究方案。

提出研究假设：针对研究所要解决的问题，在执行方案之前应该结合相关的理论或者以往的研究结果给出研究假设。研究假设的提出过程也是回顾相关理论的一个过程，这一过程对研究者理解为什么会出现这样或那样的研究结果也会有所帮助。

设计研究方案与具体方法：研究假设形成之后，可以着手设计研究的具体方案并且选择合适的方法。研究方案应该细化到一定程度并具有高度的可操作性。

收集与分析数据：在实验执行过程中，需要尽量避免潜在因素的干扰，确保结果的可靠性。现有技术已经能够很好地保证某些用户数据采集的实时性和客观性，比如任务的完成时间和正确率等。应当充分利用这些技术，保证数据采集的有效性，在分析数据时，重要的是保证针对不同类型的数据选择正确的方法。

验证研究假设并得到结论：得到实验结果之后，需要判断研究假设是否成立，或者是否有足够的证据来支持或推翻研究假设，进而得到研究的主要结论。

（二）测评方法

国防科技评估可视化展示系统测评，可借鉴人机交互领域的成熟测评方法，包括用户实验、专家评估、案例研究和指标评估等。

用户实验：通过收集用户使用数据来进行可视化效果评估。可视化系统的目的是辅助用户完成对数据的理解与分析。评估可视化系统优劣的标准，主要涉及系统能否满足用户的需求？用户在使用时是否容易上手？完成任务的过程是否有了效率或准确率的提升？

专家评估：专家评估通常需要参与的用户对使用的数据和需要完成的目标任务非常了解，能够对可视化技术在多大程度上适用于国防科技评估的相关数据做出比较准确的判断。可视化技术测评的参与者也可包含可视化专家，利用丰富的可视化设计知识和开发经验，对可视化的有效性做出相应的判断。

案例研究：案例研究是通过一个具体现实问题解决或目标任务完成来检验和评估可视化技术和系统有效性的手段。案例研究的关键在于案例必须真实且切实有效，才能提高对类似需求用户的说服力，使他们有信心尝试使用该技术去解决实际问题。案例研究同时也是一种兼顾实用性的隐私保护的方法，可避免共享数据带来的隐私或秘密泄露问题。

指标评估：对于可视化的子模块，可以通过一个或一组指标来对它们的部分特性进行评估，如算法的时间复杂度、生成结果的易读性或美观程度。这些指标只能客观地从某个角度进行量化评估，无法全面地模拟出用户的主观认知过程，不能完全取代用户实验得出的真实实验结果。为提高指标评估的效果，可通过允许用户交互地调节指标计算函数中的参数来定制精确的评估指标。

（三）用户实验

用户实验通过记录并分析用户在完成任务过程中的行为和感受等信息来给出有说服力的评估结果。用户实验的流程主要包括确定实验目标、准备实验、进行实验和分析结果并讨论4个步骤。

确定实验目标：用户实验的目标是探索未知内容、验证猜想、评估对象，或者对一组对象进行比较。1）探索未知内容。由于人在感知、经验等方面的差异，研究者满意的内容不一定也能被大部分用户所接受。比如一套符合设计时审美的配色方案，不一定适配国防科技评估的严肃性。在用户使用的过程中暴露缺点、发现亮点，是用户实验的重要作用。2）验证猜想。凭借经验，研究者能得出一些论断，比如两个变量之间存在相关性等。然而，其正确与否需要用户实验的结果来检验。3）评估对象。用户实验可以从用户的角度证明实验对象的优劣。4）对比多个对象：当研究者希望从多种方案中选出最合适的方案时，可以依据用户实验的结果对它们进行比较。

准备实验：为了保证实验的顺利进行，研究者在实验前需要做好一系列准备工作，包括实验数据准备、参与用户募集与实验流程设计。1）实验数据准备。用于用户测试的数据大小和类型往往会影响可视化技术的效果。用户实验中使用的数据首先应该适用于测试的可视化技术，其次数据应该具有代表性并且包含不同属性的数据集，这样可以帮助研究者充分了解某种可视化技术的适用范围和有效性。2）参与用户募集。可视化技术对用户的有效性往往因人而异，因此需要通过测评了解某种可视化方法或技术能否为目标用户带来更多好处。在募集参与用户时需要考虑用户对应用领域、测试任务、数据、可视化技术和可视化环境的熟悉程度，应当选择与所测试技术的目标用户相似的参与者参加测评，并尽可能覆盖实际目标用户的年龄范围、背景差异、专业领域等，以给出全面的测评结果。3）实验流程设计。对整个实验流程进行规划设计时，首先应注意重复问题，实验通常会受到不确定性的影响，重复实验有利于降低不确定性；其次应注意随机问题，通过抽签、分配等随机方法降低实验之外的因素带来的影响；最后应注意局部控制，将可能影响实验的因素分开讨论。

进行实验：1）正式实验前，通过小规模试点实验来检查实验设计、环境是否存在缺陷，预先发现实际操作时可能出现的问题，及时进行实验优化。2）正式实验时，研究者需要向参与用户全面介绍整个实验，包括实验目的、实验流程、实验设备或系统的使用方法、需要完成的任务和评价标准等，并在实验过程中提供辅助和指导。3）正式实验后，记录用户反馈，包括参与实验的感受以及完成任务的思考。

分析结果并讨论：用户实验的最后一步是对收集到的数据进行分析和讨论，收集到的数据包括用户的个人信息、完成任务过程中的行为数据、评价数据，以及实验后的反馈信息。对于量化数据可采用统计方法进行假设检验，其他数据可采用定性评估法进行分析，最后根据分析结果综合讨论。

参 考 文 献

[1] 陈为，沈则潜，陶煜波，等．数据可视化［M］．北京：电子工业出版社，2019.

[2] 利马．视觉繁美：信息可视化方法与案例解析［M］．杜明翰，陈楚君，译．北京：机械工业出版社，2013.

[3] 邱南森．数据之美：一本书学会可视化设计［M］．张伸，译．北京：中国人民大学出版社，2013

[4] 托比，等．数据之美［M］．祝洪凯，李妹芳，段炼，译．北京：机械工业出版社，2010.

[5] 邱南森．鲜活的数据：数据可视化指南［M］．向怡宁，译．北京：人民邮电出版社，2012.

第九章　国外国防科技评估典型案例分析

发达国家的国防科技评估起步早、发展快，形成了许多典型案例。对国外国防科技评估的典型案例进行分析总结，有利于吸取经验教训、少走弯路、促进发展。因此，本章按照综合性评估、领域性评估、关键技术评估等不同类型，详细梳理了国外国防科技评估的典型案例，分析归纳了其评估目的、评估方法、评估流程、评估结果等。

第一节 韩国第五次科学技术预测调查

韩国系统的科学技术预测调查工作开始于1994年的第一次科学技术预测调查，之后每5年左右进行一次，第五次科学技术预测调查于2016年完成，在支撑国家科技战略制定中发挥了重要作用。

一、概况

韩国第五次科学技术预测调查在预测方法、工作流程和推进体系上都有了长足进步，首次采用了STEEP（Society、Technology、Economy、Ecology、Politics）环境分析模型和趋势外推法，增加了技术的不确定性、创新性、竞争力和社会重要度、政府政策支持类型等方面的分析。

二、预测调查目的

韩国政府通过科学技术预测调查，预测未来社会环境变化与科技术发展方向及其可能带来的影响，为提前制定相应国家科技战略和科学技术政策提供支撑。

三、预测调查方法与流程

韩国第五次科学技术预测调查在方法与流程上的先进之处在于：

（一）预测调查方法更加丰富

第五次科学技术预测调查历经2015、2016两年完成，采用了比前四次更为丰富的研究方法：一是利用文献调研法对国内外未来趋势报告、重要国际动向、主要网站等进行调研；二是采用STEEP环境分析模型，扫描不同类别的环境，并对趋势进行相关性分析与聚类分析，遴选五大趋势；三是在确定主要议题时，基于未来科技趋势，采用趋势外推法/影响分析法等遴选可能产生的议题；四是对于选出的议题则利用定量分析与问卷调查等方法，最终遴选出40个主要议题；五是对于近4年国内媒体报道的2600万余条信息，进行关键词与时间序列网络分析；六是对技术的创新性、不确定性、未来社会的重要度、技术竞争力进行定性分析；七是针对科技专家进行两轮德尔菲法调查，详细说明并统计科技专家的分布，包括年龄、学科、行业、毕业后的研究经历情况等。

（二）预测调查流程更加严格

韩国政府在开展科学技术预测调查时，制定了一套严格的流程与推进体系。一次科学技术预测调查一般历经两年完成，包括技术遴选与技术指标分析等过程。韩国前三次科学技术预测调查主要是在未来前景分析与社会需求分析的基础上，遴选未来技术，期间仅采用了 1 次德尔菲法，流程相对简单；从第四次科学技术预测调查开始，则进行 2 次德尔菲法调查。此外，第四次调查对第一、二次科学技术预测调查的结果（1995—2025 年）进行了评价，以评估预测结果的准确性；而第五次科学技术预测调查则在第四次科学技术预测调查的基础上增加了技术扩散点分析，结合技术扩散点分析可用于制定更为细致的科技政策，以便增加政府政策的应用程度。

第五次科学技术预测调查流程由未来社会前景分析、技术趋势分析、技术扩散点分析、遴选未来技术、德尔菲法调查分析以及报告发布几个阶段组成，各阶段采用不同的研究方法，并相互关联（如图 9-1 所示）。

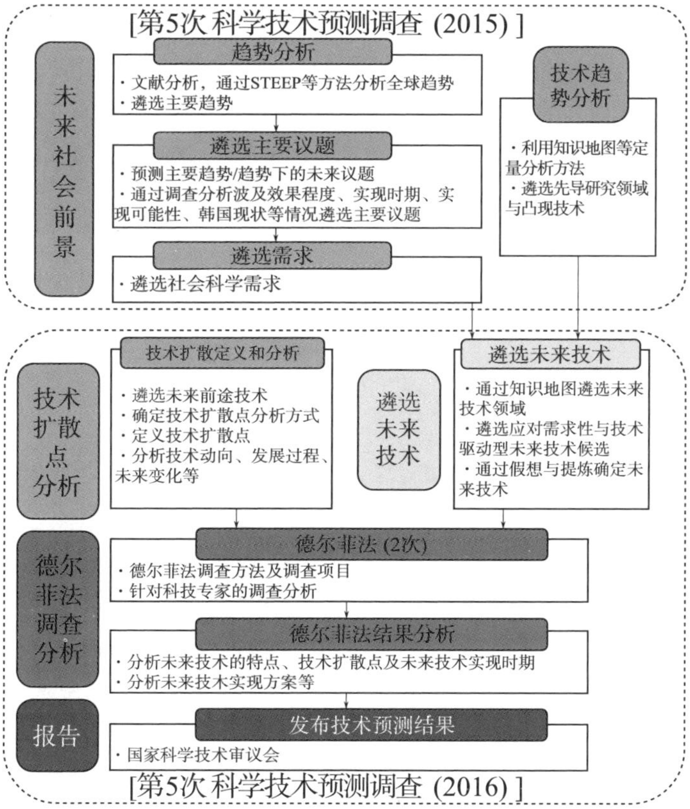

图 9-1　韩国第五次科学技术预测调查流程图

（三）预测调查作用更加突出

在进行科学技术预测调查前公布《第五次科学技术预测调查事前策划》报告；在进行预测调查的第一年发布了《第五次科学技术预测调查第一年度》报告；在完成预测调查后发布《第五次科学技术预测调查》报告和面向民众的《当技术改变世界》报告。

科学技术预测研究的一项重要作用是提高决策的科学性和预见性。韩国从第三次科学技术预测调查起，就开始为政府制定科技基本计划提供理论依据，并围绕某些技术的发展对社会带来的变化，为决策者提出政策建议，增强政府在科技活动方面的引导力。

第二节　制造业转型发展潜力评估

物联网、人工智能、可穿戴设备、机器人、增材制造等新兴技术正在推动着制造技术的发展和商业模式的变革，将从根本上颠覆制造业。为应对这种发展趋势，2018年，世界经济论坛和科尔尼咨询公司基于定量评估及深度调研结果，联合发布了《制造业转型发展潜力评估》。

一、概况

该评估报告以“面向未来”为切入点，构建了制造业转型发展潜力评估模型，提出6大制造业转型发展驱动因素，分析了全球100个国家未来制造业转型发展潜力，提出影响未来制造业发展的12项关键新兴技术，总结了当前全球制造业总体发展情况。

二、评估主要内容

国家的制造业发展潜力一般指该国把握未来制造业机遇、降低风险、应对挑战的能力，及在面临未知的未来冲击时表现出的恢复能力和敏捷性。本报告开展的制造业转型发展潜力评估主要由两部分组成：制造业结构（即该国当前的制造业基础）和制造业转型发展驱动因素（即推动制造业体系转型的关键因素），评估模型如图9-2所示。

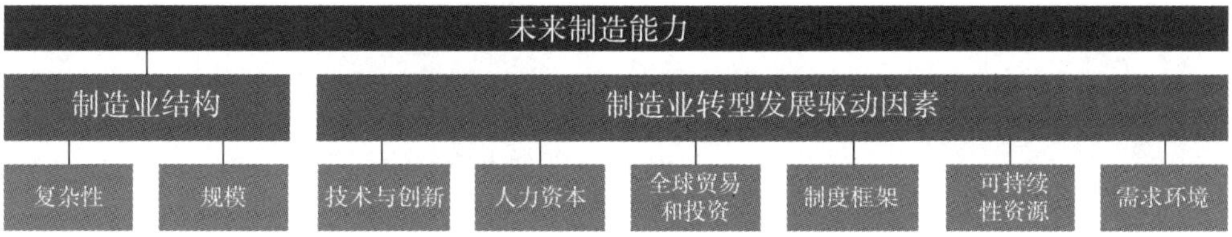

图9-2　制造业转型发展潜力评估模型

（一）制造业结构

制造是促进经济增长的几种催化剂之一，各国可以通过提高制造业水平来促进经济发展。一个国家的制造业结构取决于若干因素，比如，国家优先发展农业、采矿、工业和服务业的战略决策因素之一。该结构反映了一个国家当前制造业基础的复杂程度与规模。当前制造业结构复杂且规模较大的国家拥有一定的制造业基础，制造业的发展潜力相对较高。

其中，复杂性是评估一个国家依据国家经济中的知识含量以及这些知识的组合方式，能够制造出的产品的组合状况和创新性；规模是评估一个国家制造业产出总量（制造业增加值）以及制造业对国民经济的重要性（制造业增加值占 GDP 的百分比）。

（二）制造业转型发展驱动因素

制造业转型发展驱动因素指影响国家有效利用新兴技术、把握未来制造业发展机遇的关键因素。经过深度调研、多方研讨，最终确定了六大驱动因素：技术与创新、人力资本、全球贸易和投资、制度框架、可持续性资源和需求环境。每个因素都有相应的类别、子类别和度量关键概念的指标（如图 9-3 所示）。在各个制造业转型发展驱动因素上表现良好的国家在技术推广应用方面做得更好，有利于制造业体系的转型，可评定为“制造业转型发展潜力较高”。

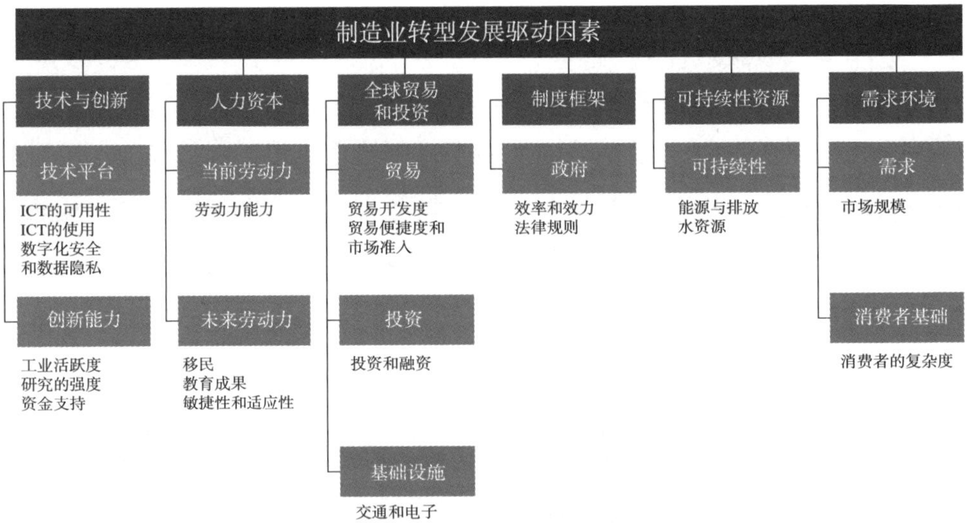

图 9-3 制造业驱动因素

三、评估过程及结果

根据制造业结构与发展驱动因素加权得分，将全球 100 个国家和经济体划分为领先国家、传统国家、高潜力国家和初生国家四种类型。其中有 25 个领先国家、10 个传统国家、7 个高潜力国家/经济体和 58 个初生国家。

领先国家：目前拥有强大的制造业基础，在制造业转型发展驱动因素方面表现强劲，制造业的发展潜力高。同时，领先国家具有足够的经济基础来抵御未来的风险冲击。

传统国家：目前拥有强大的制造业基础，但制造业转型发展驱动因素相对薄弱，导致未来制造业发展面临风险。

高潜力国家：目前制造业基础有限，在制造业转型发展驱动因素方面得分较高，表明其具备制造业发展潜力，但取决于国民经济中的优先发展领域。

初生国家：目前制造业基础有限，制造业转型发展驱动因素相对薄弱，制造业的发展潜力较低。

四、影响未来制造业发展的关键新兴技术

第四次工业革命和新兴技术正在推动新生产技术和商业模式的发展，而后者将从根本上改变全球制造业体系，基于定量评估及调研结果，报告提出了影响未来制造业发展的十二项关键的新兴技术，包括：人工智能和机器人技术、普遍存在的互联的传感器、虚拟现实与增强现实、增材制造、区块链和分布式账本技术、先进材料和纳米结构、能源获取/存储和传输、新型计算技术、生物技术、地质工程、神经技术、空间技术。

五、评估结论及建议

一是制造业体系转型将成为全球性挑战；二是各国制造业转型的探索之旅将会产生不同的发展路径；三是所有国家都有改进的余地；四是不同国家面临着共同的挑战；五是新兴技术的发展带来了一系列初生产业，也带来了跨越式发展的机会，但如今只有少数国家做好了相关准备；六是第四次工业革命将会引发部分工作回流、近岸外包等现象以及全球价值链的其他结构性变革；七是为了做好塑造制造业的未来的准备工作，光有个别国家的解决方案是不够的，需要制定全球性和区域性解决方案；八是创新公私部门合作模式对于加快制造业的转型速度不可或缺。

第三节 UH-60M武装直升机技术成熟度评估

UH-60M武装直升机技术成熟度评估是典型的系统级改型项目技术成熟度评估案例。

一、概况

UH-60M直升机项目主要是为了满足新的作战需求，对现有UH-60A/L“黑鹰”直升机进行技术改进与升级，形成新的机型UH-60M。改型工作主要涉及UH-60A/L的机身结构、推进系统和座舱三大分系统。

二、评估目的

对UH-60M项目进行技术成熟度评估，主要目的是确定改型所需部组件的技术成熟程度及是否满足系统的性能指标要求，为里程碑B采办决策提供参考依据。

三、评估流程

在本案例中，UH-60M的项目技术成熟度评估过程由UH-60M项目管理办公室、承包商、用户三方共同参与。整个评估过程分为以下步骤：

（一）确定关键技术

为确定UH-60M项目中的关键技术，首先对UH-60M直升机进行了技术结构分解。这种分解采用系统工程的思想，对UH-60M研制、使用、保障等全寿命周期中的所有技术进行考虑，得到UH-60M的“工作分解结构”（WBS）表。具体分解过程是：在第1层级将UH-60M分解为航空器、训练、数据、系统测试与评估、工程与管理、后勤、飞机工具箱7个部分；在第2层级将航空器分解为机身、通信/识别、导航、自动飞行控制系统、救生设备、数据显示和控制、武器、辅助装备、综合/Assy/测试/校验、推进-GFE发动机、航空器应用软件、航空器系统软件、飞机数据记录器、非重复性航空电子系统集成等14个分系统；在第3层级又进一步将各分系统分解为多个部组件。详细情况如表9-1所示。

表 9-1　UH-60M 的工作分解结构

"工作分解结构"各层级	分解结果
1	UH-60M
1. 1	航空器
1. 1. 1	机身
1. 1. 1. 1	空机身
1. 1. 1. 2	着陆齿轮
1. 1. 1. 3	传动装置
1. 1. 1. 4	周期支持/环境系统
1. 1. 1. 5	飞行控制
1. 1. 1. 6	二级动力系统
1. 1. 1. 7	电子系统集成
1. 1. 1. 8	升降机/货舱系统
1. 1. 1. 9	推进系统
1. 1. 1. A	旋翼系统
1. 1. 2	通信/识别
1. 1. 2. 1	通信联络系统
1. 1. 2. 2	无线电系统
1. 1. 2. 3	敌我识别传感器
1. 1. 2. 4	通信安全
1. 1. 2. 5	改进的数据调制解调器
1. 1. 2. 6	甚高频-FM 无线电
1. 1. 2. 7	超高频-AM 无线电
1. 1. 2. 8	高频无线电
1. 1. 2. 9	甚高频-AM 无线电
1. 1. 2. A	紧急控制面板
1. 1. 3	导航
1. 1. 3. 1	雷达导航
1. 1. 3. 2	塔康导航装置
1. 1. 3. 3	VORS/ILS 导航
1. 1. 3. 4	电子高度计设备
1. 1. 3. 5	惯性导航系统
1. 1. 3. 6	风暴监测仪
1. 1. 3. 7	低频自动寻向系统

续表

“工作分解结构”各层级	分解结果
1.1.3.8	人员定位系统
1.1.3.9	全球定位系统
1.1.4	自动飞行控制系统
1.1.4.1	自动飞行控制系统电子设备
1.1.4.2	自动飞行控制系统伺服系统
1.1.5	救生设备
1.1.6	数据显示和控制
1.1.6.1	多功能显示器
1.1.6.2	中央显示器
1.1.6.3	数据集中装置
1.1.6.4	数据传递系统
1.1.6.5	多功能回转控制器
1.1.6.6	飞行员夜视成像系统平视显示器
1.1.6.7	前视红外探测设备
1.1.6.8	燃料管理系统控制
1.1.7	武器
1.1.8	辅助装备
1.1.9	综合/Assy/测试/校验
1.1.A	推进-GFE 发动机
1.1.B	航空器应用软件
1.1.B.1	多功能显示器软件
1.1.B.2	中央显示器软件
1.1.B.3	数据集中装置软件
1.1.C	航空器系统软件
1.1.C.1	多功能显示器显示软件
1.1.C.2	中央显示器软件
1.1.C.3	数据集中装置软件
1.1.D	飞机数据记录器
1.1.D.1	飞行数据记录仪
1.1.D.2	座舱通话录音机
1.1.D.3	状况与使用监视系统
1.1.E	非重复性航空电子系统集成
1.2	训练

续表

“工作分解结构”各层级	分解结果
1.3	数据
1.4	系统测试与评估
1.5	工程与管理
1.5.1	项目管理
1.5.2	系统工程
1.5.3	集成制造
1.6	后勤
1.7	飞机工具箱

在完成上述分解之后，本案例从“工作分解结构”表中确定出对决定 UH-60M 整体性能至关重要的关键技术。由于“工作分解结构”表中未进行升级的分系统在 UH-60A/L 机型中已经得到充分验证，其技术成熟度不用考虑，因此仅从需要改进的机身、推进系统和座舱三大分系统中确定 UH-60M 项目的关键技术。根据各分系统的改进部组件及其对 UH-60M 整机性能水平的影响程度，确定以下部组件为该项目的关键技术：

在座舱分系统中，关键技术包括座舱通话录音机/飞行数据记录仪（CVR/FDR）、嵌入式全球定位系统/惯性导航系统（EGI）、先进飞行控制计算机（AFCC）、改进型数据调制解调器（IDM）。

在推进系统中，关键技术包括防碰撞外部燃料系统（CEFS）、T700-GE-701C 发动机、主旋翼、改进型耐用变速箱（IDGB）。

在机身分系统中，关键技术包括外挂支撑系统（ESSS）、机身刷新技术。

（二）判定关键技术的成熟度等级

本案例对 UH-60M 项目关键技术的成熟度评估，采用了最早由美国国家航空航天局（NASA）提出、目前较为通用的九级技术成熟度标准。

首先，针对 UH-60M 系统的具体情况，对九级技术成熟度标准中的 9 个等级进行重新定义。由于 UH-60M 方案中采用的大多数部组件技术上已较为成熟，所以只对 TRL-7、TRL-8 和 TRL-9 三个等级进行了重新定义，具体定义如下：

TRL-7：目前正在为军队的旋转翼飞机进行资格测试，但还没有被安装在 UH-60 平台上的组件；

TRL-8：已在其他 UH-60 系统（如 UH-60Q）中验证过的有资格的组件；

TRL-9：目前已安装在 UH-60L 平台上的组件。

然后，根据掌握的有关各关键部组件的技术性能参数和实际应用情况，依据上述定义，分别确定出各关键技术的技术成熟度等级。下面以通话录音机/飞行数据记录仪、嵌入式全球定位系统/惯性导航系统、T700-GE-701C 发动机三项关键技术为例，阐述其技术成熟度等级的判定过程：

对于飞机座舱通话录音机/飞行数据记录仪，在技术性能方面，它可记录全体驾驶员内部和外部的语音和数据通信，还可记录用于分析飞行灾难的飞机系统飞行数据，能满足 UH-60M 的系统需求；在实际应用方面，该部组件在旋转翼环境下的应用已在 MH-60K 和许多民用飞机上得到验证，而 UH-60M 的性能要求仅与联邦航空局对于商业飞机上该技术的最低性能要求相当；目前 MH-60K 和 MH-47E 也在进行该项技术的验证。根据这些事实，可以判定其技术成熟度为 7 级。

对于嵌入式全球定位系统/惯性导航系统，在技术性能方面，将一个五通道 GPS 接收器插入一个环形激光陀螺惯性导航系统中，可为 UH-60M 提供一种综合性导航方案；在实际应用方面，它已成功在 CH-47 和 MH-60K 上试飞，目前 AH-64 项目也在对其进行验证。根据这些事实，判定嵌入式全球定位系统/惯性导航系统的技术成熟度为 7 级。

对于 T700-GE-701C 发动机，由于它已经安装在了 UH-60L 直升机上，每架装有 2 台，而 UH-60L 直升机已投入实战应用，根据该事实，可判定 T700-GE-701C 发动机的技术成熟度为 9 级。

四、评估结果及建议

在本案例中，所有关键技术的评估结果都为 7 级以上。按照美国原总审计局（GAO，现更名为政府问责办公室）的建议，里程碑 B 的决策门槛应是技术成熟度 7 级，也就是说，关键技术的成熟度等级超过 7 以后，将不存在潜在的成本增长和时间延迟。因此，评估报告最后建议 UH-60M 项目转入系统研发（系统集成）和演示验证阶段。

参考文献

[1] 胡月，袁立科. 韩国技术预测发展动向及对我国的启示［J］. 全球科技经济瞭望，2022，37（9）：8-13.

[2] 谭开明，魏世红，汪明媛. 科技规划制定中技术预测方法经验借鉴：以韩国第四次国家技术预测为例［J］. 产业与科技论坛，2020，19（18）：94-95.

[3] 陈炳硕. 韩国科技立法情况简介［J］. 全球科技经济瞭望，2019，34（7）：15-18，52.

[4] 祁萌.《制造业转型发展潜力评估报告》解读［J］. 国防制造技术，2018（3）：8-14.

[5] 李丹. 韩国科技创新体制机制的发展与启示［J］. 世界科技研究与发展，2018，40（4）：399-413..

[6] 金瑛，方晓东. 韩国科学技术预测调查及其对我国的启示［J］. 世界科技研究与发展，2018，40（2）：182-190.

[7] 韩秋明，袁立科，王革. 韩国第五次技术预测实践及对我国的启示［J］. 全球科技经济瞭望，2017，32（8）：35-44.

[8] 类淑霞，李劲，郑祎. 日本第10次科学技术预测及对我国的启示［J］. 农村经济与科技，2016，27（9）：262-266.

[9] 万浩. MKD-Delphi 装备技术预测方法研究［D］. 长沙：国防科学技术大学，2014.

[10] 李大为，王晨，郝旺，等. 基于MBSE模型的航空发动机产品技术成熟度评价方法研究［J］. 航空计算技术，2024，54（3）：106-111.

[11] 顾建疆，屈会力，李卫，等. 技术成熟度发展综述［J］. 玻璃纤维，2022（6）：24-29.

[12] 刘瀚龙，张晨宇，隋广琳，等. 美国装备技术成熟度第三方评估机制研究及对我国的启示［J］. 今日科苑，2020（9）：25-31.

[13] 朱江辉，孙勇军，周占廷. 技术成熟度评估在飞行试验中的应用［J］. 飞行力学，2015，33（3）：193-195，204.

[14] 马明昭，郑震山，王夷，等．基于 TRL 的航空装备技术成熟度评估系统设计与开发研究［J］．复旦学报（自然科学版），2014，53（5）：666-672.

[15] 李斌．美国国防部制造技术成熟度评估研究［J］．军民两用技术与产品，2012（4）：8-11.

[16] 李思．基于 TRL 武器装备研制项目定价模型研究［D］．长沙：国防科学技术大学，2011.

[17] 卜广志．武器装备体系的技术成熟度评估方法［J］．系统工程理论与实践，2011，31（10）：1994-2000.

[18] 丁茹，刘建国，彭灏．国外技术成熟度评估管理体制研究［J］．价值工程，2011，30（13）：20-21.

[19] 任长晟．武器装备体系技术成熟度评估方法研究［D］．长沙：国防科学技术大学，2010.

[20] Office of the Executive Director for Systems Engineering and Architecture. Technology Readiness Assessment Guidebook［EB/OL］. 2023.

[21] U. S. Government Accountability Office. Technology Readiness Assessment Guide：Best Practices for Evaluating the Readiness of Technology for Use in Acquisition Programs and Projects［EB/OL］. 2020.

[22] Defense Acquisition University. UH - 60M Technology Readiness Level Assessment Methodology［EB/OL］. https：//www. dau. edu/cop/pm/documents/uh - 60 - technology-readiness-level-trl-assessment-lessons-learned.

[23] 刘志强，王慧晴，温颖．科技评估方法综述及简评［J］．科技与创新，2021（10）.

[24] 李家深．面向科技评估的专家评审系统研究与实践［J］．情报工程，2022，8（2）：119-125.

[25] 窦永香，胥佳美，刘玮，等．面向特定领域的国家科技评估框架研究［J］．情报理论与实践，2022，45（12）：8.

[26] 张志强，田倩飞，陈云伟．科技强国主要科技指标体系比较研究［J］．中国科学院院刊，2018，33（10）：1052-1063.

[27] 高丽，王新．国防科技信息数字资源评估研究［J］．情报理论与实践，2021，44（1）：78-82.

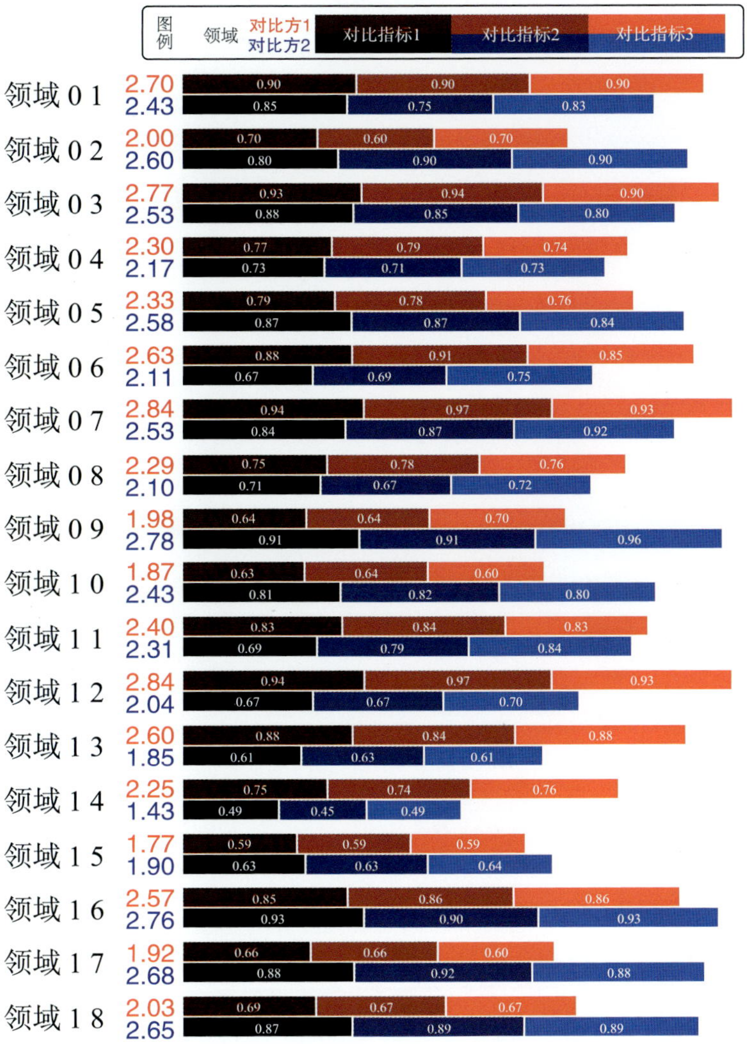

图 8-2　国防科技领域分级指标可视化效果图（P254）

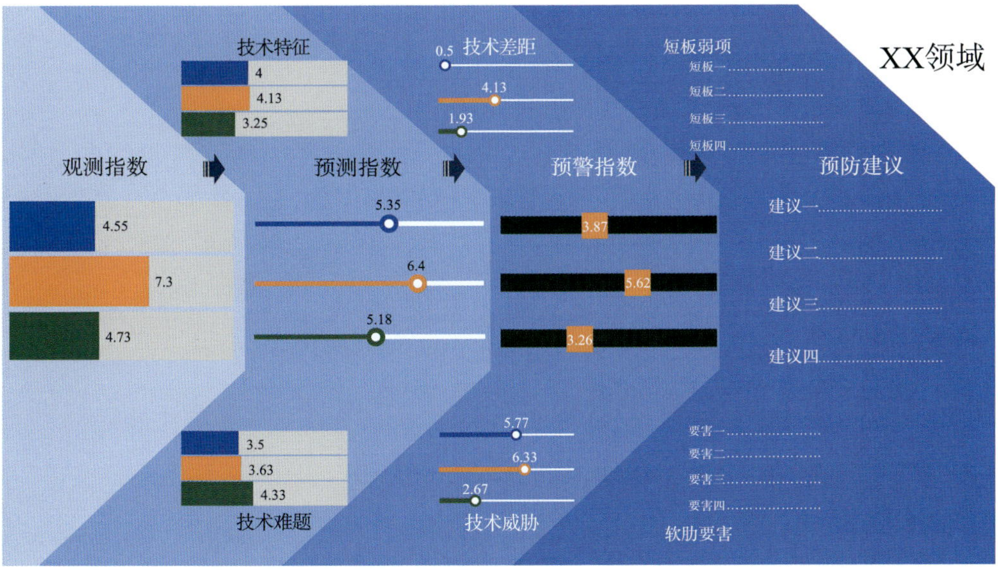

图 8-3　某领域技术跟踪预警分析评估过程可视化效果图（P255）

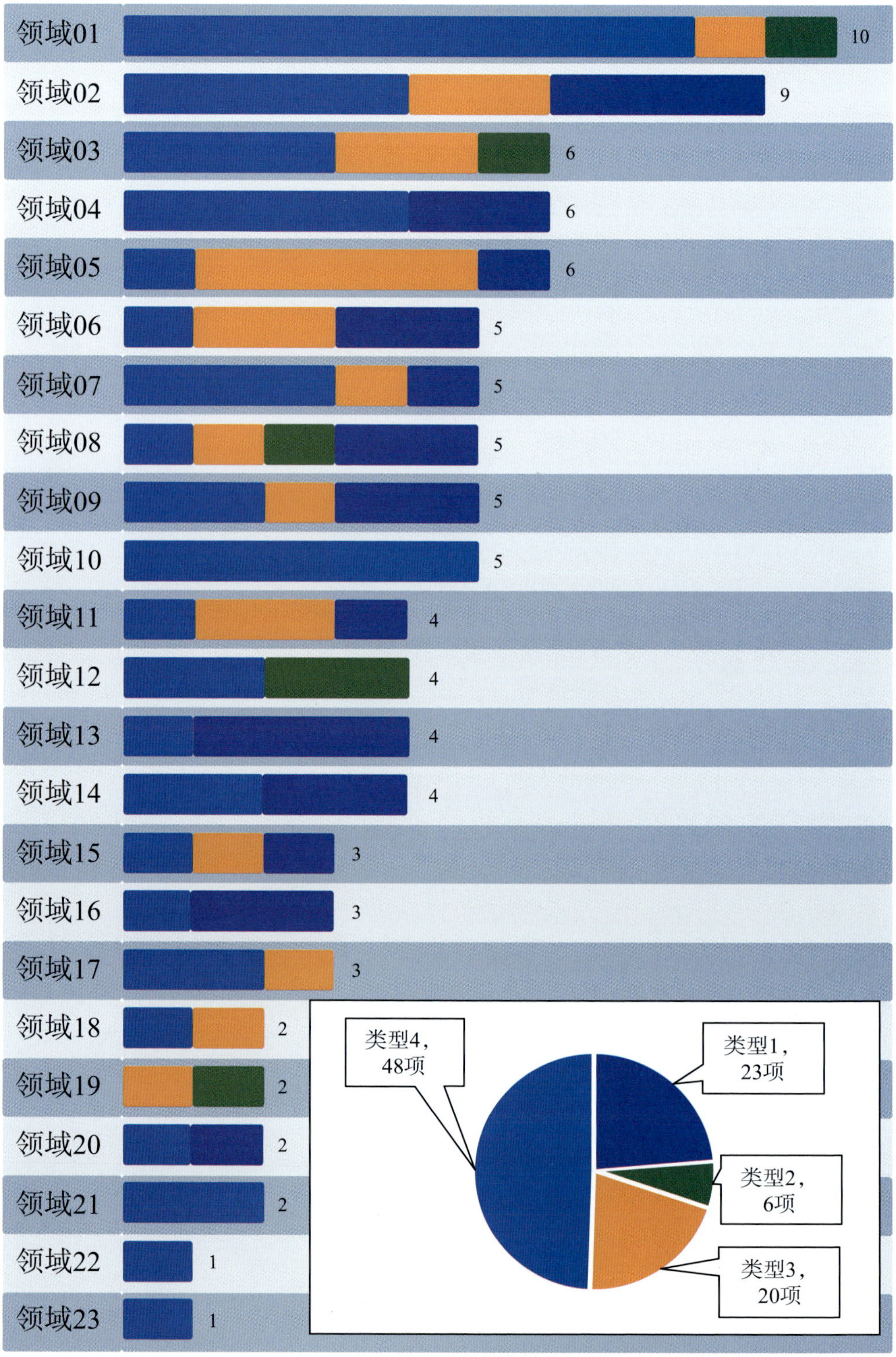

图 8－8　国防科技重大突破设计卡（P259）

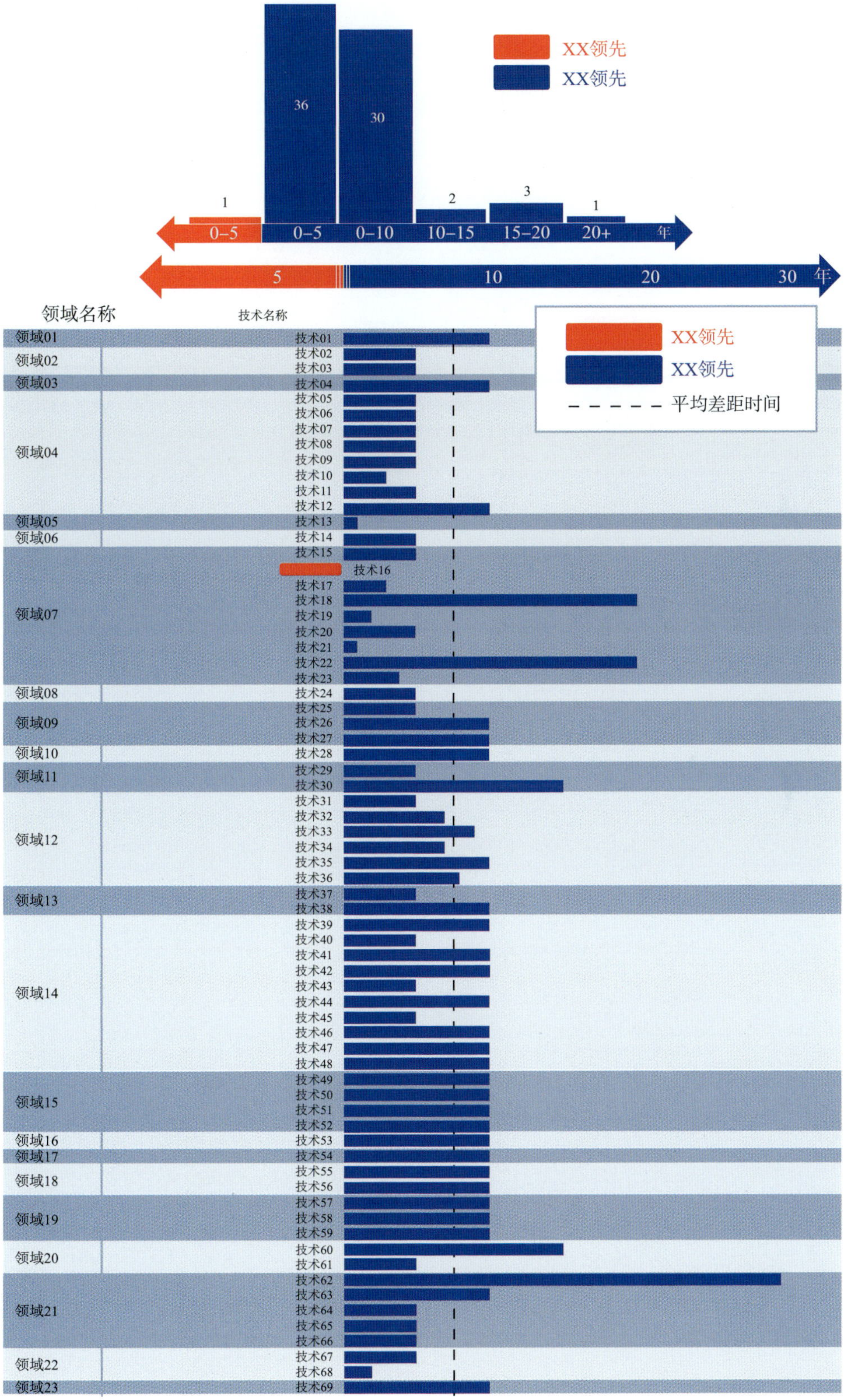

图 8-9　国防科技重大差距设计卡（P260）

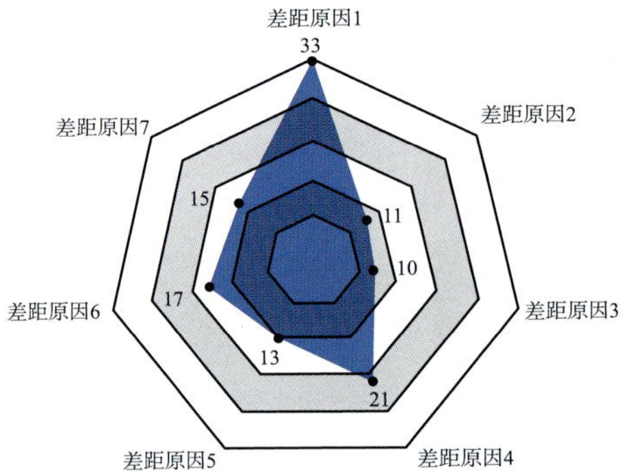

	差距原因1	差距原因2	差距原因3	差距原因4	差距原因5	差距原因6	其他
领域 0 1	1	0	0	0	0	0	1
领域 0 2	0	0	0	0	2	0	0
领域 0 3	1	1	0	0	0	0	0
领域 0 4	0	1	0	0	1	0	0
领域 0 5	1	1	0	0	0	0	0
领域 0 6	0	0	0	0	1	0	0
领域 0 7	4	0	1	3	4	4	0
领域 0 8	1	0	0	0	1	0	1
领域 0 9	4	3	2	1	2	3	0
领域 1 0	1	0	0	0	0	0	1
领域 1 1	1	0	0	1	0	0	0
领域 1 2	1	0	1	1	1	0	0
领域 1 3	2	2	1	0	0	0	1
领域 1 4	1	0	0	0	0	0	0
领域 1 5	4	0	4	4	2	0	0
领域 1 6	1	0	0	0	0	0	3
领域 1 7	0	0	0	0	0	0	1
领域 1 8	1	5	7	1	2	1	0
领域 1 9	3	0	0	1	2	0	1
领域 2 0	2	0	0	0	0	0	2
领域 2 1	1	2	0	0	2	1	0
领域 2 2	1	0	0	0	0	0	0
领域 2 3	1	0	0	0	1	0	0

图 8－10　国防科技重大差距原因设计卡（P261）